Parti républicain radical
et radical-socialiste

SIXIÈME CONGRÈS
ANNUEL

LILLE (Octobre 1906)

Prix : **25 Centimes**

A PARIS, AU SIÈGE DU COMITÉ EXÉCUTIF

9, Rue de Valois, 9

Bureau du Comité Exécutif
pour l'année 1906-1907

M. ÉMILE COMBES, sénateur, ancien Président du Conseil des Ministres, Président d'honneur.

Président :

M. CAMILLE PELLETAN, député, ancien Ministre de la Marine.

Vice-Présidents :

MM. BIZOT DE FONTENY, sénateur de la Haute-Marne ;

Louis BLANC, sénateur de la Drôme ;

BOURRAT, député des Pyrénées-Orientales ;

BUISSON, député de la Seine ;

DELPECH, sénateur de l'Ariège ;

DESMONS, sénateur du Gard ;

MICHEL, député des Bouches-du-Rhône ;

MORLOT, député de l'Aisne ;

RENOULT, député de la Haute-Saône ;

GÉNÉRAL ANDRÉ, ancien Ministre de la Guerre ;

FERDINAND CAHEN, délégué de la Seine ;

Dr DEBIERRE, délégué du Nord ;

J. B. MORIN, délégué de la Seine ;

G. ROBERT, délégué du Pas-de-Calais.

Secrétaires :

MM. BOUFFANDEAU, député de l'Oise ;

CECCALDI, député de l'Aisne ;

CHAUVIN, député de Seine-et-Marne ;

DALIMIER, député de Seine-et-Oise ;

MALVY, député du Lot ;

TROUIN, député d'Oran ;

SCHMIDT, député des Vosges ;

BELLANGER, délégué de la Seine ;

CHARPENTIER, délégué de la Seine ;

COINTE, délégué de la Seine ;

Dʳ DUPEUX, délégué de la Gironde ;

FABIUS de CHAMPVILLE, délégué de l'Orne ;

GRIVEAUD, délégué de la Loire-Inférieure ;

HERRIOT, délégué du Rhône ;

LEFRANC, délégué du Pas-de-Calais ;

PASQUET, délégué des Bouches-du-Rhône ;

Maurice SARRAUT, délégué de l'Aude ;

Edmond STRAUSS, délégué des Landes.

REGLEMENT DU PARTI

ARTICLE PREMIER

Il est formé, entre les Comités, Ligues, Unions, Fédérations, Sociétés de Propagande, Groupes de Libre Pensée, Loges, Journaux, Sénateurs, Députés, Conseillers Généraux, Conseillers d'Arrondissement et Conseils municipaux acceptant le programme élaboré et voté aux Congrès annuels du Parti, une Association dénommée : Parti Républicain Radical et Radical-Socialiste.

ART. 2

Le siège du Parti est à Paris.

ART. 3

Il est administré et représenté par un Comité Exécutif dont les membres sont nommés, chaque année, par le Congrès.

ART. 4

Le Congrès du Parti Républicain Radical et Radical-Socialiste se réunit, tous les ans, à la date fixée et dans la ville désignée par le précédent Congrès.

Il se compose des élus et de tous les délégués des Comités ou Groupements énumérés en l'article 1er, à raison d'un délégué par fraction de cinquante membres.

Pour pouvoir envoyer des délégués au Congrès, chaque Groupe devra justifier d'une adhésion au Parti, antérieure de trois mois au moins à la date fixée pour la réunion du Congrès.

Les Sénateurs et Députés se recommandant aux électeurs du Parti Républicain Radical et Radical-Socialiste seront tenus d'assister aux séances du Congrès annuel du Parti.

ART. 5

Il est statué sur les admissions par le Comité Exécutif dont les décisions sont toujours susceptibles de recours devant le Congrès de la part de tout intéressé. Le Congrès statue souverainement sur le rapport de la Commission de vérification des pouvoirs, le Comité Exécutif et l'intéressé entendus.

Dans les départements où existe une Fédération d'arrondissement ou une Fédération départementale, le Comité Exécutif n'acceptera l'adhésion d'un Comité que si ce dernier fait partie de la Fédération d'arrondissement ou de la Fédération départementale.

ART. 6

Les membres du Comité Exécutif sont élus, pour un an, par le Congrès, sur la désignation des délégués de chaque département et de chaque colonie.

Seuls, pourront être élus, pour chaque département, les délégués appartenant à des organisations de ce département.

Toutes les listes des délégués au Comité Exécutif, dûment signées par les délégués des Fédérations départementales, devront être adressées au secrétariat du Congrès au plus tard le jour d'ouverture de ses travaux.

Un délégué ne peut, au sein du dit Comité, représenter plus d'un département ou d'une colonie — dans les conditions suivantes :

France continentale : 2 délégués par département et par fraction de 200.000 habitants ;

Algérie : 4 délégués par département ;

Autres colonies représentées au Parlement : deux délégués pour chacune des circonscriptions électorales existant dans lesdites colonies.

Le Comité Exécutif est, autant que possible, composé pour mi-partie de parlementaires et de non-parlementaires. En conséquence, pour chaque département et pour chaque colonie, il devra être tenu compte de cette règle lors de la désignation des délégués à choisir.

Les membres du Comité Exécutif ont d'une manière générale, la faculté de se faire représenter par un de leurs collègues muni d'un mandat écrit. Mais chaque délégué ne pourra disposer de plus de quatre mandats.

Toutefois, en matière disciplinaire ainsi que pour les élections du Bureau, sauf l'exception prévue à l'Article 7 (§ 3) — le vote par mandat n'est pas admis.

En ce qui concerne les élections du Bureau, les délégués qui ne pourraient assister à la séance du Comité Exécutif auront la faculté, dans des conditions déterminées par le Règlement intérieur dudit Comité, d'adresser leur vote par correspondance.

Nota. — Pour établir sur les bases les plus larges possibles, l'action du Comité Exécutif, celui-ci recherche, dans les circonscriptions électorales, d'accord avec les délégués des départements intéressés, des membres du Parti avec lesquels il se tient en rapport continu et qui sont constitués ainsi : « Correspondants du Comité Exécutif ».

ART. 7

Le Comité Exécutif désigne, parmi ses membres, un Bureau

qui, placé sous son contrôle permanent, est chargé de l'expédition des affaires courantes.

Ce Bureau est nommé pour un an . Il comprend un président, des vice-présidents et des secrétaires.

ART. 8

Le Comité Exécutif se réunit, au moins une fois par mois, au Siège social.

ART. 9

Il a pour mission de délibérer sur toutes les questions relatives à l'intérêt du Parti Républicain Radical et Radical-Socialiste et de décider toutes les mesures que commande cet intérêt.

Il règle notamment les questions d'organisation, d'administration, de propagande et de discipline du Parti.

Il contribue, par tous les moyens et de toutes ses forces, à la création et au développement sur tout le territoire de la République, des Groupes et Comités locaux destinés à propager les idées et les doctrines du Parti.

L'autonomie de ces Groupes est absolue et, sous aucun prétexte, il ne peut y être porté atteinte.

Enfin, le Comité Exécutif décidera de toutes les questions de discipline qui pourraient être soulevées, soit par la situation particulière des adhérents, soit par la situation électorale dans les circonscriptions.

Les Fédérations, Comités et Groupements adhérents au Parti qui auraient à se plaindre des agissements des Sénateurs et Députés du Bloc mettant leur influence au service de candidats condamnant la politique du Bloc, en informeront immédiatement le Comité Exécutif en motivant leur plainte.

Après enquête, si ladite plainte est justifiée, le Comité Exécutif devra signaler l'attitude anormale de ces Sénateurs et Députés aux élus et aux journaux du Bloc et s'employer de tout son pouvoir à mettre les parlementaires coupables dans l'impossibilité de nuire désormais au Parti républicain de leur département et de frapper les meilleurs militants de la démocratie.

Pour toute affaire disciplinaire, il ne sera statué qu'après convocation régulière permettant aux intéressés de fournir leurs explications.

Les décisions du Comité Exécutif, en matière disciplinaire, seront toujours susceptibles d'être portées devant le Congrès, par voie de recours ouvert à tous les intéressés.

Le Bureau du Comité Exécutif pourra toujours en appeler

d'une résolution qui aura été prise dans une séance comprenant moins de 150 membres présents à une autre séance pour laquelle les délégués de province seront convoqués.

La presse du Parti ne pourra rendre compte des discussions et des décisions du Comité Exécutif que d'après des comptes-rendus communiqués officiellement par le Bureau du Comité.

ART. 10

Le Comité désigne, dans son sein, des Commissions pour étudier et rapporter les questions qui leur seront renvoyées.

ART. 11

Le Comité choisit, en dehors de ses membres, un Secrétaire permanent.

Le secrétaire permanent, qui ne peut à aucun titre être membre du Comité Exécutif, a voix consultative dans les réunions du bureau et du Comité.

Il est chargé, sous le contrôle du bureau, d'assurer le service de la correspondance, du *Bulletin du Parti*, et de l'expédition des journaux et brochures ainsi que de veiller à la conservation des archives.

DISCIPLINE ÉLECTORALE

ART. 12.

Dans tous les cas où le Comité Exécutif sera appelé à délibérer sur une question relative à la discipline électorale, il devra être saisi, soit par les Comités ou Groupements ayant adhéré au Parti, soit par les intéressés directs.

Les décisions prises devront s'inspirer de l'intérêt bien entendu du Parti, du principe intangible du respect et de l'autonomie des Groupements locaux, ainsi que de l'appui dû aux candidatures qui défendent loyalement le programme du Parti.

Toutefois, lorsque les circonstances l'exigeront, le Comité devra, les fédérations départementale, d'arrondissement et de circonscription intéressées préalablement consultées, intervenir auprès des Comités ou Groupements locaux en vue de conjurer, s'il y a lieu, le danger pouvant résulter, pour l'intérêt général du Parti, d'une pluralité excessive de candidatures. Il fera, à cet effet, les observations et représentations qui seront nécessaires.

Enfin, le Comité Exécutif doit, dès le premier tour de scrutin, aider, par tous les moyens en son pouvoir, les candidats reconnus du Parti. Il les désigne notamment au corps électoral par la mention : « Candidats du Parti Républicain Radical et Radical-Socialiste ».

Les parlementaires et autres élus ne pourront obtenir l'investiture des candidats du Parti que s'ils ont adhéré formellement au programme du Parti et au Parti pendant toute la durée du mandat.

Les candidats aux différentes élections : conseillers généraux, parlementaires, etc., devront faire partie depuis au moins un an d'un groupement adhérent depuis la même époque au Comité Exécutif.

ART. 13.

Au second tour, le Comité Exécutif devra faire respecter les règles de la discipline républicaine et n'accorder la désignation prévue à l'article 12, ainsi que le droit au titre de « Candidat du Parti Républicain Radical et Radical-Socialiste » qu'à celui des candidats qui, ayant réuni le plus de suffrages au premier tour, sera devenu, en réalité, le candidat désigné par le suffrage universel.

SANCTIONS

ART. 14.

En cas d'infraction de la part d'un des adhérents à ses devoirs envers le Parti ou aux décisions du Comité Exécutif, celui-ci statuant disciplinairement, les intéressés entendus ou eux dûment appelés, après rapport de la Commission spéciale et communication préalable aux intéressés de ce rapport et des pièces, pourra prononcer l'une des peines suivantes : avertissement, blâme, exclusion.

Le blâme et l'exclusion seuls, une fois prononcés, seront rendus publics, tant par la voie du *Bulletin du Parti* que par celle des journaux adhérents.

La décision du Comité Exécutif, qui devra être prise à la majorité des deux tiers au moins des membres présents, sera motivée.

Si aucune des trois peines précédentes successivement mises aux voix ne réunit la majorité requise, l'action disciplinaire sera considérée comme éteinte et les trois votes négatifs ainsi rendus équivaudront à un acquittement pur et simple.

Dans tous les cas, la peine disciplinaire ne pourra être prononcée qu'après avis motivé des fédérations départementale, d'arrondissement et de circonscription intéressées.

ART. 15.

L'exclusion du Parti ne deviendra définitive que si, dans le délai d'un mois à dater du jour de la notification qui lui sera faite, l'intéressé ne fait pas connaître son intention d'user du droit à lui accordé d'introduire, devant le prochain Congrès, un recours dont l'effet sera suspensif.

En tout état de cause, le Congrès pourra toujours statuer sur une demande de réadmission.

6e CONGRÈS

DU

PARTI RÉPUBLICAIN

Radical et Radical Socialiste

TENU A LILLE

AU KURSAAL-THÉATRE

Les 18, 19, 20 et 21 Octobre 1906

SÉANCE D'OUVERTURE

Jeudi 18 Octobre

La séance est ouverte à 2 heures de l'après-midi, au Kursaal-théâtre.

Sur la proposition du citoyen Bourrat, le citoyen Buisson, vice-président du Comité-Exécutif, est acclamé président de séance.

Sont ensuite nommés :

Vice-présidents : MM. Berteaux, député de Seine-et-Oise

Chabannes, délégué de la Seine

Chautard, député, Président du Conseil Municipal de Paris

Vallé, sénateur de la Marne

vice-présidents du Comité Exécutif

Fiquet, député de la Somme.

Morlot, député de l'Aisne.

Secrétaires : MM. *Blanchon, conseiller gé-*
néral de la Seine.
Boissy d'Anglas, séna-
teur de l'Ardèche.
Burot, délégué de la
Charente.
Falot, délégué de
Seine-et-Oise.
Gervais, député de la
Seine.
Herriot, maire de
Lyon.
Massé, député de la
Nièvre.
Péroz, conseiller gé-
néral de la Hte-
Saône.
Steeg, député de la
Seine.
Tavé, député de la
Corrèze.

Secrétaires

—

du

Comité Exécutif

G. Lefèvre, délégué de Seine-et-Oise,
trésorier du Comité Exécutif.
Secrétaire général : Louis Tissier, délégué de la Vendée,
secrétaire permanent du Comité Exécutif.

Discours du citoyen Buisson

Vice-président du Comité-Exécutif

Citoyens,

Personne ici ne regrette autant que moi le concours de circonstances qui me fait occuper pour quelques instants cette place. L'usage veut que nos Congrès soient ouverts par le président du Comité Exécutif sortant. Aujourd'hui plus que jamais nous devions souhaiter — et nous pouvions espérer — que le président du Comité Exécutif qui à ce titre en ajoute tant d'autres à notre reconnaissance — le citoyen Emile Combes — serait des nôtres. (*Vifs applaudissements*).

Il lui a été impossible malgré une bonne volonté très réelle, de se rendre à notre appel ; je suis chargé personnellement de vous dire en son nom que s'il est absent, c'est pour cas de force majeure ; il a dû céder aux injonctions de ceux qui soignent sa santé mieux qu'il ne la soignerait lui-même. Mais il tient qu'on sache bien qu'il est toujours de cœur avec nous (*bravo*) et je vous demande la permission de riposter immédiatement que nous aussi nous sommes toujours de cœur avec lui. (*Applaudissements*).

A son défaut, mes deux collègues de la vice-présidence auraient plus dignement que moi rempli cette fonction, mais l'un, notre ami Vallé, est parti pour un long voyage, l'autre, notre ami Berteaux, est retenu par les travaux de la Commission du Budget, qui, vous le savez, re sont pas en ce moment une sinécure : ils sont donc tous les deux légitimement excusés.

Vous êtes ainsi privés du discours inaugural, car, pour ma part, je ne prononcerai que les quelques mots de bienvenue que doit aux congressistes le bureau sortant.

Les dernières élections

Si courte que soit la brève allocution qu'il m'est permis de vous adresser, vous ne me pardonneriez pas, prenant la parole dans un Congrès, le premier après les élections législatives, de ne pas prendre acte publiquement avec vous et dans un sentiment de vive allégresse républicaine et française, de ce qu'ont été les élections de Mai dernier.

Nous avions, pourquoi n'en pas convenir, très librement ? des craintes que justifiaient des intrigues et des manœuvres sans précédent. Ennemis déclarés, ennemis masqués n'avaient jamais mieux combiné leurs efforts pour faire une brèche dans la République.

Eh bien, citoyens, le pays a dépassé notre attente ; le pays est plus républicain que nous-mêmes nous ne le pensions. Il a prouvé non seulement qu'il aime la République, qu'il la veut, qu'il la comprend, qu'il y reste attaché ; il a montré qu'il est prêt à déjouer intrigues perfides ou savantes manœuvres ; qu'il ne se laisse plus tromper par des apparences quelconques, quelque libérales qu'elles soient ; c'est le pays qui s'est chargé de nous dire que la République est faite et qu'on ne la défera plus. (*Applaudissements*).

Ce que demande le pays républicain

Citoyens, en même temps que nous adressons au pays républicain ce salut de reconnaissance et de joie, notre seconde pensée doit être que tout n'est pas fini. Il y a, en effet, des lendemains de victoire qui sont plus difficiles à traverser que le jour d'une bataille, et nous sommes à un de ces lendemains. Notre Congrès ne peut pas se dispenser d'étudier très sérieusement les devoirs qui nous incombent, précisément en raison de cette victoire.

Il ne suffit pas d'avoir vaincu, il faut savoir user de cette victoire si légitimement, — et nous pouvons bien le dire entre nous, — si noblement remportée. Il faut lui faire porter tous ses fruits ; il faut surtout que le pays ne puisse croire qu'il a été trop vite ; que sa représentation n'est pas en mesure de le suivre. Il ne faut pas lui laisser un instant ce sentiment de doute, cette inquiétude (*Applaudissements*) ; il faut que nous nous arrangions, nous qui ne sommes ici qu'une assemblée de simples citoyens, représentant des comités libres, des comités volontaires, il faut que nous nous arrangions non pas du tout pour exercer, comme le disent des badauds qui s'amusent à répéter de vieilles calomnies qui ne sont plus que des sornettes, non pas pour exercer une dictature ; mais pour dire, clairement, franchement notre opinion, c'est-à-dire l'opinion de ceux qui nous envoient, des Comités républicains que nous représentons.

Notre opinion est claire et nette, elle peut s'exprimer aussi très ouvertement ; nous sommes convaincus que le devoir impérieux des républicains, des républicains gouvernants, de ceux qui forment la réserve féconde de la démocratie, est d'affirmer de plus en plus la République laïque, la République faisant assez de progrès pour pouvoir s'appeler bientôt la république démocratique et sociale (*Très bien. Applaudissements*).

C'est pour cela que nous sommes réunis. Nous n'avons pas là-dessus d'hésitation. L'ère des batailles plus ou moins théoriques sur les idées, sur les questions qu'on appelait jadis des questions religieuses — comme si la religion était pour quelque chose dans ce qui se passe aujourd'hui, — est close. Cette ère de luttes infertiles, sèches et vraiment inutiles pour le pays est passée.

L'ère qui s'ouvre à présent depuis les dernières élections, c'est l'ère de la République travaillant pour tout de bon à s'organiser en organisant la démocratie.

C'est là l'objet et la raison de notre réunion, c'est ce qui, au fond de votre âme, domine toutes les autres préoccupations. Nous ne croyons plus pouvoir nous contenter du programme purement politique qui devait être le nôtre aussi longtemps que nous avons eu à lutter pour la liberté, contre l'Église, contre la réaction, contre les dangers de coup d'État ou de mise en échec de la République. Il fallait faire de la politique radicale, c'est ce que nous avons fait. Il faut faire autre chose maintenant : nous avons fait de la justice sociale ; nous en avons faim et soif autant que les socialistes (*Très bien*), nous voulons comme eux, nous voulons autant qu'eux que tous les efforts du Parlement et de la Nation se portent sur cet objet essentiel : réaliser une cité, une société dans laquelle règne la justice par la solidarité. Voilà ce que fermement nous voulons tous (*Applaudissements*).

Programme social

Citoyens, nous ne pouvons pas nous dissimuler que ce programme est neuf, qu'il est encore rempli d'extraordinaires difficultés, que nous avons des efforts considérables à faire les uns et les autres pour le remplir, et même pour le bien comprendre.

Les grandes et généreuses formules qui ont suffi à nos pères en 1848, qui suffisaient peut-être il y a trente-cinq ans, ne suffisent plus aujourd'hui. Il faut que nous arrivions à la pratique, à la mise en œuvre, à l'exécution effective de cette République à base démocratique et égalitaire qui seule mérite de s'appeler République.

Pour y arriver, nous ne pouvons pas nous le dissimuler, la première de toutes les questions sociales, c'est la question fiscale. Aujourd'hui le premier devoir des républicains qui veulent établir la démocratie sur des bases véritablement humaines, c'est de mettre au service de l'idée un système complètement nouveau d'impôts équitables, justes et suffisants pour donner à la démocratie son trésor de guerre.

Voilà pourquoi la question de l'impôt sur le revenu est au premier plan de l'ordre du jour ; voilà pourquoi nous ne pouvons pas, quelque préoccupés que nous soyons d'autres réformes, perdre de vue en ce moment la question qui, pratiquement, domine et conditionne toutes les autres, la question sans laquelle toutes les autres ne seraient ni résolues ni sérieusement abordées.

Notre programme commence par l'impôt sur le revenu, préface nécessaire de toutes les questions graves, poignantes, palpitantes, qui s'imposent à notre attention.

La Séparation

Pourquoi faut-il qu'au lieu de pouvoir nous en tenir là, nous soyons obligés, par des circonstances que peut-être quelques-uns d'entre nous, imprévoyants et trop confiants, n'avaient pas discernées, d'en revenir à des questions que nous croyions à jamais épuisées et finies ?

Comme vous le savez, au mois de décembre dernier, une loi votée par le Parlement après un grand effort de travail et avec un libéralisme poussé jusqu'à l'excès, avait réglé la séparation de l'Eglise et de l'Etat, c'est-à-dire la première, la plus élémentaire des réformes dont la République avait besoin.

Après avoir prodigué jusqu'au delà du possible les faveurs, les concessions, les preuves d'un esprit de conciliation qui donnait sans compter (très bien), nous pouvions croire que cela suffirait et qu'enfin l'Eglise, en face d'une République si large, si généreuse, si prodigue de ses bienfaits, nous laisserait la paix.

Citoyens, il n'en est rien et il se trouve qu'à présent, bien que la loi soit faite, l'Eglise espère qu'il n'y a rien de fait. C'est pour cela qu'à ce Congrès nous avons de nouveau, contre notre attente et contre notre désir, à donner un certain temps à l'étude des questions que soulève l'application de la Loi de Séparation. Je n'anticiperai pas sur vos débats, mais je dis tout de suite, et ici je suis certain d'être non seulement l'interprète du bureau, mais aussi celui de tous les républicains, que nous ne voulons pas sous aucun prétexte que cette remise en discussion directe ou indirecte de la loi du 9 décembre 1905, nous ramène en arrière et nous oblige à nous traîner à nouveau dans les maquis de la procédure vaticane. (*Applaudissments*).

|2 Cette loi qui n'est pas un chef d'œuvre — c'est une voix autorisée qui l'a dit — que nous aurions voulue autre, nous la reconnaissons, nous, citoyens français, comme loi française ; nous ne demandons pas mieux que de la laisser appliquer, mais c'est une loi dans laquelle il ne nous est pas possible de voir ce qui n'y est pas, ou de laisser introduire ce que voudraient y mettre nos adversaires (*Applaudissements*). Cette loi-là faisait d'extraordinaires concessions. Mais personne d'entre nous ne voudra oublier que ces concessions étaient toutes subordonnées et limitées à la condition expresse que dans le délai d'un an après sa promulgation cette loi aurait son plein effet, que les faveurs qu'elle accordait seraient dans ce délai acceptées ; sinon le régime spécial et d'extrême faveur que cette loi offrait à l'Eglise cesse *ipso facto* d'exister. (*Très bien ! Très bien !*).

C'est la vérité de la situation et nous, citoyens français, républicains, vis-à-vis du Pape, nous sommes dans la situation d'un souverain qui ne veut pas, qui ne doit pas laisser entamer sa souveraineté, si peu que ce soit (*Applaudissements*).

Notre loi très large, trop large, a permis qu'il fût accordé non pas au Pape, non pas au clergé, mais à la population catholique française, un ensemble extraordinaire de conditions favorables.

Ces concessions, nous ne les retirons pas, mais nous ne voulons rien y ajouter. Et sous aucun prétexte, nous ne permettrons, autant qu'il dépend de nous, en exprimant publiquement et chaleureusement notre opinion, qu'on modifie, que l'on arrange

ou que l'on dérange cette loi en y faisant intervenir
des clauses nouvelles aggravant les clauses déjà excessives que nous avons dû subir pour obtenir la paix et
pour faire l'union des républicains.

Non, citoyens, nous ne le permettrons pas, nous
protesterons de toute notre énergie, et j'estime que
ce Congrès ne doit pas se séparer sans avoir fait entendre au pays des paroles décisives et solennelles.
(*Vifs applaudissements*) ; non, nous ne nous séparerons pas sans avoir dit que nous ne pouvons pas supporter un seul instant l'idée que cette loi soit remaniée dans le sens d'une faveur de plus, accordée directement ou indirectement à ceux qui ont trouvé insuffisantes les concessions extrêmes que nous leur avons
offertes.

Comment le direz-vous, citoyens, quelle forme
donnerez-vous à vos conclusions, sur quelles bases
les associerez-vous, il ne m'appartient pas de les préjuger ; ce que je tenais à dire au nom du Bureau sortant du Comité Exécutif, qui vous a présenté un rapport sommaire pour introduire la question, c'est que
nous sommes unanimes à demander que ce qui a été
fait soit maintenu, que la Séparation ne soit pas remise en question et qu'on ne rouvre pas, sous aucun
prétexte, une série, je ne dis pas seulement de négociations avec le Vatican — quel est le Français qui
oserait faire cette proposition ? Où est-il ? (*Bravos*)
Même le Cabinet Ribot n'y songerait pas, et ne pourrait pas le faire ouvertement.

M. *Camille Pelletan*. — Ouvertement, non !

M. *Buisson*. — Mais nous demandons qu'on
n'essaye pas de remanier et de simplifier soi-disant,
en réalité de compliquer cette loi par des adjonctions
qui se traduiraient en définitive par de nouvelles
offres de faveurs et de nouvelles marques de condes-

cendance de la part de la République à l'égard du Vatican.

Défi relevé

Un défi nous a été adressé ; nous le relevons *(vifs applaudissements)* et nous demandons au Gouvernement de le relever.

C'est dans ce sens, citoyens, ce n'est pas dans un but de polémique pure et pour avoir le plaisir, comme d'aucuns nous en accusent, de faire renaître les vieilles querelles religieuses, c'est en envisageant uniquement le droit souverain de la Nation, le droit souverain de la Démocratie, que nous restons sur les positions que nous avons prises, que nous maintenons la loi telle qu'elle est, que nous ne demandons pas en ce moment de remaniements, de perfectionnements. Nous demandons simplement que, si le 9 décembre prochain, les paroisses catholiques françaises persistent à aimer mieux obéir au Pape qu'à la République, elles en subissent la conséquence ; et la conséquence, c'est la suppression totale du régime spécial de faveur qui leur était offert *(bravos)* et l'application pure et simple du droit commun, auquel pas un Français n'a le droit de se soustraire.

C'est dans ce sentiment, citoyens, que nous ouvrons les délibérations de ce Congrès. Qu'il nous soit permis de souhaiter que de ces délibérations sorte, par un travail approfondi, par des discussions vives, sincères, toujours courtoises, et par là même efficaces, un accroissement d'un idéal républicain, que tous nous voulons réaliser, que tous nous entrevoyons comme celui auquel tend la loi même et la force directrice du mouvement national. Nous sommes la France ; mais nous sommes aussi et nous serons toujours la Révolution française. *(Applaudissements répétés et prolongés)*.

Le Président. — La parole est au citoyen Dr Debierre.

Discours du citoyen Debierre

Président de la Fédération radicale et radicale-socialiste du Nord

Citoyens et chers camarades de combat,

Vous êtes venus des quatre coins de notre France pour tenir en ce pays les sixièmes assises du Parti radical et radical-socialiste. Au nom de la Fédération du Nord, au nom des radicaux et radicaux-socialistes de la région, soyez les bienvenus dans nos murs. Si nous n'avons à vous offrir ni le soleil de la Provence, ni les curiosités rares d'une Nature prodigue, nous tâcherons d'y suppléer par un accueil cordial et une constante sollicitude. (*Bravos*).

On pourrait croire que ce Congrès, venu après le succès républicain des élections générales, a beaucoup perdu de son intérêt. Il n'en est rien. Vaincre, c'est bien ; consolider sa victoire, c'est mieux. S'il est essentiel et aisé de faire des lois, il est préférable, mais plus malaisé, de les appliquer. L'Action vaut toujours mieux que le Verbe. (*Vifs applaudissemens*).

La *Loi de Séparation* est faite, mais ce qui n'est pas fait, c'est son application. Or, c'est cette application qui nous importe. C'est elle qui nous fixera sur l'énergie ou la défaillance du Gouvernement et de la majorité républicaine (*Applaudissements*).

Les *Retraites ouvrières* sont votées par la Chambre du Palais-Bourbon, mais qui ne prévoit pas qu'elles y reviendront après avoir fait un séjour qui ne sera pas trop long, nous voulons l'espérer, à la Chambre du Palais du Luxembourg ?

Le *Repos hebdomadaire* a fait surgir nombre de difficultés entre Patrons et Ouvriers, et qui sait si demain il ne devra pas à nouveau appeler les décisions nouvelles du législateur ? Combien il eût été plus prudent peut-être, que la loi ne contînt que deux articles, simples et clairs, l'obligation du repos hebdomadaire et la liberté ensuite, d'une entente commune entre employeurs et employés en ce qui concerne les applications multiples de la loi (*Bravos*).

Le *Poids des impôts* indirects, progressifs à rebours, qui pèsent si lourdement sur les épaules de l'ouvrier, du paysan, de l'employé, du petit fonctionnaire d'Etat, n'a pas trouvé jusqu'ici la formule décisive et légale de son allègement.

Les *Quatre contributions* sont toujours debout et les contribuables attendent encore l'équité dans l'impôt, la répartition des charges publiques sur chacun en raison de ses ressources et de ses avantages sociaux.

La formule économique n'est-elle pas encore aujourd'hui auprès des hauts financiers, que l'impôt idéal est celui qui, se dissimulant le mieux, frappe — à son insu — le plus lourdement le contribuable, d'autant plus fort et d'autant plus souvent, par-dessus le marché, que celui-ci est plus pauvre et qu'il a à supporter des charges de famille plus considérables. (*Applaudissements*).

Pourtant l'impôt sera personnel, ou il restera inéquitable, et de la réforme générale de nos impôts dépendront réellement les réformes sociales.

Cependant qu'en Angleterre, en Belgique et ailleurs, les denrées et les produits de première nécessité atteignent des prix incroyables de bon marché, chez nous, les familles ouvrières — qui n'ont pas toujours le nécessaire pour vivre — sont obligées, pour satisfaire les inhumaines exigences d'un fisc impitoyable, de réduire aux dernières limites une consommation la plupart du temps déjà insuffisante, parce que l'application d'un protectionnisme aveugle et outrancier multiplie les entraves à la libre circulation des produits et à leur libre consommation, restreint d'autant la production, et par répercussion, entraîne, — au préjudice de tous les citoyens — une diminution équivalente du travail national, source de bien-être comme de toute prospérité. (*Applaudissements*).

Les grands monopoles privés constitués par les hasards de la vie sociale, l'imprévoyance des Gouvernements ou les infamies de l'organisation publique, demeurent debout pour produire les archi-millionnaires aux dépens du travailleur et de la masse consommante. Le législateur ne peut davantage s'en désintéresser. Il peut et doit faire passer dans le domaine social pour être exploité au profit de la nation tout entière, ce qui est aujourd'hui une source de revenus énormes, sinon scandaleux, pour une poignée de privilégiés. Le travail, seule source de richesse, doit avoir sa juste place au soleil ; il ne peut continuer à être domestiqué par le Capital. (*Applaudissements*.)

Le Suffrage universel a approuvé les hommes du Bloc, les 6 et 20 mai dernier ; mais qui oserait affirmer que le Suffrage universel lui-même n'a point besoin d'être affranchi et moralisé ?

Qui se refuserait à accorder que le scrutin d'arrondissement a faussé les rouages de la vie publique et abaissé le pavillon des intérêts généraux devant les intérêts de clocher ? Quel est le républicain qui ne se rend compte que la *Loi Electorale* a besoin d'être remise sur le chantier ? (*Bravos*).

Qui ne voit aussi dans le Parti républicain, la nécessité et l'urgence des *réformes d'ordre administratif* ? Qui ne sent que le temps est enfin venu de mettre à la tête des grandes administrations publiques, civiles comme militaires, des fonctionnaires dont les idées et les opinions soient en harmonie

avec les grandes aspirations de la démocratie républicaine ? (Bravos).

Enfin, bien heureux ou bien puérils, sont ceux
qui en présence du duel formidable de l'Eglise et de
la Philosophie « espèrent se rendormir tranquilles
sur leur chevet. Le combat des deux lutteurs les ré-
veillera jusque dans la terre... Il n'y a point de ma-
riage possible entre la liberté et le principe sacerdo-
tal »..., (Applaudissements).

La séparation absolue du domaine laïc et du domaine religieux de l'Eglise de l'Etat, de l'Eglise de
l'Ecole, n'est pas seulement une garantie de liberté,
c'est une condition de vie et de salut. Ainsi, citoyens,
se soulève devant vous la question de l'Enseignement
« Service Public » et l'impérieuse nécessité de n'admettre dans les écoles de la république aucun culte
religieux.

Ne nous payons pas de mots... « Elle subsiste,
l'éternelle douleur ! Il se plaint, l'éternel sanglot ! Et
la faim a faim, et la soif a soif, et le sommeil n'a pas
de lit et les petits enfants mendient sur le chemin,
leurs pieds nus déchirés aux pierres...

« Les abus se sont obstinément maintenus, et
quant aux modifications réelles et profondes, cent
fois reconnues comme nécessaires, cent fois promises
par de solennels serments, elles n'ont point été réalisées. . » (Bravos).

Ces différents problèmes, y compris celui de la Paix
par le Droit, qui attendent tous de décisives et promptes
solutions, sont la preuve qu'à ce Congrès, les républicains ont une œuvre préparatoire utile à accomplir. En les invitant à le faire dans le calme réfléchi
et la fermeté, nous sommes convaincus de répondre
aux sentiments de tous nos camarades. (Vifs applaudissements prolongés).

Le Président. — Citoyens, l'ordre du jour, tel qu'il a été préparé, appelle le dépôt des rapports présentés par les diff.rentes commissions. Ces rapports sont pour la plupart imprimés dès à présent, et distribués. Il s'agit donc d'une simple formalité. (*Assentiment*).

L'ordre du jour appelle ensuite le dépôt des rapports présentés par les Fédérations départementales, les groupes et les membres adhérents au parti.

Le citoyen Tissier, secrétaire. — Ainsi que vient de l'indiquer le président, le paragraphe 2 de l'ordre du jour appelle le dépôt des rapports présentés par les fédérations départementales, les groupes et les membres adhérents au parti. Je dépose les vœux qui m'ont été transmis au nom :

de la Fédération Républicaine de Meurthe-et-Moselle.

du Groupe radical du 4ᵉ arrondissement de Lyon.

de la Fédération des comités radicaux et radicaux socialistes de la Charente ;

du Comité radical-socialiste d'Issy-sur-Seine ;

de la commission des vœux du Comité Exécutif ;

du Comité radical-socialiste de Charleville ;

du Comité radical et radical-socialiste de la Voulte-sur-Rhône,

Nous demandons à nos collègues qui ont des vœux à déposer, de le faire dès à présent, afin qu'il n'y ait pas de temps perdu.

(*Divers délégués déposent des vœux sur le bureau*).

Je rappelle en outre à l'Assemblée que les commissions du congrès examinent tous les vœux et rapports qui sont présentés et que les délégués peuvent faire partie des commissions qu'ils auront choisies. Les vœux seront donc discutés d'abord dans les commissions avant d'être présentés à l'Assemblée générale du Congrès.

Le Président. — Je propose à l'Assemblée de continuer son ordre du jour. (*Assentiment*).

La parole est au rapporteur de la Commission de vérification des pouvoirs.

Le citoyen Couderchet, rapporteur de la Commission de vérification des pouvoirs. — Citoyens, la Commission de vérification des pouvoirs, constituée par voie de tirage au sort, réunie ce matin après la séance, a désigné comme président le citoyen Dalimier, député de Seine-et-Oise, et les citoyens Bourceret comme secrétaire et Coudarchet comme rapporteur.

Après avoir entendu les protestations qui lui ont été présentées sur certaines délégations, votre Commission vous propose de valider les pouvoirs de tous les délégués non contestés, c'est-à-dire de tous nos collègues, à l'exception des délégations suivantes qu'elle a retenues pour supplément d'enquête :

le citoyen Bousquet, délégué de la Mayenne ;

le Comité de concentration républicaine de Rueil (Seine-et-Oise).

le journal *le Rappel de l'Aisne* ;

le citoyen Jean-Bernard Passenieu, de la Seine ;

la délégation du Havre (Seine-Inférieure).

le citoyen Grauvogel, de la Seine ;

le citoyen Sancerme, délégué de *l'Avenir des Charentes*.

Sous réserve de ces contestations, votre Commission vous propose de valider tous les autres délégués. (*Très bien, très bien.*)

Le citoyen Déliot, délégué de la Seine-Inférieure. — Citoyens, je viens d'entendre dire que les délégations du Havre étaient contestées. J'ai la prétention de prouver que la délégation du Comité radical-socialiste du Havre ne peut pas être contestée. Il y a deux comités dissidents... (*Interruptions*).

Voix diverses. — Ce n'est pas la question ! Vous le direz à la Commission, ce soir.

Le Président. — La commission vous propose de statuer d'abord sur les délégations non contestées (*Assentiment*).

Je mets aux voix les conclusions présentées par le rapporteur.

(Les conclusions de la Commission de vérification des pouvoirs mises aux voix sont adoptées, et les mandats des délégués non contestés sont validés).

Le Président. — La Commission de vérification des pouvoirs procédera à l'examen des délégations contestées et vous soumettra un nouveau rapport.

Le citoyen Dallmier. — La Commission de la vérification des pouvoirs, désireuse d'en finir au plus tôt, se réunira à l'issue de la séance plénière ; les Comités ou les personnes dont les pouvoirs sont contestés ainsi que les personnes qui ont présenté des contestations sont priés de vouloir bien assister à cette réunion.

Le Président. — L'ordre du jour appelle la nomination de la Commission de 33 membres chargée de rédiger la déclaration du Parti.

Le citoyen Morlot, député. — Nous présentons à votre agrément des noms que, j'en suis sûr, l'Assemblée tout entière acclamera. Il ne s'agit, bien entendu, que d'une proposition faite dans l'intérêt commun ; le Congrès, maître souverain, peut adopter d'autres noms.

Conformément aux précédents, nous avons préparé une liste comprenant 16 parlementaires et 17 non parlementaires. Nous vous proposons les citoyens :

Camille Pelletan, député des Bouches-du-Rhône.
Général André, conseiller général de la Côte-d'Or.
Ferdinand Buisson, député de la Seine.
Morlot, député de l'Aisne.
Bourrat, député des Pyrénées-Orientales.
Tavé, député de la Corrèze.
Steeg, député de la Seine.
Debeaune, député du Cher.
Bersez, sénateur du Nord.
Desmons, sénateur du Gard.
Delpech, sénateur de l'Ariège.
Chauvin, député de Seine-et-Marne.
Fiquet, député de la Somme.
Chautard, président du Conseil Municipal de Paris, député de la Seine ;
Trouin, député d'Oran.
Dalimier, député de Seine-et-Oise.
Debierre, président de la Fédération radicale et radicale-socialiste du Nord.
Chabannes, délégué de la Seine.
Blanchon, conseiller général de la Seine.
Bourceret, délégué des Landes.
Chazot, délégué de l'Hérault.

Général Godart, délégué de Meurthe-et-Moselle.
Herriot, maire de Lyon.
Armand Charpentier, délégué de la Seine.
Bouillard, délégué d'Oran.
Baube, délégué de la Seine.
Maurice Sarraut, délégué de l'Aude.
Louis Tissier, délégué de la Vendée.
Patenne, conseiller municipal de Paris.
Couderchet, délégué du Rhône.

Le citoyen Pelletan. — Je propose d'ajouter à cette liste le nom du citoyen Renoult, député, ancien président du Comité.

Un Membre. — Nous sommes surpris qu'on ait donné une place si peu considérable aux délégués du Sud-Ouest et du Midi.

(Plusieurs noms sont indiqués : les citoyens Bonnet, Bérenger, Périllier, Burot).

Le Président. — Le citoyen Couderchet déclare céder sa place.

Pour gagner du temps et diviser la difficulté, nous pourrions commencer par désigner les trente délégués, dont le citoyen Morlot a lu les noms et ensuite nous ajouterions les quatre ou cinq personnes dont les noms viennent d'être indiqués. (*Assentiment*). J'invite le citoyen Morlot à donner à nouveau lecture des noms qu'il a proposés.

(*Ces délégués sont nommés, par un vote, membres de la Commission de la déclaration du Parti*).

Le Président. — On avait proposé le chiffre de 33 membres, mais ce chiffre n'est nullement limitatif.

J'ai entendu prononcer les noms des citoyens Bonnet, Périllier, Bérenger, Deloncle.

Un Membre. — Nous demandons que la ville de Marseille soit représentée par le président du Conseil général des Bouches du Rhône, le citoyen Estier.

Un autre délégué. — Nous demandons également que le citoyen Burot fasse partie de la Commission.

Les citoyens :

Bonnet, délégué de la Seine,

Bérenger, délégué de la Seine,
Perillier, délégué de Seine-et-Oise,
Deloncle, député de la Cochinchine,
Estier, Président du conseil général des Bouches-du-Rhône,
Burot, délégué de la Charente,

dont les noms sont soumis aux suffrages de l'Assemblée, sont nommés membres de la Commission.

Le Président. — L'ordre du jour appelle la fixation de l'ordre du jour du Congrès. Je n'ai pas besoin de faire remarquer que de toute nécessité, les Commissions doivent être constituées à l'issue de la présente séance, afin de ne pas retarder les travaux.

Elles continueront leur étude demain matin, de sorte que, dans la séance plénière de demain, elles pourront rapporter une partie des questions soumises à leur examen.

Le citoyen Balans. — Citoyens, un de nos amis a été victime, il y a quelques jours, d'un accident de chemin de fer ; je crois que notre Congrès s'honorerait en adressant au citoyen Léon Janet, député du Doubs, l'expression de sa sympathie, avec l'espoir d'un prompt rétablissement (*Applaudissements*).

Je demande également au Congrès d'adresser l'hommage de sa sympathie et de ses regrets aux victimes de l'affreuse catastrophe du *Lutin* et à leurs familles. (*Applaudissements*).

Le Président. — Demain, dans la séance de l'après-midi, après la vérification des pouvoirs contestés, nous pourrions discuter le rapport présenté par M Chautard, sur les travaux du Comité exécutif pendant l'exercice 1905-1906. Nous pourrions ensuite aborder la discussion des rapports qui seraient en état ; la discussion de ces rapports et de ceux qui seraient ultérieurement déposés serait poursuivie dans la quatrième séance plénière, c'est-à-dire samedi matin, et dans les séances qui suivront. L'ordre de la discussion de ces rapports dépendra évidemment de la diligence de chacune des Commissions ; il est impossible de fixer cet ordre dès maintenant.

Le citoyen Charpentier. — Je demande qu'à la suite du

rapport du citoyen Chautard, nous abordions la discussion du rapport du citoyen Buisson. C'est là partie la plus intéressante de ce Congrès.

Le Président. — Il est impossible de fixer dès maintenant la date à laquelle ce rapport pourra être discuté ; nous devons attendre que la Commission ait abouti à des conclusions.

Le citoyen Pelletan. — Si nous ne faisons pas un effort, nous risquons de voir toutes les Commissions apporter leurs rapports dans la séance de samedi, de sorte que toutes les questions les plus importantes seront discutées pêle-mêle. Après le rapport si lucide de notre ami Buisson, il me semble que nous pourrions décider ferme, dès aujourd'hui, que nous examinerons dans la séance de demain la question de la Séparation ; nous hâterons ainsi les travaux de la Commission qui, je pense, seront très courts, car je ne doute pas qu'elle se ralliera aux conclusions de notre ami.

Le Président. — Le citoyen Pelletan propose d'inscrire à la suite de la discussion du rapport du citoyen Chautard les conclusions du rapport qui sera présenté par la Commission de la Séparation.

(Cette proposition est adoptée)

Le citoyen Tissier. — Il est bien entendu que les Commissions dont il s'agit ne sont pas les Commissions du Comité exécutif, mais les Commissions du Congrès auxquelles sont renvoyés tous les rapports, aussi bien ceux des Commissions du Comité exécutif que les autres. Les délégués au Congrès peuvent se faire inscrire dans une ou dans plusieurs commissions, à leur choix. Les Commissions nomment leur président, leurs vice-présidents, leur secrétaire et leur rapporteur. En outre des indications qui figurent dans la brochure distribuée aux membres du Congrès, des affiches indiqueront les salles de réunion des Commissions.

Ces salles sont :

1re *Commission.* — *Règlement et discipline*.
KURSAAL (1er *étage*), *foyer des premières.*

2e *Commission.* — *Propagande et organisation du Parti.*
KURSAAL (2e *étage*) *foyer des deuxièmes.*

3ᵉ *Commission.* — *Enseignement et Défense laïque.*
GRAND-HOTEL, rue Faidherbe, 22-24 (Salle du
1ᵉʳ étage).

4ᵉ *Commission,* — *Prévoyance, Assistance sociale et Retraites ouvrières et paysannes.*
GRAND-HOTEL (Annexe), rue Faidherbe, 15.
(1ᵉʳ étage.

5ᵉ *Commission.* — *Commerce, Agriculture. Industrie et
réformes économiques.*
CAFÉ BELLE-VUE, Grand'Place) Entrée rue Jean-
Roisin, 5)

6ᵉ *Commission.* — *Réformes électorales, administratives et
fiscales.*
TAVERNE DE MULHOUSE, Grand'Place, (1ᵉʳ
étage) Entrée par le couloir.

7ᵉ *Commission,* — *Affaires extérieures et coloniales.*
CAFÉ DELEVOIE, Rue de Paris, 47.

8ᵉ *Commission.* — *Vœux.*
RESTAURANT CHÉRON, R. Jean-Roisin, 17.

Le Président. — La Commission de la Déclaration du
Parti se réunira ultérieurement sur convocation spéciale.

Le citoyen Pelletan. — Elle doit cependant tenir immédiatement une réunion pour se constituer.

Le citoyen Tissier. — Cette réunion doit être très courte,
car il est nécessaire que les membres de la Commission
de la déclaration puissent se rendre dans les autres Commissions qui vont se réunir aussitôt après la séance.

Un Membre. — Je tiens à faire remarquer qu'au cours
des séances du Congrès, la discussion fera jaillir de nouvelles idées et que, dès lors, il serait imprudent de réunir la Commission de la Déclaration avant qu'elle puisse
être saisie des propositions qui ont été émises. Je crois
qu'il est nécessaire d'ajourner le plus possible la réunion
de cette Commission.

Le citoyen Pelletan. — Si nous demandons qu'on réu-
nisse immédiatement la Commission de la Déclaration, ce
n'est pas pour faire en 60 secondes la Déclaration du
Parti (*rires*) ; c'est pour organiser le travail de la Commission.

Le même Délégué. — Il fallait le dire tout de suite.

Le citoyen Pelletan. — Le bon sens suffisait à l'indiquer. Il s'agit de préparer le travail et pas autre chose.

La séance est levée à 4 heures aux cris de : Vive la République !

DEUXIÈME SÉANCE

Vendredi 19 octobre, après-midi

———

Le citoyen Ferdinand Buisson. — Citoyens, je vous invite à désigner le Président pour la séance de ce jour.

Voix nombreuses : Debierre ! Debierre !

Le citoyen Debierre, Président. — Citoyens, je vous remercie vivement du témoignage de confiance que vous voulez bien m'accorder en me désignant pour présider ce soir votre Assemblée Générale. Je chercherai à rester strictement dans le rôle essentiel du président qui est de faire respecter la tribune pour toutes les opinions. Vous n'attendez pas de moi un discours ; vous ne me le pardonneriez pas ; il ne s'agit pas de faire un discours, mais de faire des actes (*très bien ! très bien !*) Je vous appelle justement à les réaliser.

Avant de passer à l'ordre du jour qui va vous être soumis, je vous demande de vouloir bien compléter le bureau. (*Applaudissements*).

BUREAU

Le Bureau est ainsi constitué :

Président :

M. *Debierre, président de la Fédération Radicale et Radicale-Socialiste du Nord.*

Vice-Présidents

MM. *Bérenger, directeur de l'*Action.

Castel, maire de Lésignan.

Chérioux, conseiller municipal à Paris.

Cosnier, député de l'Indre.

Deloncle, député de Cochinchine.

Dreyfus, *député de la Lozère*.

Estier, *Président du Conseil général des Bouches-du-Rhône*.

Malvy, *député du Lot*.

Renard, *député de la Nièvre*.

Secrétaires :

MM. Cibiel. *conseiller général de la Haute-Garonne*.

Cointe, *président de la ligue de propagande Radicale-Socialiste*.

Denis-Guillot, *conseiller général de la Seine-Inférieure*.

Dr Dupéux, *conseiller d'arrondissement de la Gironde*.

Joubert Peyrot, *conseiller d'arrondissement de la Haute-Loire*.

J.-B, Malon, *conseiller général des Basses-Alpes*.

Marianelli, *maire de Rochefort*.

Fernand Michaut, *vice-président du Comité Radical-Socialiste de Châtillon sur-Seine*.

Perrier, *délégué de la Fédération de l'Isère*.

Renard, *conseiller municipal de Lyon*.

Le Président. — La parole est au citoyen Chérioux, président de la 2me Commission.

Le citoyen Chérioux. — Je demanderai au Congrès de vouloir bien inscrire, immédiatement après le rapport de l'honorable citoyen Buisson, le rapport sur l'organisation du parti que la deuxième Commission est prête à déposer et dont le citoyen Bonnet est rapporteur

La question est absolument au point et je demande au Congrès, afin que chacun de nous connaisse à l'avance quelles sont les questions qui doivent être mises à l'ordre du jour, de vouloir bien dès maintenant assigner un rang d'urgence à la proposition que j'ai l'honneur de vous soumettre. Je demande donc que la discussion de notre rapport vienne immédiatement après le rapport du citoyen Buisson.

J'ai une autre communication à vous faire au nom de la Commission. Nous avons été saisis d'une proposition signée par les délégués du département de l'Aube tendant à ce que le Congrès tienne ses séances l'année prochaine, à Troyes. Nous avons appris indirectement que d'autres villes réclamaient cet honneur ; nous demandons aux membres du Congrès qui ont des propositions analogues à faire, de vouloir bien les déposer sur le Bureau dès ce soir. La Commission de propagande se réunira spécialement pour les examiner.

Le citoyen Pelletan. — Je demande la parole.

Le Président. — Vous avez la parole.

Le citoyen Pelletan. — La question de l'organisation du Parti soulève de très gros problèmes. Un certain nombre d'entre nous ont l'intention de proposer à ce sujet des résolutions au Congrès. Il serait, à mon avis, nécessaire que nous connaissions le rapport et les conclusions et que nous ayons le temps d'y réfléchir avant de les discuter. C'est une question d'ordre intérieur dont peuvent dépendre l'action, le rôle, et je dirai presque l'existence du Parti. Je demande donc que les deux questions soient inscrites en tête de l'ordre du jour de la seconde séance de demain, afin de nous donner le temps de savoir ce qu'on nous propose.

Le citoyen Cherioux — La Commission est aux ordres du Congrès.

Le citoyen Pelletan. — Quand aurons-nous le rapport ?

Le citoyen Cherioux. — Le rapport a été déposé au Secrétariat. Il a paru en outre dans certains journaux. Je ne sais pas si on a le temps matériel de le faire imprimer avant la séance de demain.

Le citoyen Pelletan. — Nous demandons au moins qu'on nous communique les conclusions afin que nous sachions ce que vous proposez.

Le citoyen Cherioux. — Si vous admettez que cette question vienne après le rapport du citoyen Buisson, je crois que le rapporteur pourrait alors faire connaître dès ce soir au Congrès ses conclusions qui seraient renvoyées ensuite à la séance de demain pour discussion.

Le citoyen Pelletan. — Dans ces conditions, nous sommes

d'accord, étant entendu que la discussion n'aura lieu que dans la seconde séance de demain (*Assentiment*).

Le Président. — On me fait observer qu'il serait intéressant qu'on déposât immédiatement sur le bureau les propositions concernant le choix des villes qui seraient susceptibles de recevoir le Congrès l'année prochaine.

Voix diverses : Nancy !

Le citoyen Gérault-Carion. — Dijon !

Le Président. — Citoyens, Nous vous demandons purement et simplement de vouloir bien déposer par écrit sur le bureau les propositions que vous auriez à faire sur la matière ; nous ne vous demandons pas autre chose.

Le général André demande la parole quelques instants pour vous présenter une motion spéciale. (*Vifs applaudissements et acclamations prolongées et répétées : Cris nombreux : Vive André !*)

Le citoyen Armand Charpentier. — Le Ministre de demain.

Le général André. — Je regrette beaucoup, mes chers Collègues, en présence de cette manifestation, de n'avoir à vous faire qu'une simple communication d'ordre.

Vous avez probablement remarqué comme nous que dans l'énumération des Commissions, on avait, par une omission regrettable, négligé de faire figurer la Commission relative aux questions militaires. Nous vous demandons en conséquence d'organiser une Commission chargée d'étudier ces questions. Elle se réunirait ce soir même à l'issue de la séance, dans le local affecté jusqu'ici à la huitième commission, celle des vœux, qui a terminé son travail. Tous ceux d'entre vous qui voudront bien venir se joindre à nous dans ce local nous feront le plus grand plaisir et je compte que nous serons nombreux pour étudier des questions de pareille importance. La réunion aura lieu au siège de la Commission, rue Jean Roisin, restaurant Chéron.

Le citoyen Debierre. — Je vous demande la permission de vous donner lecture d'un certain nombre d'excuses.

Notre ami, Maurice Bertaux, s'excuse de ne pouvoir être à la séance, retenu à la Commission du Budget ; Chautard, député et président du Conseil municipal de Paris, s'excuse en ces termes : « Retenu par mes fonctions, n'arriverai que ce soir à 8 heures, prière de m'excuser aujourd'hui ».

Comme le citoyen Chautard avait justemen t à vous donner connaissance aujourd'hui de son rapport sur la gestion moral: du Comité exécutif durant l'année dernière, nous remettrons, si vous le voulez bien, la discussion de son rapport à la séance de demain matin (*Assentiments*).

Nous avons un certain nombre d'autres excuses à vous formuler, mais si vous le permettez, nous entamerons immédiatement l'ordre du jour par la question de la séparation des Eglises et de l'Etat et nous donnerons la parole au rapporteur de cette importante question, le citoyen Buisson.

Le Secrétaire général.— L'ordre du jour appelle la vérification des pouvoirs contestés.

Le Président : Citoyens, on me fait observer qu'avant de discuter le rapport du citoyen Buisson, il y a lieu de procéder à la vérification des pouvoirs contestés ; je prie donc ceux qui ont contesté les mandats de leurs collègues de différents départements de vouloir bien monter à cette Tribune.

Le citoyen Bourceret.— Que le rapporteur de la Commission de vérification des pouvoirs lise son rapport.

Le Présid mt.— Je prie le citoyen Rapporteur de la Commission de vérification des pouvoirs, de lire son rapport.

Vérification des pouvoirs

Le citoyen Couderchet, rapporteur.— Citoyens, à l'issue de la séance d'hier soir, votre Commission de vérification des pouvoirs s'est réunie et a entendu les partisans et les protestataires des délégations que nous avions indiquées hier au début de la réunion plénière. Parmi les contestations qui se sont produites se trouvent :

La délégation de l'Avenir de la Charente. Après avoir entendu contradictoirement le Délégué du Journal Radical Socialiste de la Charente et le citoyen Felineau, protestataire, votre Commission vous propose à l'unanimité moins une voix la validation des pouvoirs du citoyen Sancerne.

Le citoyen Pelletan.—Nous pourrions discuter un par un les mandats contestés.

Plusieurs citoyens. — Aux voix !

Le Président.—Si vous le voulez bien, nous allons entendre les orateurs qui voudraient venir contester ici les conclusions du rapport qui viennent de vous être données au nom de la Commission de vérification des pouvoirs.

Divers citoyens.— Aux voix !

Le Président.— La Commission propose l'admission du citoyen Sancerne dont les pouvoirs ont été contestés. Si l'Assemblée veut bien accepter le citoyen Sancerne, qu'elle le témoigne en levant la main.

(Les conclusions du rapport sont adoptées).
Des protestations s'élèvent.

Le citoyen Pelletan.— Personne n'avait demandé la parole.

Le Rapporteur.—Votre Commission vous propose également l'admission des délégués du Comité Radical du Hâvre contre lesquels une contestation s'était élevée, mais cette contestation a été retirée.

Le Président.—Citoyens, vous venez d'entendre la proposition de la Commission ; elle vous demande d'accepter les délégués du Comité Radical du Hâvre, étant donné que ceux qui ont élevé la protestation contre la validation des pouvoirs de ce Comité l'ont retirée.

(Les conclusions de la Commission sont adoptées).

Le Rapporteur — Délégation du Comité de Concentration Républicaine de Rueil (Seine et Oise). Après l'audition des citoyens Meyer et Thalamas qui contestaient la régularité du nombre des délégués mandatés par ce Comité, et les explications fournies par le citoyen Falot, votre Commission, tout en prenant acte de la déclaration du citoyen Falot qui affirme que le Comité de Concentration Républicaine de Rueil (Seine-et-Oise) est composé de 280 membres, a statué, que, ne peuvent être considérés comme membres actifs que les cotisants d'un Comité. Le citoyen Falot ayant déclaré que dans son Comité il n'y avait pas plus de 150 cotisants, votre Commission, en vertu du réglement, a réduit à trois le nombre des mandats de cette délégation qui étaient de six.

Elle vous demande en conséquence d'approuver ses conclusions.

Cris : Non ! Non !

Le Président. — La parole est au citoyen Falot.

Le citoyen Falot. — Citoyens, depuis la fondation du Parti Républicain Radical et Radical-Socialiste, le Comité de Concentration Républicaine, qui a été fondé par nous dans une localité où les nationalistes sont en majorité depuis fort longtemps, avait l'habitude d'envoyer ses délégués aux Congrès du parti. Vous les avez toujours vus : ce sont des militants très énergiques. Cette année, on a contesté le nombre de nos membres, mais vous savez tous, puisque vous êtes des militants, que dans nos Comités nous ne faisons pas d'opérations financières ; dans nos communes où il est courageux d'affirmer ses opinions républicaines, nous considérons comme adhérents ceux qui viennent à nous, ceux qui adhèrent par écrit...

Cris : Parfaitement !

Le citoyen Falot. —... mais nous n'en faisons pas une question de cotisation. Les cotisations chez nous sont payées par les plus riches. Les ouvriers ne sont pas sollicités...

Voix diverses. — Ce n'est pas démocratique du tout. Il faut observer le règlement !

Le président. — La tribune est ouverte à tout le monde, laissez donc parler l'orateur.

Le citoyen Falot. — La vérité, c'est qu'il ne s'agit pas ici d'une question de principe. Il s'agit, comme dans la plupart des questions de principe qu'on soulève devant un Congrès, d'une question de personne. (*bravo*). Quelle est elle ? Nous avons le malheur de posséder dans notre commune un publiciste qui a combattu, il y a dix ans, le Maire radical-socialiste d'alors, le seul que nous ayons jamais eu à Rueil, le Docteur Bouillet ici présent (*Applaudissements*).

Voix diverses. — Ce sont des questions de personne.

Le citoyen Falot. — Et ce publiciste, cet homme qui, il y a peu d'années, par son attitude, a amené la défaite du parti républicain dans notre circonscription et fait triompher les réactionnaires ; cet homme, parce qu'il n'est plus aujourd'hui Président de notre Comité, s'est retourné contre nous et, sous le couvert d'une question de principe, fait une question de personne, car ce n'est pas le Comité de Rueil qu'il entend discuter, c'est votre serviteur qui l'a remplacé à la présidence (*Exclamations diverses*).

Le citoyen Falot. — Je demande qu'il soit nettement déclaré que la mesure n'est pas prise contre le seul Comité de Concentration Républicaine de Rueil.

Je ne la discute pas, je m'incline devant la décision de la Commission qui était présidée par mon ami Dalimier, mais je demande que cette décision qui tend à considérer comme membres du Comité de Rueil seulement ceux qui cotisent, soit appliquée indistinctement à tous les Comités.

Voix diverses. — Non ! Non ! (*Protestations*).

Le citoyen Falot. — Il ne faut pas, citoyens que vous ayez l'air de faire une mesure d'exception pour le Comité Républicain de Rueil ; il ne faut pas qu'on puisse dire que vous avez rayé de la liste des délégués au Congrès le nom du Docteur Bouillet, le plus ancien militant du Parti Radical-Socialiste de notre circonscription. Voilà, citoyens, ce que je voulais dire. (*Applaudissements, cris divers*).

Le Président ! La parole est au citoyen Dalimier, Député de Seine-et-Oise, président de la Commission de vérification des pouvoirs.

Le citoyen Dalimier. — J'ai demandé au citoyen Meyer de vouloir bien me céder son tour de parole, justement pour éviter que ce débat qui s'est élevé, il faut le reconnaître, entre d'excellents républicains, aussi bons et aussi excellents, aussi militants et aussi dévoués dans les deux Comités, prenne l'allure d'une discussion de personne. Nous devons nous efforcer d'amener la concorde dans le parti. Hier, devant la Commission, certains amis, et notamment notre ami Thalamas sont venus affirmer que le Comité Radical-Socialiste de Rueil, représenté à votre Congrès par six délégués, ne comptait pas 280 membres, ainsi qu'il était indiqué sur la demande d'acceptation. Vous savez comme moi que les Comités n'ont le droit de désigner au Congrès qu'un délégué par 50 membres, ce qui implique évidemment que lorsqu'il y a une contestation sur le nombre de délégués, le nombre des membres du Comité doit être vérifié. Eh bien, nous avons demandé au citoyen Falot, lui déclarant que personne ne contesterait en aucune façon l'affirmation qu'il apporterait devant la Commission, de nous dire combien il y avait de membres en fait à son Comité. Ce Comité a des statuts. ils prévoient une cotisation qui n'est pas élevée. (elle est de 25 centimes par mois) et nous lui avons demandé combien de membres avaient effectivement signé la demande d'admission au Comité, car, en définitive, puisque nous limitons le nombre des délégués par Comité, il faut qu'il y ait un acte des adhérents constatant une adhésion formelle au Comité (*Très bien*).

Je sais comme Falot, et je le disais hier à la Commission, que dans beaucoup de départements et notamment en Seine-et-Oise, beaucoup de militants, non pas seulement parce qu'ils ne sont pas fortunés, mais parce qu'ils ne veulent pas avoir dans leur poche une carte de membre d'un Comité radical, je sais que beaucoup de ceux-là, tenus en tutelle et surveillés, ne veulent pas faire adhésion écrite au Comité. On a seulement leur nom et on sait qu'on peut compter sur eux Mais comme il fallait que nous puissions statuer sur les admissions, nous avons demandé à Falot de nous dire franchement combien il avait de membres cotisants au Comité de Concentration Républicaine de Rueil.

Il nous a dit : Nous sommes cent cinquante cotisants. Nous avons accepté le chiffre de 150, ce qui fait trois délégués pour ce Comité, Voilà comment et dans quelles conditions nous avons pris cette décision, mais nous ne voulons discuter en aucune façon. Le jour où la scission s'est faite dans ce Comité, il y avait 107 membres cotisants, 36 étaient partis, il semblait donc invraisemblable qu'il y en eût 280 ; nous n'avons pas voulu discuter et ne le voulons pas encore. (*Très bien*).

Mais puisque ce Comité est venu lui-même nous déclarer qu'il avait reçu régulièrement 150 membres cotisants, nous ne pouvons admettre que trois délégués. Je termine en déclarant que les six délégués du Comité de Concentration Républicaine de Rueil, même les trois que nous sommes obligés de ne pas accepter aujourd'hui, sont d'excellents républicains et je leur demande de ne pas garder rancune à la Commission ni au Congrès de la décision qui est prise et qui ne les vise absolument pas, car elle n'est que l'application stricte du règlement.

Voix diverses : La clôture

Le Président. — Je vais mettre aux voix la proposition de la Commission qui consiste à réduire de 6 à 3 le nombre de délégués du Comité de concentration républicaine de Rueil.

Voix diverses : Non ! Non !

Le Président. — Si vous ne voulez pas accepter cette proposition, vous voterez contre. Je mets aux voix les conclusions de la Commission.

(*Les conclusions sont adoptées*).

Le citoyen Malvy demande la parole.

Le Président. — Le vote est acquis. La parole est au Rapporteur.

Le Rapporteur. — Délégation du journal *Le Rappel de l'Aisne.* Votre Commission, en présence des protestations des délégués de ce département, vous propose de ne pas admettre au Congrès le délégué de ce journal qui a mené dans le département de l'Aisne, une campagne des plus violentes contre les candidats du bloc Républicain.

….. (*Le bruit empêche le citoyen Couderchet de continuer la lecture du rapport*).

Plusieurs congressistes demandent la parole pour revenir sur le vote relatif aux délégués de Rueil.

Le citoyen Michaut. — Tout en nous inclinant devant le vote de principe de la Commission, je vous demande, dans un but d'apaisement, d'accepter cette année les six délégués du Comité de Rueil.

(Cris divers d'approbation et de protestation).

Le citoyen Michaut. — Citoyens, soyons généreux.

Le citoyen Dalimier. — Je crois que le principe est acquis. Eh bien, puisque ces amis, de bonne foi, ont fait le voyage, laissez-leur la porte ouverte. *(Approbations. Bravos).*

(Bruit).

Le Président. — Citoyens, si vous ne voulez pas écouter, nous allons lever la séance. Il est entendu que le vote de principe est acquis.

Cris : Non, non *(Protestations).*

Le Président. — Citoyens, en n'écoutant pas, vous faites perdre du temps au Congrès.

Le citoyen Malvy. — Je demande la parole pour poser une question. *(Bruit, tumulte).*

Le Rapporteur, reprenant la lecture de son rapport :

Les délégués du département de l'Aisne proposent de ne pas admettre au Congrès les délégués du journal *Le Rappel de l'Aisne*, qui a mené, dans ce département, une campagne violente contre les candidats du bloc Républicain.

La Commission conclut à la non-admission des délégués de ce journal.

Le Président. — Y a-t-il de l'opposition ?

Aucune opposition ne s'élevant, le citoyen Debierre met aux voix les conclusions de la Commission, qui sont adoptées.

Le Rapporteur. — Délégation du citoyen Bousquet, de la Mayenne. Votre Commission vous propose l'invalidation du mandat du citoyen Bousquet, qui fut dans l'Indre, le champion le plus ardent de la candidature au Sénat du général Mac-Adaras, que le Comité exécutif a dû exclure du parti.

Le Président. — Il n'y a pas d'opposition ?

Les conclusions de la Commission sont adoptées.

Le Rapporteur. — Délégation du citoyen Grosvaugel de la Seine. Après avoir entendu les protestations des citoyens Lorthioir et Artreux contre la délégation du citoyen Grosvaugel, qui a soutenu avec la réaction, la candidature du citoyen Leboucq et mené une campagne violente d'injures et de diffamation contre le citoyen Henry Bérenger, candidat du bloc républicain, votre Commission vous propose à l'unanimité l'invalidation du pouvoir du citoyen Grosvaugel, délégué de la Fédération de la Seine.

Le Président. — Il n'y a pas d'opposition ? Les conclusions de la Commission sont adoptées.

Le Rapporteur. — Délégation du citoyen Jean-Bernard Passerieu. Après avoir entendu d'une part, les protestations du citoyen Piermé, délégué de l'Aisne contre cette délégation et les renseignements fournis d'autre part, par le citoyen Georges Bodereau, délégué de la Seine-Inférieure, sur la situation actuelle de M. Passerieu au *Radical*, dont il est le collaborateur régulier, votre Commission, sur la proposition du citoyen Piermé, a adopté l'ordre du jour suivant :

« Considérant que M. Passerieu a été dans la Presse un « agent très actif du Doumérisme ;

« Considérant qu'il a critiqué de façon acerbe et injurieuse, les décisions des divers Congrès nationaux de « notre parti vis-à-vis des dissidents et notamment de « M. Doumer ;

« Considérant que le Comité exécutif a dû lui refuser « l'investiture à cause de sa campagne en faveur de « M. Doumer,

« Votre Commission de vérification vous propose de « ne pas valider le mandat donné au citoyen Bernard Passerieu ».

Le Président. — Le citoyen Passerieu a fait parvenir au bureau, une lettre dans laquelle il dit que la Commission ayant refusé de l'entendre, il se retire lui-même du Congrès.

La parole est au citoyen Dalimier, Président de la Commission de vérification des pouvoirs.

Le citoyen Dalimier. — La Commission ne peut pas laisser dire qu'elle a pris une mesure de rigueur sans entendre

l'intéressé ; M. Jean-Bernard Passerieu n'est pas venu à la
Commission, mais son nom figurait sur les affiches le con-
voquant. La Commission a siégé hier soir et M. Passerieu n'était pas à Lille.

Voix dans la salle. — Il était ici ce matin ; il est donc
venu à Lille.

Autres voix. — Il était à Lille hier soir.

Le citoyen Dalimier. — Eh bien, s'il est venu à Lille, il
lui était facile de venir se défendre devant la Commission.

Il savait le nom du Président, il pouvait adresser aujourd'hui une protestation au Congrès ou à la Commission, il n'en a rien fait. Il n'a pas demandé à être entendu.

Je dois vous dire que c'est sur des documents matériels,
sur des renseignements écrits que nous avons prononcé
l'invalidation du mandat de M. Passerieu. Un de nos amis
de l'Aisne, le citoyen Piermé, a entre les mains, un dos-
sier qui n'est que la preuve d'une longue lutte menée
dans les journaux par M. Passerieu en faveur de M. Doumer. C'est une collection d'articles où on traite les membres du Congrès radical qui a exclu M. Doumer de gens
grotesques et d'êtres malfaisants. C'est de vous tous qu'il
s'agit. (*Exclamations*).

Nous avons pensé, et c'est ce qui se dégage du débat
qui s'est produit devant la Commission, que nous devions
être sans pitié pour ceux qui, dans les heures si difficiles
que nous avons traversées, ont mis, par leur trahison, le
Parti Républicain aux prises avec des difficultés qui pouvaient gravement compromettre ses intérêts. (*Applaudissements*).

Le Président. — Il n'y a pas d'opposition aux conclusions de la Commission. Par conséquent, l'exclusion du
citoyen Passerieu est adoptée.

Le citoyen Le Foyer. — Je demande la parole pour quelques mots seulement. Je ne viens certes pas défendre les dissidents et je crois que, précisément, les membres du Bureau
du Comité Exécutif où j'étais, avec Debierre, aux moments
difficiles du cabinet Combes, connaissent suffisamment

mon attitude. Mais je voudrais préciser un point de fait. A quel moment s'est réunie la Commission de vérification des pouvoirs ?

Voix diverses. — Hier soir et ce matin.

Le citoyen Le Foyer. — Jean-Bernard Passerieu n'est arrivé à Lille qu'hier dans la nuit.

Le citoyen Bourceret. — Il n'avait qu'à venir plus tôt.

Le citoyen Le Foyer. — Je signale cette question de fait : si la Commission a siégé ce matin, et si le citoyen Passerieu ne s'est pas présenté, son cas est infiniment clair : Je veux simplement dire que je ne crois pas qu'il ait été dans sa pensée de se dérober à ses juges naturels.

Bruit. Cris : Aux voix ! la clôture !

Le Président. — Les conclusions de la Commission sont adoptées.

Le Rapporteur. — Avant de lever sa séance, votre Commission a été saisie par le citoyen Ceccaldi, député de l'Aisne, d'une plainte contre l'adhésion au parti du journal *Le Libéral de l'Aisne.*

Le citoyen Ceccaldi. — Elle est signée du citoyen Quegneaux, délégué de St-Quentin. J'interviendrai, s'il le faut, auprès de la Commission; mais en aucune façon vous ne pouvez dire à la tribune que cette motion était signée de moi. Il s'agit d'une question de personne.

Le Rapporteur. — Votre Commission, qui n'avait qu'à valider les pouvoirs des délégués a renvoyé, cette plainte à la Commission de discipline. Le journal *Le Libéral de l'Aisne* n'était pas représenté au Congrès.

Le Président. — L'ordre du jour appelle la discussion des conclusions du rapport de la Commission de séparation des Eglises et de l'Etat.

La Séparation des Eglises et de l'Etat

Le citoyen Buisson, rapporteur. — Nous quittons les questions brûlantes, les questions de personne, et nous abordons un des débats qui, semble-t-il, doivent le plus commander l'attention et la réflexion d'une Assemblée comme celle-ci.

Votre Commission a consacré deux très longues, et je crois pouvoir dire deux très intéressantes séances à l'examen des points principaux du problème, et c'est avec un accord parfait qu'elle se présente devant vous, m'ayant fait l'honneur de me confirmer dans les fonctions de rapporteur. Je dois donc vous presenter, très sommairement, les conclusions qu'elle a adoptées et qui, sauf quelques additions que vous verrez, sont celles du rapport même qui vous a été distribué.

Citoyens, voici à quel point de vue nous nous sommes placés. Il y a un an. le 9 décembre dernier, a été promulguée une loi de la République portant séparation des Eglises et de l'Etat, séparation du domaine religieux et du domaine civil, séparation de deux pouvoirs qui ne doivent plus avoir aucun rapport l'un avec l'autre.

Cette loi, tout le monde l'a dit et tout le monde peut le répéter sans honte, cette loi n'est pas parfaite ; elle n'a pu être votée que parce que de part et d'autre on a fait de grands sacrifices pour arriver à une formule qui pût réunir la grosse majorité qui a sanctionné la loi du 9 décembre 1905.

En conséquence, nous nous plaçons tous sur ce terrain. Cette loi existe ; nous voulons, parlant au nom des populations républicaines, qu'elle soit appliquée purement et simplement et qu'elle soit appliquée intégralement. (*Applaudissements*).

Si nous en étions à examiner le fond même de la question, les uns et les autres, nous pourrions faire beaucoup de critiques à la loi et proposer beaucoup de retouches Nous écartons, nous avons écarté à l'unanimité dans la Commission, ce système de retouches et de remaniements (*très bien, très bien*).

Nous admettons que cette loi, sans être parfaite, constitue un acte des pouvoirs publics, une manifestation de la volonté nationale, et tant que cette manifestation de la volonté nationale n'aura pas été rapportée, tant que cette loi n'aura pas fait place à une autre, c'est celle-là que nous demandons à nos gouvernants d'exécuter, au pays républicain de soutenir et à nos adversaires d'accepter ou de refuser, comme ils voudront, mais sans tergiverser (*Applaudissements*).

Cette loi a un caractère qui a pu échapper à beaucoup d'entre nous. Dans la multiplicité des controverses politiques et juridiques qu'elle a suscitées, nous avons pu en perdre de vue le caractère tout à fait typique et spécial.

Après avoir posé le grand principe nouveau qui n'était pas encore inscrit dans les lois françaises, le grand principe nouveau de la liberté de conscience et du libre exercice du culte, — comme aussi de toute manifestation de la libre pensée contraire au culte — cette loi, après avoir posé ce grand principe, s'est occupée de réglementer les conditions de passage de l'ancien régime au nouveau.

A cet égard, n'y revenons pas, ne formulons aucune appréciation, la loi a proposé un régime de faveur, un régime ultra libéral qui consiste à reconnaitre non pas au Pape comme on le dit en calomniant le législateur français, mais à la population catholique française, des avantages exorbitants. Mais enfin ces avantages sont inscrits dans la loi.

Ils consistent en ceci : les catholiques français, en s'en tenant aux termes du droit général de la France depuis la Révolution, devraient être aujourd'hui dépossédés purement et simplement de toutes les Eglises et de tous les biens d'Eglise. Or. nous ne discutons pas si nous aurions le droit de le faire Nous soutenons, nous, que nous avons ce droit en vertu de la doctrine invariable de tous les républicains depuis 1790. La Nation souveraine aurait parfaitement le droit de déclarer les Eglises et les biens des Eglises biens nationaux. Voilà le droit strict de la Révolution Française.

Le législateur de 1905 n'a pas voulu s'en prévaloir. Il a reconnu que ces monuments, ces édifices de toutes sortes, ces Eglises. ces presbytères, ces biens-fonds et ces revenus, tout ce patrimoine en un mot ont été constitués en grande partie par de nombreuses générations de catholiques qui ont fait à l'Eglise d'innombrables libéralités. Ce patrimoine, nous admettons qu'il appartient, sinon légalement du moins moralement, à la population catholique. Et nous avons décidé de le laisser aux mains de cette population catholique qui en fera l'usage qu'elle voudra, sinon comme le propriétaire légal, au moins comme le dispositaire et bénéficiaire des biens accumulés depuis des siècles.

Nous voulons bien l'accorder, mais à une condition, c'est que ces bénéficiaires d'hier et de demain prendront la peine de se constituer en associations qui voudront bien accepter la responsabilité de recevoir les biens que la République leur donne gracieusement et de les administrer dans les conditions determinées par la loi. Elles devront les administrer de telle façon que ces biens cultuels ne puissent sous aucun prétexte et dans aucune mesure recevoir une autre affectation que le culte.

Ces biens cultuels, nous aurions pu les désaffecter, peut-être aurions-nous dû, théoriquement parlant, les désaffecter. Nous ne les désaffectons pas, mais nous vous demandons, à vous qui allez les prendre en charge, de ne pas les désaffecter vous-même et de les garder pour le seul usage en vue duquel nous voulons bien vous les laisser, c'est-à-dire l'usage du culte.

Les associations seront libres d'organiser le culte comme elles voudront, de dépenser leur argent comme elles l'entendront pour le culte, mais dès l'instant où elles feront autre chose, elles seront déchues de tous leurs droits et dépouillées de tous les biens que la loi leur a concédés.

Il ne faut pas d'équivoque. La République ne saurait prendre vis à vis de l'Eglise une figure humiliée, une attitude de suppliant. Ce n'est pas une restitution que nous faisons comme le raconte le clergé, nous n'y sommes pas forcés. Si nous offrons cette combinaison plus qu'avantageuse, plus qu'amiable, plus que libérale, c'est par un esprit de conciliation et de paix, c'est pour donner à la population catholique la plus entière garantie que la République ne veut en aucune façon se mêler du culte ni y introduire des innovations quelconques ; cela ne la regarde pas, elle est au dessus de cela, heureusement ; elle est respectueuse de la liberté du culte comme de la liberté de l'athéisme, l'une ne vaut ni plus ni moins que l'autre.

Il ne faut pas de malentendu ; cette proposition ferme que le législateur de 1905 fait à l'Eglise, il la fait en la limitant expressément, strictement à un an. Je ne veux pas relire les textes, nous les avons passés rapidement en revue dans la Commission ; nous avons été unanimes à le reconnaître, tous les textes sans en excepter un mot sont formels, catégoriques, impératifs : cette loi ne s'applique qu'à la condition que dans le délai expressément fixé d'un an, les associations cultuelles se soient formées et aient reçu des fabriques. par le droit exorbitant que nous leur avons concédé, la transmission directe des biens et l'usage gratuit des Eglises.

Voilà ce qu'est la loi, rien de plus, rien de moins. C'est — on ne saurait trop le répéter — une offre ferme, mais limitée et conditionnelle : si elle était autre, ce serait de la part de la république une abdication et une humiliation. Il n'a pas pu entrer dans la pensée du législateur français qu'il abandonnait indéfiniment les droits de la République et que ces biens, ces Eglises, ces presbytères, ce patrimoine, nous attendrions patiemment qu'il plaise à l'Eglise de vouloir bien les accepter un jour ou l'autre, dans dix ans par exemple. On a fixé un délai ferme, condition *sine qua non* des avantages offerts par la loi.

C'est à ce point de vue que nous nous sommes placés, nous considérons cette loi comme une extrême concession, et la seule considération qui l'a rendue possible et qui nous permet d'en demander l'application, c'est précisément qu'elle est limitée dans ses effets et conditionnelle dans son exécution. Les textes eux-mêmes déclarent que, si le 11 Décembre prochain il n'y a pas d'association cultuelle formée comme la loi l'exige, les fabriques cessent de plein droit d'exister et dès lors, ne peuvent transmettre à des associations cultuelles qui n'existent pas et qui ne se formeraient que le lendemain ou le surlendemain, les biens dont elles ont l'usage. C'est une limite infranchissable. Si le 11 Décembre la générosité extraordinaire du Parlement français n'a pas été acceptée, elle ne pourra plus l'être le lendemain, attendu que la loi y a pourvu. Elle en fait dans ce cas un autre emploi réglé d'avance.

Quelques-uns de nos amis, à cette demande d'ap-

plication intégrale de la loi, répondent : « Mais que voulez-vous dire ? l'application intégrale de la loi n'est pas
possible. La loi avait voulu qu'il y eût des associations
cultuelles constituées dans toute la France avant le 11
Décembre et au profit desquelles devaient se dessaisir tous
les conseils de fabriques, si bien que l'association cultuelle devait être en somme un nouveau conseil de fabrique. Or, le Pape, plus habile que vous, vous a joué, il
s'est moqué de la République. D'une part il a commencé par accepter tous les bienfaits qu'il pouvait tirer
de la loi : il a fait très activement opérer la délivrance
des brevets de pension réclamés par le clergé ; il a commencé non moins activement par faire lui-même usage
de la loi en appliquant immédiatement le droit nouveau que
nous lui concédons de nommer les Evêques de son plein
gré. Et puis, au moment où il s'agit, étant commencée
l'application de la loi, de la continuer, de la mener jusqu'au bout, il déclare qu'il n'ira pas plus loin, il dit : Ce
qui était utile et immédiatement avantageux, je le garde ;
le reste, je le refuse. Donc, nous disent nos amis, vous
êtes trompés et la loi ne s'applique pas ; et en demandant au congrès de réclamer l'application intégrale de la
loi, vous lui demandez quelque chose qui ne signifie
rien. »

Nos amis se trompent, ils n'ont pas regardé les textes
de la loi avec autant de soin qu'a pu le faire votre commission. Oui, sans doute, la loi a été faite dans la pensée
qu'il y en aurait une application générale, facile et
prompte par la constitution des associations cultuelles.
Avons-nous été trop naïfs, trop confiants ? peu importe :
la loi a prévu le cas d'acceptation, elle s'y est appesantie
et elle a consacré 35 articles sur 44 à l'organisation
de ce régime que nous ne croyions pas pouvoir être
refusé par le clergé français et la population catholique
française.

Oui, mais elle a prévu aussi le cas contraire.

Si le 11 Décembre prochain les associations cultuelles
ne sont pas constituées, les églises, les monuments
servant au culte ou à ses ministres reviennent immédiatement à leur propriétaire qui n'a jamais cessé d'être pr

priétaire, l'Etat, le Département ou la Commune. La loi l'a dit formellement. Il est très vrai qu'elle décidait que s'il est formé des associations cultuelles, nous devrons concéder l'usage gratuit indéfini des églises et l'usage gratuit pendant quelques années des presbytères, palais épiscopaux, etc.

Cette grosse faveur, l'usage gratuit, indéfini ou tempo-raire disparaît, c'est entendu, mais ce qui subsiste, c'est le droit pur et simple du propriétaire. Ces biens redeviennent à la libre disposition de leurs propriétaires incontestés.

La loi l'a dit en toutes lettres, il n'y a pas de contes-tations en ce qui concerne les immeubles. Et en ce qui concerne les autres biens, il n'y en a pas davantage. A partir du 11 Décembre, il n'y a plus de fabrique, et s'il n'y a pas eu attribution des biens à des associations cul-tuelles préalablement formées, le gouvernement par simple décret fera l'attribution de ces biens comme il l'entendra, sous réserve de l'application de deux règles qui suffisent à assurer ce régime intérieur.

La première règle, c'est que tous les biens qui ne se-ront pas réclamés par des associations cultuelles, quand même ils proviendraient de source cultuelle, quand même ils résulteraient de fondations pieuses et seraient inscrits à l'avoir des fabriques, tous ces biens seront attribués aux communes pour leurs établissements de bienfaisance et d'assistance. Il n'y a pas de contestation possible. Le droit et le devoir de l'Etat ne peuvent être mis en doute un seul instant par aucun juriste. Et par conséquent voilà déjà une indication très formelle que la loi peut être appliquée : même dans le cas où il n'y aurait pas d'association cul-tuelle et où le Pape nous mettrait, comme il l'espère, dans l'impuissance d'appliquer la loi.

Il y a une seconde règle dont je ne veux pas rechercher l'origine, parce que cela nous mènerait trop loin. Nous serions obligés d'entrer dans des discussions de textes inu-tiles. Cette règle est la suivante : le jour même, c'est-à-dire le 11 Décembre, où les fabriques cessent d'exister, on ne peut pas laisser à l'abandon les 3, 4 ou 500 millions de biens qui se trouvent inscrits à l'avoir des fabriques. Ce jour-là même, dans les conditions que déterminera le Ministre des finances, ces biens sont mis sous séquestre, l'Etat en a la charge et doit s'opposer à toute dilapidation, il doit veiller à ce que le premier cambrioleur voulu ne puisse pas s'emparer des tableaux, des objets précieux qui se trouvent dans les églises ou dans les sacristies.

L'attribution aux établissements communaux de bienfaisance ne pourra être prononcée à titre définitif qu'au bout d'un an, le 11 Décembre 1907. En d'autres termes, le séquestre pourra durer un an, à moins qu'une loi de désaffectation n'intervienne pour telle ou telle église ou pour certaines dépendances des églises. Sauf ce cas que nous pouvons négliger, dans la règle ordinaire, ce n'est qu'au bout d'un an, le 11 Décembre 1907, que l'attribution sera effective et irrévocable. Jusqu'alors, les biens seront sous le régime du séquestre, ils n'appartiennent plus à l'Eglise, ils appartiennent virtuellement aux communes qui devront attendre un an pour qu'on leur en fasse la délivrance. Voilà le sens de la loi, voilà le texte et voilà, citoyens, le sens de la politique dans laquelle nous demandons au Congrès de pousser très énergiquement le Gouvernement. (*Vifs applaudissements*).

Telle est la base des conclusions que vous propose votre Commission. Nous ne nous prêtons pas à un ajournement nouveau, sous prétexte d'un second délai de grâce, d'une seconde année allant du 11 décembre 1906 au 11 décembre 1907. Là-dessus, il faut s'expliquer en toute franchise. Nous ne faisons pas de la politique gouvernementale ou anti-gouvernementale, nous faisons de la politique radicale socialiste. Nous sommes le gros du parti, le peuple républicain, et nous disons bien haut quels sont nos sentiments, ceux du pays républicain. Nous voulons les faire connaître au Gouvernement. A lui d'en tirer parti. (*Applaudissements*).

Notre pensée est bien nette : nous ne voulons pas que l'on puisse user, abuser de ce second délai, qui, par suite d'un jeu de textes assez difficile à expliquer, est venu s'ajouter à la loi. Il ne faudrait pas qu'on vînt dire à la rentrée de la Chambre, avant le mois de décembre : « Mais pardon, nous ne pouvons rien vous dire en ce moment, nous sommes liés, nous devons attendre le second délai. C'est seulement le 11 Décembre 1907, s'il ne s'est pas formé d'association cultuelle, que nous aurons à statuer.

Ce serait un sophisme et nous vous demandons de donner
à vos élus l'injonction formelle de ne pas se laisser abuser
par ce sophisme.

Non, la seconde année n'est pas une année d'incertitude
et d'expectative. C'est une année qui représente simplement un délai d'exécution et de mise en œuvre du principe que la loi a posé. Mais le droit des associations cultuelles à recevoir les biens des fabriques, à devenir attri-
butaires et bénéficiaires de ces biens, ce droit expire le 11
Décembre prochain. A partir de ce jour-là, c'est un nouveau droit qui commencera.

Au-delà du 11 décembre, pour les associations nouvelles qui naîtraient, il n'y a plus de droit acquis, il ne peut
plus être question que de faveurs. Nous les accorderons si
nous croyons devoir les accorder, mais la République
n'est tenue à rien à partir du 11 Décembre, elle a repris
la parole qu'elle avait donnée pour un an.

Jusque là, bien entendu, nous devons scrupuleusement tenir sa parole. Si par hasard, si par miracle, on peut
bien parler de miracle puisque nous sommes dans
une matière religieuse (*sourires*), d'ici le 11 Décembre prochain, il se forme 40.000 associations cultuelles
décidées à appliquer la loi, citoyens, nous n'hésitons pas
à le dire, il faut appliquer la loi, il faut donner ce que la
loi a promis, il faut laisser jouer le mécanisme, avantageux, infiniment trop avantageux que la loi a institué.

Mais si par un effet de cet aveuglement du fanatisme
ou plutôt de la soif de domination à outrance de l'autocrate
romain, le Pape tient bon et ne revient pas sur les
ordres qu'il a donnés, le 11 Décembre, c'est fini, il ne
faut pas laisser remettre en question le prétendu droit
de former des associations cultuelles ultérieures qui vien-
draient réclamer fièrement au Gouvernement l'application
de la loi. Le Gouvernement devra répondre : « Pardon,
pour vous, Associations nouvelles, postérieures au 11
Décembre 1906, il ne reste de la loi qu'une seule chose ;
le Gouvernement a le droit de faire ce qu'il voudra des
églises et des biens de l'église. Ces églises sont sa propriété, ces biens d'église sont à sa libre et unique disposition » (*Applaudissements*).

J'espère en ces quelques mots vous avoir bien fait com-

prendre la position de la question politique. Nous ne de
mandons pas d'actes immédiats, violents, illégaux, con-
traires aux textes et à l'esprit de la loi, nous nous incli-
nons devant la loi que nous avons faite, que nous avons
en partie essayé d'amender sans y réussir toujours.

Telle qu'elle est, nous l'acceptons, nous devons l'accepter, mais nous ne voulons pas qu'on y ajoute, sous prétexte
de délai nouveau, de nouvelles concessions à l'esprit romain, aux exigences du Pape, des évêques ou des curés.

La loi a été faite dans cette pensée que la république
voulait constituer un avantage, une faveur, une marque
de bienveillance, de douceur, de mansuétude, si vous
voulez, à la population française catholique Mais nous
ne connaissons, nous, législateurs français, que des
citoyens français, que des associations de citoyens français, c'est avec ceux-là seulement que nous avons traité,
si l'on peut appeler « traité » l'acte du législateur imposant aux citoyens un certain nombre de règles. C'est avec
ceux-là que nous avons traité, ce n'est pas avec Rome, ce
n'est pas avec le Pape, avec les évêques, avec le clergé.

L'erreur que commet le clergé, qu'il commet sciemment
depuis un grand nombre de siècles, c'est de soutenir que les églises et les biens d'églises étaient des biens
du clergé. La Révolution Française a toujours soutenu
que les biens d'églises étaient les biens du peuple catholique (très bien), ce ne sont pas les biens du clergé. Une
telle prétention est tellement énorme, tellement insoute-
nable devant des Français quels qu'ils soient, fussent-ils
hostiles à la république ; elle est tellement monstrueuse
que je ne crois pas qu'on trouve personne pour la soutenir dans une Chambre française, à l'exception peut-être
d'une poignée de cléricaux professionnels.

Vous le voyez, notre situation est forte. Notre parti
représente l'immense majorité du peuple républicain, du
peuple français, il a fait une loi, il veut l'exécuter, il entend que le Gouvernement l'exécute sans rien y ajouter,
c'est entendu, mais aussi sans en rien retrancher. Aussi,
nous vous proposons d'émettre un vœu par lequel le Congrès fera connaître le sens dans lequel il désire voir
s'orienter la politique du Gouvernement et de la majorité
républicaine dans les deux Chambres.

Pour diviser la discussion, je lirai les conclusions adoptées par la Commission, nous pourrions procéder aussitôt après, au vote sur ce point, sauf dans le cas où l'un de nos collègues demanderait la parole dans cette partie du débat.

Le citoyen Pelletan.—Je prendrai la parole dans la discussion générale, mais je vous demande de lire les conclusions.

Le citoyen Buisson, rapporteur. — Voici les conclusions ayant trait à la politique générale du parti républicain en ce qui concerne l'application de la loi :

Considérant que la loi du 9 décembre 1905 n'intervient en aucune façon ni dans les questions de doctrine, ni dans l'administration du culte, ni dans l'organisation ecclésiastique ;

Qu'elle n'exige d'aucun prêtre ni d'aucun laïc un acte quelconque qui puisse passer pour une atteinte à sa liberté de conscience;

Considérant que cette loi maintient aux collectivités catholiques de France l'usage des édifices et la possession des revenus dont elles jouissent actuellement et qu'elle offre aux conseils de fabrique, avant de se dissoudre, toutes facilités pour transmettre le patrimoine ecclésiastique à des associations formées pour subvenir aux frais du culte ;

Que rien n'empêche ces associations, en rédigeant leurs statuts, de se soumettre aussi rigoureusement qu'elles le voudront à la hiérarchie ecclésiastique ;

Considérant que cette loi a fait à l'autorité du clergé catholique, notamment dans ses articles 4 et 8, le maximum des concessions compatibles avec la souveraineté nationale,

Le Congrès constate que de l'Encyclique du Pape et de tous les documents émanant des autorités ecclésiastiques, il ressort avec évidence que dans le conflit suscité par l'Eglise, la religion n'est pas en cause ; qu'il s'agit uniquement de la prétention du St-Siège de faire appuyer par la loi civile l'autorité absolue du Pape sur les évêques, de l'évêque sur les

curés, du curé sur les fidèles, même en matière de-
gestion de biens temporels ; que cette prétention
toujours repoussée par la monarchie française, ne saurait même être discutée sous la république, et que le
St-Siège s'est abstenu de la soutenir dans d'autres
pays, notamment en Suisse et en Prusse, où il a
reconnu aux associations cultuelles des droits plus
étendus que ceux de la loi française.

En conséquence, le Congrès estime que les parlementaires adhérant au parti devront être unanimes
à repousser comme une trahison, sous quelque forme
qu'elle se présente, toute motion tendant soit à reprendre des pourparlers quelconques, directement ou
indirectement avec le Pape ou avec les évêques, soit
à interpréter administrativement le texte de la loi
dans le sens d'une concession au pouvoir ecclésiastique ou d'un prétendu *modus vivendi* transactionnel.
(Applaudissements).

Le citoyen Pelletan. — Citoyens, je suis de l'avis de
mon ami Buisson, et si je prends la parole, c'est simplement pour examiner sur certains points les raisons qui
me paraissent devoir rendre nécessaires la résolution que
nous avons préparée ensemble et aussi pour en élucider
certaines conséquences.

Nous avons fait une loi dans laquelle nous avons été
très généreux pour le clergé : mon ami Buisson disait
que nous avions fait une législation très libérale. Comme
je l'ai dit souvent, je suis prêt à lui accorder cette épi-
thète à une condition, c'est que nous serons d'accord pour
reconnaître que le mot libéral dans ce cas ne vient pas du
mot liberté...

Le rapporteur. — Non, du mot libéralité.

Le citoyen Pelletan. — Car tout ce que nous accordons
à une confession religieuse et qui l'avantage aux détri-
ments des autres confessions religieuses, fausse la concur-
rence et est contraire à la liberté. Nous avons été très
libéraux, mais à condition qu'on interprète le mot « libéral » dans le sens de libéralité *(Applaudissements).*

Buisson l'a très bien exposé, nous avons donné au clergé le moyen de conserver les églises et les biens des fabriques. A cet égard, je crois que l'expression a sur un point trahi sa pensée. Les biens des fabriques, à l'heure actuelle, sont des biens nationaux, ils ne cesseront jamais de l'être ; il ne peut pas y avoir, en dehors des propriétés privées sous forme individuelle ou collective, d'autres propriétés que celles de l'Etat ou des démembrements de l'Etat. C'est le principe ,et nos pères de la révolution en étaient tellement convaincus que lorsqu'ils ont remis la main sur les biens du clergé, Mirabeau n'a pas dit du tout dans sa motion que les biens du clergé étaient pris ou confisqués par la Nation, il a dit qu'il étaient remis à la disposition de la Nation ; c'étaient des biens qui appartenaient à la Nation, qu'elle avait affectés au culte et dont elle reprenait l'usage à dater de l'application de la loi. Voilà la théorie véritable. (*Applaudissements*).

Il est donc bien entendu, et il y aura peut-être un mot à revoir à cet égard dans l'ordre du jour, que les fabriques n'avaient et que la loi n'a pu donner aux Associations cultuelles que l'usage de cette partie du domaine national C'était absolument juste puisque c'était un domaine national constitué pour servir aux besoins religieux et que tant que les besoins religieux seront ce qu'ils sont, l'Etat n'a pas à désaffecter ces biens et à les employer à un autre usage. C'est ainsi que les fabriques les possèdent.

Que se passe-t-il ? Le Pape, je ne sais pas pourquoi (je le devine bien un peu), refusa d'accepter la Loi Française. Avons-nous à la changer ? Nous n'avons pas à la changer en rien, puisqu'elle prévoit tous les cas, comme on vous le montrait si bien. Nous avons, c'est notre dignité, c'est notre rôle, à rester purement et simplement dans la loi telle qu'elle nous a paru conforme aux conditions de liberté et de justice, pour l'exercice des cultes. (*Très bien !*)

Le rapporteur. — Nous sommes d'accord.

Le citoyen Pelletan. — Ainsi, comme législateurs, nous n'avons pas à connaître la décision du Pape. Nous ne pourrions changer la loi qu'à deux points de vue opposés. Nous ne pourrions la modifier que pour faire des concessions nouvelles à l'Église afin d'obtenir la paix, ou bien, comme le veulent certains de nos amis, pour corriger certains de ses défauts et la rendre plus rigoureuse. Je dis que nous ne devons faire ni l'un ni l'autre, je le dis, remarquez bien, au point de vue de la situation actuelle, nous ne pouvons pas prendre à cet égard un engagement à longue durée.

Le rapporteur. — Bien certainement.

Le citoyen Pelletan. — C'est le devoir du législateur, chaque fois qu'un ordre de faits nouveaux se produit, qui nécessite une législation nouvelle, d'y aviser. Nous ne pouvons donc pas engager l'avenir ni prévoir les incidents qui pourraient se produire. Je parle pour l'heure actuelle. Nous ne devons rien changer à la loi. Nous l'avons trouvée juste .... officiellement, puisque nous lui avons donné notre vote, bien qu'elle nous parût un peu excessive dans ses concessions à l'Eglise; nous l'avons trouvée juste avant qu'elle fût condamnée par le Pape ; nous n'avons pas à tenir compte de la décision pontificale : nous avions tout réglé : le Pape a fait une sottise, ce'a peut arriver, même à un Pape infaillible, mais cela ne nous regarde pas. (*Rires*). Nous conservons notre loi.

J'examine les deux façons dont nous pourrions la modifier. Je n'insiste pas sur la première. Négocier avec Rome, acheter la paix par de nouvelles concessions serait un acte de pure et simple trahison. Je crois que pour vous tous, cette éventualité est écartée et que nous considèrerions comme n'étant plus véritablement républicain, je vais plus loin, comme n'étant plus Français (*vifs applaudissements*), celui qui voudrait incliner notre loi devant le Vatican dans des conditions que nos anciens rois les plus bigots n'auraient pas acceptées ; car jamais aucun pouvoir français n'a admis que dans des questions de possessions de biens, le Vatican ait rien à dire. (*Très bien, très bien*).

Je rappelle même en passant un détail historique bien curieux qui prouve combien la cour de Rome, sous l'ancien régime, tenait compte elle-même de cette idée. Cet exemple prouve aussi que les Papes d'alors avaient l'esprit plus élevé que celui d'aujourd'hui (*sourires*). La Révolution a mis la main sur les biens d'Eglise. Le Pape a fait une protestation secrète, mais il n'a fait aucun acte public de rupture : la Cour de Rome comprenait donc qu'elle n'avait pas à intervenir dans ces questions d'administration des biens.

Et si la Cour de Rome a rompu ouvertement, ce n'est même pas sur la question de la constitution civile du clergé qui créait un schisme évident, mais qui n'était pas encore résolue ; c'est au sujet de la déclaration des Droits de l'Homme et du Citoyen qui opposait le droit humain au droit divin. La conduite de la Cour de Rome à ce moment indique certes un esprit plus élevé que celui du vieux prêtre Pie X qui, lui, songe surtout aux questions du porte-monnaie. (*Applaudissements*).

Je ne protesterai donc pas contre les projets éventuels de négocier avec Rome ou de consentir des concessions nouvelles. Personne n'osera proposer rien de pareil dans le Parti Républicain ; j'en ai la conviction.

Un certain nombre de nos amis disent de leur côté : « Le Vatican vous délie des engagements que vous aviez pris envers les catholiques, et les catholiques, en lui obéisssant, vous en délient également. Refaites donc la loi dans le sens où nous désirions tous qu'elle fût établie. » Ce n'est pas mon avis. J'ai lutté contre les articles de la loi qui me paraissaient mauvais, j'ai été de ceux qui ont combattu le plus énergiquement le fameux article 4 et qui ont tâché de le corriger encore insuffisamment par l'article 8. Mais j'ai, pour ne pas vouloir qu'on change rien à la loi, une raison de faits et une raison de règle de conduite.

La raison de faits, c'est que précisément l'heureuse résolution que le Saint-Esprit a eu l'obligeance d'inspirer au Pape (*rires*) nous délivre de tous les articles qui étaient dangereux (*applaudissements*). Pourquoi voulez-vous que nous les changions ? Nous avons fait des concessions peut-être dangereuses, on nous répond : « Nous n'en voulons pas, nous ne nous en servirons pas ». A quoi bon les retirer de la loi ? Le 11 Décembre les retirera tout seul sans que nous ayons à nous en mêler.

La seconde raison, c'est qu'à mon sens, il serait souverainement impolitique de paraître user de représailles après la tentative violente du Pape. Restons dans notre dignité, dans notre sérénité, nous avons dit : Ceci est la justice, ceci est l'équité, même quand avant le vote final nous n'étions pas tout à fait de cet avis. Restons sur ce terrain et nous donnerons ainsi un grand exemple, celui d'une attitude ferme qui sera certainement pour nous une force précieuse dans la lutte que nous aurons à soutenir. (*Applaudissements*).

Voilà les deux motifs qui me décideraient pour ma part à repousser à l'heure actuelle les propositions qui pourraient être faites par tel de mes amis et de mes alliés dans la lutte contre l'article 4. Je crois qu'il faut rester sur le terrain de la loi actuelle.

Et maintenant, qu'avons-nous à faire ? Nous n'aurions rien à faire du tout. La loi s'est chargée de tout. Avec le 11 Décembre, disparaitra pour l'Eglise, là où il n'y aura pas eu d'associations cultuelles, tout moyen de prétendre aux biens des fabriques, toute faculté d'obtenir des allocations temporaires (*très bien, très bien*), cela est évident.

Je crois que, par respect pour la loi, nous n'avons pas à demander qu'on étende cette mesure aux pensions...

Le citoyen Charles Dumont. — Je demande la parole.

Le citoyen Pelletan. — à moins que la Loi ne le permette. Les pensions sont choses personnelles, et nos pères de la Révolution nous ont donné l'exemple à cet égard, ils ont conservé les pensions à nombre d'ecclésiastiques dont l'attitude n'était pourtant pas douteuse, parce que, à leurs yeux, il y avait là un droit acquis à des vieillards en raison des services qu'ils avaient rendus sous l'ancien état de choses ; mais l'Eglise perdra toutes les allocations temporaires, elle perdra tous les biens des fabriques et je suis persuadé que ce sera largement suffisant pour que le pape se morde les pouces (*sourires*) quand il va falloir trouver de l'argent pour remplacer tout cela.

On donnera peut-être un peu moins au denier de St-Pierre, et le Vatican pourrait bien payer lui-même les frais de la petite opération qu'il a faite sous l'inspiration des jésuites et de M. Merry Del Val. (*Applaudissements*).

Mais, serons-nous obligés de fermer les églises ? c'est une des principales questions ! Laissez-moi vous dire quelle est, à mon avis, la décision que suggèrent le bon sens et le texte de la Loi, et je crois savoir que je suis sur ce point d'accord avec Briand. Dans son article premier, la loi proclame la liberté de l'exercice de tous les cultes ; elle n'a nulle part subordonné cette liberté à la création d'une association cultuelle, c'eût été illibéral. Elle a subordonné à certaines conditions la création d'associations permettant de recueillir avec la force que donnent toutes les organisations, des fonds pour l'exercice des cultes ; elle devait prendre des précautions à cet égard.

Le rapporteur. — C'est très juste.

Le citoyen Pelletan. — Vous ne pouvez pas admettre, vous, hommes de liberté, qu'une croyance religieuse devienne un danger que vous poursuivriez par les moyens gouvernementaux ; vous laissez à tout le monde la liberté de croire et de célébrer un culte ; mais quand il y a en outre une question de propriété, il peut y avoir un péril, celui des biens de main-morte, d'une propriété qui pourrait, à l'aide de certains artifices, devenir contraire à vos lois civiles. Législateurs, vous êtes obligés de veiller à ce péril et voilà pourquoi il a fallu régler soigneusement les conditions de création des associations cultuelles. Et voilà pourquoi nous avons décidé qu'aucune autre association que les associations cultuelles ne pourrait se fonder pour l'exercice du culte.

Il ne pourra donc pas être formé d'association civile autre que les cultuelles, pour l'exercice d'un culte. Mais chacun de nous, citoyens, et je suis heureux de donner ce renseignement à ceux qui seraient tentés de fonder une religion (*Rires et applaudissements*), chacun de nous peut inaugurer un culte quelconque chez lui, et même chez les autres si le cœur lui en dit.

Le rapporteur, — Très bien, voilà le principe.

Le citoyen Pelletan. — Ce serait peut-être à faire, j'ai connu un photographe sans emploi qui avait fondé un culte swédenborgien. Il y avait autrefois la religion de Sérapis qui devait être sérieuse, puisque pendant plusieurs siècles elle a disputé le monde romain au christianisme, et elle était beaucoup plus vieille que ce dernier. S'il me prenait fantaisie, — je le ferai peut-être un jour, si je deviens dévot, — ce dont je doute, — de rétablir le culte de Sérapis, j'en serai libre.

Le rapporteur. — Ou le culte de Mythra.

Le citoyen Pelletan. — Oui, ou bien le culte de Mythra qui a été l'autre rival du christianisme. Si l'un ou l'autre avait triomphé, qui sait s'il ne serait pas devenu un catholicisme qui aurait beaucoup ressemblé au nôtre (*rires et applaudissements*). Si le propriétaire de cette salle, librement, volontairement, s'intéressait à mon œuvre et voulait me céder son local, je pourrais ouvrir les portes et ceux d'entre vous qui voudraient adorer Osiris, Isis et leur cher Anubis à tête de chacal, seraient libres de le faire ici même. (*Hilarité, vifs applaudissements*).

Voilà la doctrine, elle est indiscutable. J'entendais plusieurs de mes amis dire tout à l'heure : « Mais à ces conditions-là, quand on voudra dire la messe, ce sera une réunion publique, et il faudra constituer un bureau ». Eh bien, non, par cela même que l'article premier proclame la liberté du culte, il affranchit les croyants de la nécessité de constituer un bureau.

Les conditions ne sont pas les mêmes : toute la législation des réunions publiques est faite pour y assurer la liberté de discussion, et la première condition de l'exercice du culte, c'est qu'on ne discute pas.

Par conséquent, en vertu de l'article premier de la loi, il n'y a nulle nécessité d'interrompre le culte partout où les communes voudront le laisser célébrer dans les églises. Et je crois qu'il sera sage, qu'il sera politique de le faire, et qu'il vaudra mieux mettre le Pape et l'Eglise en présence de la bourse vide qu'ils se sont préparée qu'en présence d'opérations de gendarmerie et de police pour chasser les prêtres qui voudraient dire la messe.

Mais, voyez, dans quelles conditions favorables pour nous le culte continuera, il continuera sans aucun droit acquis, sans aucune sécurité du lendemain ; on pourra ne pas demander d'argent ou en demander très peu le premier jour pour la location des églises, et huit jours après on pourra demander ce qu'on voudra. La conséquence de la décision du Pape sera d'avoir ôté toute garantie, toute sécurité à l'Eglise. Elle n'aura plus de droit légal sur au-

-cun des biens que nous lui avions laissés ; elle n'aura plus les églises que par tolérance et elle ne pourra en accuser personne, ce sera sa faute. (*Vifs applaudissements*).

Voilà, citoyens, la politique que nous vous proposons de demander au gouvernement de suivre. Nous demeurons sur le terrain de la loi votée, nous ne persécutons personne, nous n'avons pas d'opération de police à faire, et nous restons les maîtres de la situation pour toutes les circonstances qui se présentent.

Oui, voilà, je crois, quelle est la véritable attitude à adopter et je vous promets que si elle est maintenue fermement, le Saint-Esprit se repentira amèrement des inspirations qu'il a fournies au Pape. (*Double salve d'applaudissements et bravos prolongés*).

Le citoyen Charles Dumont. — J'ai demandé la parole pour une motion d'ordre. Je n'ai pas besoin de dire qu'à une immense majorité nous sommes d'accord au fond avec nos amis Pelletan et Buisson. Notre ami Buisson, tout à l'heure, dans son rapport, a voulu diviser la question. Il voit bien, par le discours de Pelletan, il verra peut être tout à l'heure par les observations que certains de nos amis et moi-même seront amenés à faire, que la question ne peut pas être divisée. La question du paiement des indemnités et celle du régime futur de l'Eglise catholique après le 11 Décembre 1906 se tiennent étroitement. Je demanderai à M. le président s'il veut bien inviter le citoyen Buisson à compléter son rapport de ce matin en lisant la motion qui a été adoptée à la suite de son rapport pour nous permettre de discuter sur l'ensemble et de ne pas hacher le débat.

Le citoyen Buisson, rapporteur. — C'est une observation tout à fait juste. Je m'empresse de m'y conformer !

Je vous ai lu, citoyens, la première partie des conclusions du rapport. Si vous me le permettez, je vais maintenant me borner à vous lire la seconde.

Nous avons adopté deux principes. Nous avons d'abord rappelé que nous ne voulons admettre sous aucun prétexte ce que Pelletan appelle comme nous une trahison. En second lieu, en ce qui concerne la question des retouches à apporter à la loi pour la rendre plus sévère, nous

avons été du sentiment que vient de vous exposer le citoyen Pelletan et voici le texte que nous nous proposons :

D'autre part, le Congrès émet le vœu que le Gouvernement, par une attitude d'une parfaite netteté, par
ses déclarations et par ses actes, se montre prêt à appliquer, dès le 11 Décembre prochain, a loi, toute la loi,
rien que la loi ; qu'il déjoue la double tactique des ennemis de la République en ne leur accordant ni capi-
tulation ni persécution, qu'en particulier, le pays soit
mis à même de constater que ni les Eglises ne sont
fermées, ni l'exercice du culte interdit ; que seuls les
biens d'Eglise sont placés sous sequestre pour être,
dans le délai légal, transférés, à défaut d'association
cultuelle, aux établissements communaux de bienfaisance et d'assistance, et qu'enfin le seul résultat des
exigences de l'autocratie papale aura été de faire
perdre aux paroisses catholiques les biens et les avantages divers que la République mettait à leur disposition.

Le citoyen Pelletan. — Il faudrait ajouter après les mots
« associations cultuelles » les mots « régulièrement constituées ».

Le rapporteur. — Nous sommes tout à fait d'accord.
Nous ne voyons pas d'inconvénient à dire : « A défaut
« d'associations cultuelles régulièrement formées avant le
« 11 Décembre 1906 ».

Le citoyen Pelletan. — Très bien.

Le rapporteur. — Dans le rapport provisoire que
j'avais eu l'honneur de rédiger au nom du Comité exécutif, j'avais dit un mot d'une question accessoire, celle
des pensions et des allocations. Dans ce rapport, je ne
concluais pas à l'adoption d'un texte à soumettre au Congrès. Fidèles au dessein de nous tenir sur le terrain de la
loi, de n'y rien changer, nous n'avions pas pensé qu'il
y eût actuellement aucune proposition à faire sur des
questions qui ne se poseront, si elles se posent, qu'après le 11
décembre. Le Comité exécutif n'avait donc pas cru néces-

saire de vous proposer un texte relatif aux pensions et aux allocations. Ce matin, dans la Commission, r les observations éloquentes et inspirées d'un sentiment très élevé que nous a fait entendre notre ami, Ch. Dumont, la Commission s'est ralliée à un système qui ne détruit pas, je dois en convenir, ce qu'il y a d'essentiel dans nos propositions. La Commission propose en effet de respecter le texte de la loi, de n'y rien changer : elle ne prévoit des changements possibles qu'ultérieurement pour le moment où expirera le second délai, le délai de grâce, résultant des formalités dont le Conseil d'Etat a fait une exigence absolue.

En conséquence, votre Commission vous propose d'indiquer clairement la pensée qui est évidemment celle de la grande majorité de la démocratie républicaine, à savoir que, quand la loi a institué des pensions et des allocations pour les prêtres, elle a obéi à deux sentiments différents.

Le premier a été pour certains cas et dans certaines conditions un sentiment de simple humanité. Supposez un homme ayant passé la soixantaine et qui tout à coup perd brusquement le traitement auquel il était habitué et qu'il avait le droit de considérer comme devant se renouveler indéfiniment, puisque c'était sous le régime du concordat qu'il était entré au service de l'Etat et de l'Eglise. Voilà une loi qui tout à coup supprime non seulement un revenu, mais une ressource que le vieillard en question ne peut pas facilement remplacer par d'autres moyens. Dans une pensée d'humanité, la Chambre avait supposé qu'à ces vieux prêtres il serait équitable d'allouer une pension, bien qu'ils n'aient pas subi la retenue sur leur traitement, mais parce qu'ils ont été de bonne foi des employés, des fonctionnaires, des agents de l'Etat et de l'Eglise, l'Eglise étant à ce moment-là considérée comme un service public.

C'est un sentiment différent qui a fait ajouter dans ce même article d'autres libéralités, pour employer le terme de Pelletan On s'est dit : Il va y avoir des associations cultuelles ; il est désirable que ces associations cultuelles puissent fonctionner. Pour cela, il est bon de diminuer autant que possible les charges, les difficultés, les impossibilités peut-être que rencontrerait en fait, le culte, surtout dans les petites communes. En conséquence, la loi avait prévu une seconde série de libéralités qui ne sont pas commandées, nous le reconnaissons, par une pensée d'humanité, mais par l'hypothèse où l'on se plaçait de la mise en œuvre des associations cultuelles. Et à ces prêtres qui ne doivent plus recevoir ce qu'ils recevaient jusqu'alors sur le budget des cultes, elle a dit qu'on donnerait, à partir de l'âge de 45 ans, une allocation pendant un délai de 4 années qui pourra, dans les petites communes rurales, se prolonger pendant 8 ans.

De plus, on a dit, ce qui est tout à fait capital, que la loi mettait à la disposition des communes pauvres en raison inverse de leur richesse foncière, ce que rendra disponible l'application même de la loi, c'est-à-dire que le budget des cultes sera reversé au profit des petites communes pour leur faciliter l'entretien de leurs prêtres si leurs prêtres veulent bien se mettre au service des associations cultuelles. En d'autres termes, cette seconde catégorie de libéralités est dominée par l'idée qu'il y aura des associations cultuelles : il faut leur permettre de vivre matériellement, d'avoir des prêtres et d'exercer le culte.

Le Citoyen Dumont vous a fait remarquer que ces mesures libérales doivent de bonne foi et de bon sens tomber si tombe tout le système, si les associations cultuelles n'existent pas. Nous ne pouvons contester la justesse de ce principe que d'ailleurs j'indiquais moi-même dans mon rapport. Mais comment mettre à exécution cette réforme sans toucher à la loi, puisque, je le répète, comme Pelletan vient de vous le dire, nous nous maintenons irrévocablement sur le terrain de la loi telle qu'elle est ? Le citoyen Dumont nous a proposé et nous avons accepté une rédaction ainsi conçue :

« Le Congrès invite le Gouvernement à insérer dans la prochaine loi de finances un article qui supprimera à partir du 9 Décembre 1907 les allocations et pensions prévues par la loi du 9 Décembre 1905, sauf pour les Ministres du Culte âgés de plus de 60 ans et pour ceux qui présenteront le certificat d'association cultuelle prévu par l'alinéa 2 de l'article 26 du règlement d'administration publique. » (*Applaudissements*).

Cette proposition a été acceptée. Vous voyez qu'elle s'inspire de l'idée de respecter la loi actuelle, de n'y pas toucher mais d'amorcer une réforme qui paraît devoir ultérieurement s'imposer.

Enfin, nous n'avons pas cru pouvoir terminer ce rapport et la rédaction du texte que nous proposons à vos délibérations sans ajouter un paragraphe exprès pour une question qui, à première vue, ne se rattache qu'indirectement à la question religieuse. En réalité, elle s'y rattache étroitement. Vous savez que grâce au citoyen Combes, la loi française a édicté définitivement la suppression de l'enseignement congréganiste et la suppression des congrégations qui ne sont pas et qui ne seront pas autorisées. Cette mesure est une de celles qui mettent l'Eglise hors d'état de nuire à la République. Nous ne devons donc pas laisser de côté cette partie essentielle de l'œuvre de défense laïque. Il faut au contraire, en demandant l'application de la loi de séparation, maintenir cette première partie de l'œuvre de salubrité publique et nationale qui a été en principe votée sous la pression du cabinet Combes et qui, citoyens, il faut qu'on le dise bien haut, n'est pas encore exécutée.

C'est précisément par là que pèche la situation, au point de vue politique comme au point de vue scolaire, nous vivons sous l'illusion que les lois Combes sont un fait accompli dès à présent. El il importe que le Congrès ne perde pas l'occasion de dire : la séparation est une chose excellente, mais à la condition d'être accompagnée de l'exécution intégrale des lois qui l'ont précédée, qui l'ont rendue possible, c'est-à-dire des lois qui ont supprimé virtuellement les congrégations et leurs établissements d'enseignement. Nous vous proposons donc ce dernier paragraphe :

« Enfin le Congrès émet le vœu que, parallèlement à l'application de la loi de séparation, le Gouvernement poursuive avec la plus grande activité l'achèvement de l'œuvre scolaire de laïcisation à tous les degrés, l'entière et effective exécution des lois qui ont supprimé l'enseignement congréganiste et en particulier l'abrogation définitive de la loi Falloux, mais avec une clause formelle d'incompatibilité entre les fonctions d'enseignement et le caractère ecclésiastique » *(vifs applaudissements)*.

Le Président. — Deux de nos camarades ont demandé la parole, le citoyen Ch. Dumont, député du Jura, et le citoyen Herriot, maire de Lyon.

Le citoyen Herriot. — Je n'ai que deux mots à dire de ma place. *(Voix nombreuses)*. A la tribune.

Le citoyen Herriot monte à la tribune *(applaudissements)*.

Le citoyen Herriot. — Je voulais faire au Congrès cette simple proposition : Nous venons d'entendre deux discours très remarquables qui honorent singulièrement ces débats, le discours de notre éminent ami, le citoyen Buisson, et le discours du citoyen Pelletan.

Pour le discours du citoyen Buisson, nous avons la bonne fortune de le posséder à peu près, tout au moins dans la forme écrite de son rapport qui nous a été distribué ; mais nous n'aurons peut-être pas la bonne fortune de posséder sous la même forme le discours de Pelletan si remarquable par son bon sens, par sa simplicité, et qui apporte dans cette question si complexe des précisions admirables de lucidité. Si le citoyen Pelletan voulait bien rédiger à nouveau son discours, je demande au Congrès d'en décider l'impression. Je suis convaincu que pour la propagande que nous avons à faire en province, il nous sera très utile. Il nous sera infiniment plus facile de convertir nos amis aux idées qui viennent d'être soutenues ici et qui ont rencontré, je crois, l'approbation unanime du Congrès, si nous sommes munis de ce document si intéressant, si important et que, pour ma part, j'ai vivement admiré. *(vifs applaudissements)*.

Le citoyen Debierre, Président. — Le discours du citoyen Pelletan a été sténographié. *(très bien, très bien)*. A onze heures du soir, il sera traduit et il pourra être communiqué à toute la presse. *(applaudissements)*.

Le citoyen Herriot. — J'ai la plus grande confiance dans la diffusion de la presse. Cependant, je crois, que, dans l'intérêt de la propagande, en particulier dans les campagnes, il ne serait pas inutile que chaque congressiste pût emporter un feuillet contenant le texte officiel du discours (*applaudissements*).

Le secrétaire général. — Citoyens, le discours sera reproduit comme tous les débats de ce Congrès dans le compte-rendu.

Voix diverses. Il sera trop tard.

Le citoyen Buisson. — On peut en faire dès à présent un tirage à part.

Le citoyen Debierre. — Citoyens, je vous propose d'en faire un tirage à part qui sera envoyé à toutes les organisations. (*applaudissements*).

Le citoyen Lefèvre. — Et distribués demain (*bravos*).

La proposition est adoptée.

La parole est donnée au citoyen Ch. Dumont.

Le citoyen Dumont. — Citoyens, à l'heure où Rome essaie d'organiser à propos des associations cultuelles la guerre religieuse en France, tous les républicains sont tenus d'honneur à déclarer que la loi de 1905 est un bloc dont nous avons combattu certaines parties, dont nous avons accepté d'autres parties, mais qui, ayant été soumises dans son ensemble aux élections dernières à la ratification du suffrage universel, est la loi de la France républicaine.

Jusqu'au 11 Décembre 1906, il m'est impossible comme à Pelletan de savoir ce que les Catholiques feront et si, à telles circonstances de fait ne devra pas correspondre l'élaboration de certains textes nouveaux; en particulier, nous aurons à examiner si, par des situations spéciales comme celle qui résulte du schisme de Culley, les républicains ne seront pas réduits, pour ne pas être accusés par un certain nombre de catholiques de les avoir mis dans l'impossibilité de recueillir les biens des Eglises, de revenir sur l'article 4. Peut-être demanderai-je un jour à la Chambre de voter l'amendement que je lui avais proposé et qui avait alors réuni la majorité républicaine.

D'ailleurs, la question est encore de savoir, — et c'est peut-être la grande bataille que nous aurons à livrer à la rentrée avec ou contre le Gouvernement, — si le délai qui expire le 11 Décembre 1906 est celui dans lequel les associations cultuelles pourront être formées. Car le délai de faveur que le Conseil d'Etat, par un artifice de procédure, a prolongé du 11 Décembre 1906 au 11 Décembre 1907 n'est qu'un délai de revendications entre différentes associations cultuelles (*très bien très bien*), qui toutes devraient être formées avant le 11 Décembre 1906 (*Applaudissements*).

Ce point précis a une importance capitale. Pour nous, la loi de séparation contenait le maximum de concessions possibles. Comme l'a dit spirituellement Pelletan, le Saint Esprit bien inspiré a poussé le Pape à des décisions qui vont permettre de les retirer. Mais nous ne voulons pas que le Gouvernement s'arrange avec le Saint-Esprit pour lui donner le temps de réfléchir encore une année. Une religion catholique pourvue de richesses ne nous paraît pas nécessaire. Une situation dans laquelle elle aura une vie précaire, une vie de droit commun, nous suffit parfaitement. Il y a des communes qui seront très aises de pouvoir immédiatement rentrer en possession de leur presbytère, des biens qui iront aux établissements d'assistance et de bienfaisance. On nous a jeté un défi, on a affirmé contre la loi cette vieille théorie de Grégoire VII, que ce ne sont pas seulement les anciens Etats Pontificaux, mais tous les biens appartenant à l'Eglise sur l'Univers entier, qui sont la propriété évidente du Pape. On a fait au nom de cette vieille théorie deux encycliques. On nous permet, le 11 Décembre 1906, de rentrer en pleine possession de ces biens nationaux. Nous acceptons le délai. Nous avons accepté le délai d'un an. Nous n'accepterons pas le délai de deux ans. Le 11 Décembre 1906, les biens d'Eglise seront biens nationaux (*Bravos*).

Nous n'avons pas voulu violer la loi ; nous voulons que la loi soit entière ; et cependant, citoyens, il y avait dans la loi quelque chose d'obscur. On vous a dit tout à l'heure que la loi avait prévu tous les cas et qu'au cas où les associations cultuelles ne se formeraient pas, la dévolution

se ferait automatiquement, et que la loi indiquait clairement quand, par qui et dans quels délais les biens pouvaient être revendiqués, qu'en un mot la loi n'a rien omis.
C'est vrai pour toutes les questions, sauf une. C'est inexact
pour la question des pensions et des allocations. L'article
14 qui est le siège de cette matière, est extrêmement
confus ; c'est un fouillis pour ainsi dire de textes con-
tradictoires. Il débute par un premier alinéa où il est dit
que les prêtres qui ont plus de 60 ans auront comme pension les 3/4 de leur traitement. Comme on vient de le
dire, c'est le pain de la vieillesse ; il n'est pas de notre
dignité de le discuter ; nous qui voulons faire des retraites
à tous les vieillards, nous ne pouvons pas les refuser à
ceux-là (*bravos*).

En second lieu, les prêtres âgés de plus de 45 ans recevront la moitié de leur traitement. Je pose la question à
des hommes de bon sens : donne t-on une retraite à des
gens qui ne se sont pas fatigués en général dans la vie et
qui ont 45 ans ? (*Non, non*).

Cela n'était pas une retraite, c'était une espèce de traitement viager qui permettait au prêtre de continuer ses
soins à la future association cultuelle et de dégager
d'autant celle-ci des charges qui allaient lui incomber.
Mais précisément, puisque l'association cultuelle ne va
pas se former, nous ne devons pas donner ces pensions
d'au-delà de 45 ans.

Puis, il y avait la question des allocations temporaires.
Ces allocations temporaires étaient de deux sortes : pour
tous les prêtres en général elles étaient de 4 ans et dans
les communes au dessous de 1.000 habitants, elles étaient
de 8 ans.

Cette disposition par elle-même n'est elle pas la preuve
que le législateur avait eu cette pensée que plus la commune est petite, plus elle est pauvre, et par conséquent
plus les charges du culte y seront difficilement suppor-
tées. Nous sommes donc tout à fait fidèles à l'esprit de
la loi lorsque nous demandons que ces allocations temporaires ne soient pas servies partout où des associations
cultuelles ne se formeraient pas. Si la loi l'avait dit formellement, nous n'aurions pas eu du tout à intervenir,

c'est parce qu'elle ne l'a pas fait, c'est parce qu'on peut soutenir avec une certitude presque absolue au point de vue juridique que ce service des allocations est automatiquement constitué, même au cas où les associations cultuelles ne sont pas formées, qu'à mon avis le législateur doit intervenir.

Comment le peut-il ? S'il s'agissait de reprendre la discussion de la loi de 1905, cette procédure aurait un grave inconvénient, il nous serait impossible de limiter le débat, de le serrer dans ce point précis ; nous ne pourrions empêcher nos collègues du centre et de la droite de le faire déborder au delà des limites dans lesquelles nous voulons l'enfermer Or, nous voulons maintenir au premier rang les réformes fiscales et les réformes sociales.

Nous avons tous juré que les morts de Courrières n'étaient pas morts vainement et que la législation des mines serait modifiée (*applaudissements*) ; nous avons tous juré que cette législature, où nous avons la majorité, discuterait enfin et adopterait l'impôt sur le revenu, que le pays ne nous pardonnerait pas de ne pas élaborer un texte définitif. Et c'est parce que nous avons tout cela à faire et bien d'autres choses encore, que même pour des questions de haute philosophie et de grand principe, nous ne pouvons pas remettre sur le chantier la loi de séparation sans risquer de nous laisser distraire de notre tâche essentielle.

Donc il ne peut s'agir de remettre en question la loi de 1905. Comment faire ? Nous avons été plusieurs à penser, j'ai été peut être le premier à le formuler, qu'on pourrait intervenir au moyen de la loi de finance. Vous savez que par la loi de finance on résout tous les ans un certain nombre de questions qui n'ont rien de strictement budgétaire, c'est une procédure rapide qui permet d'obtenir des deux Chambres, dans un délai limité, le vote de certaines réformes urgentes. Si dans votre opinion il est bien établi que toutes les pensions au delà de 45 ans comme les allocations temporaires sont la contre-partie de la formation des associations cultuelles, nous pouvons les supprimer et je vous propose de les supprimer par la loi des finances. Alors que le Gouvernement a discuté, vous savez avec quelle âpreté, aux vieillards le bénéfice de l'assistance obligatoire en disant qu'il n'avait pas les 20 ou 25 millions nécessaires pour parfaire les subventions des départements et de l'Etat, comment voulez vous que nous puissions faire accepter à ce peuple de travailleurs dont nous sommes les élus, que 28 millions de pension ou de subvention seront donnés à des rebelles ? (*Applaudissements*)

L'association cultuelle ne se forme pas parce que le Pape ne veut pas que sur les biens de l'Eglise au temporel, un contrôle laïc, si modeste soit-il, si effacé soit-il, puisse s'exercer. Si ce contrôle laïc sur les deniers de l'Eglise ne peut pas s'exercer, comment l'Eglise ayant une pareille conception de l'autocratie, peut-elle recevoir les deniers du budget de la République, qui sont soumis à un tout autre contrôle et qui lui sont remis en vertu d'un tout autre principe.

Il nous parait que la seule manière de sanctionner d'une façon efficace, ces qualifications de rebelles ou de révoltés, c'est précisément de refuser les allocations et les indemnités à ceux qui ne veulent pas constituer les associations cultuelles ; le peuple saura ainsi que ce n'est pas seulement par des mots que nous jugeons les choses, qu'il y a là un acte de révolte contre la loi française sur un point où nous avons le droit de légiférer, que nous ne nous sommes pas amusés à savoir quels étaient les rapports du Saint-Esprit avec le Saint Père, quels étaient les rites et la morale de l'Eglise, nous avons simplement dit : Il y a des biens en France ; sur ces biens quelques laïcs devaient avoir un droit de contrôle, c'est contre ce droit de contrôle sur des objets purement matériels, que le Pape se révolte.. Il nous parait indispensable que sur ce point où la loi peut paraître obscur, l'Eglise sache clairement à quoi s'en tenir, elle est fixée sur ce qui l'attend si elle ne fait pas les associations cultuelles, en ce qui concerne les presbytères et les biens, elle ne savait pas à quoi s'attendre en ce qui concerne les pensions, je crois à la fois loyal, clair et nécessaire de le lui dire. (*Vifs applaudissements*):

Le Citoyen Bepmale.— J'ai le regret de ne pas partager les sentiments de mon excellent ami Dumont sur la nécessité de compléter la loi par la disposition dont notre ami Buisson a donné lecture tout à l'heure. En effet, je crois que le Gouvernement est suffisamment armé par les textes dont il dispose et par les règlements d'administration publique pour ne pas avoir besoin d'un texte législatif nouveau.

Que dit en effet le texte de la loi de séparation ? On a institué pour toutes les communes et dans leur intérêt exclusif, cela ressort de la discussion et dans la Commission et à la Chambre, des allocations qui seront servies aux prêtres pendant quatre ans dans les communes de plus de 1.000 habitants, pendants huit ans dans les communes de moins de 1.000 habitants. Aujourd'hui on vient nous dire : Mais, l'Église ne sait pas si l'on peut supprimer ces allocations dans le cas où les associations cultuelles ne seraient pas formées, et comme la question est obscure, il est nécessaire de faire un texte pour bien préciser qu'elles peuvent être retirées.

Citoyens, la procédure qu'on vous propose me paraît inadmissible. On nous demande d'insérer dans la loi de finance de 1907 alors que nous sommes déjà au 20 octobre, un texte de loi qui sera applicable à partir du 11 décembre 1906. C'est, citoyens, demander quelque chose de matériellement impossible.

Un membre. — Pourquoi 1906 ?

Le citoyen Bepmale. — En vertu de la thèse soutenue tout à l'heure, ce n'est pas à partir du 11 Décembre 1907, mais bien du 11 Décembre 1906 que les allocations seront servies ; le Concordat prend fin le 11 décembre 1906 et c'est à partir de cette date que les allocations commenceront à être données aux prêtres ; si donc l'on veut pouvoir les supprimer, il faut que les textes de loi soient prêts avant le 11 Décembre 1906.

Or, il est matériellement impossible, au point de vue parlementaire, d'arriver en temps utile par cette excellente raison que si dans la loi de finance vous rouvrez une discussion sur un point quelconque de la loi de séparation, la discussion sera *ipso facto* rouverte sur toute la loi. Il en résultera qu'on prononcera la disjonction de tout le débat et que nous ne serons pas plus avancés. Mais, Citoyens, j'appelle votre attention sur ce point : Dire dans une assemblée républicaine comme celle-ci, que nous

avons besoin d'un texte de loi, c'est avilir le Gouvernement, je prétends qu'il a en main tout ce quil faut pour
supprimer les allocations.

Le citoyen Charles Dumont.— Mais non ! Il déclare lui-
même qu'il ne l'a pas.

Le citoyen Bepmale.— Je ne parle pas des pensions, je
parle des allocations.

Les allocations sont prévues par la loi, et pour savoir
comment le Gouvernement interprète cette loi, il n'y a
qu'à examiner ce qu'il a fait dans un cas qui n'était pas
prévu par la loi. La loi n'a pas dit que les communes
pouvaient, elles aussi, servir aux prêtres chargés de l'exercice du culte les allocations qu'elles avaient précédemment
inscrites à leurs budgets ; or les conseils municipaux sont
autorisés à continuer ces allocations dans la même proportion et dans la même forme que celles qui sont inscrites dans la loi, sous cette réserve expresse que le conseil municipal ne s'engage qu'autant que le prêtre reste
dans la même commune et que s'il vient à être changé,
les allocations prendront fin.

Citoyens, point n'est besoin d'un texte législatif, un
simple règlement de comptabilité publique suffit ; il ressort des observations de mon collègue Dumont que c'est
une condition expresse qui n'a pas été inscrite dans la loi,
mais qui y a été sous-entendue et qui était dans la pensée de tous ceux qui ont voté la loi, les allocations ne
peuvent être données que dans le cas de la constitution
des associations cultuelles. Actuellement, quelles sont les
pièces exigées par le service de la comptabilité publique
pour que, sous le régime du Concordat, un prêtre puisse
toucher ses émoluments ? Il faut qu'il produise un certificat de l'archevêque constatant qu'il est attaché au service
du culte dans telle commune, et un certificat du Maire
constatant qu'il est présent dans la commune. Il en sera
exactement de même sous le nouveau régime, il n'y a
qu'à exiger par un simple règlement de comptabilité publique, un certificat de l'association cultuelle de la commune, constatant que le prêtre est au service de l'association cultuelle ; si ce certificat n'est pas produit, on n'a
même pas besoin de supprimer les allocations, on ne les

paie pas. Voilà, je crois, l'interprétation exacte de la loi.

Dans tous les cas, citoyens, si je me trompe, si mon interprétation n'est pas la bonne, pourquoi voulez-vous que, par avance, nous, les représentants du parti républicain radical de toute la France, nous disions au Gouvernement ; « Vous êtes désarmé, nous voulons vous donner des armes ». Si le Gouvernement se trouve dé-désarmé, s'il estime que la loi, les règlements d'administration publique ou les ordonnances sur la comptabilité publique ne lui donnent pas le moyen d'arriver au but que nous voulons atteindre, il n'aura qu'à demander lui-même aux Chambres le texte de loi qui lui paraîtra nécessaire.

Dans tous les cas, j'estime que ce serait commettre une faute capitale que de prendre nous-mêmes l'initiative de la mesure qu'on sollicite, pour cette double raison, qu'elle me paraît inutile et qu'elle ne pourrait pas aboutir. (*Applaudissements*).

Le citoyen Magniaudé. — Je n'ai qu'une courte observation à présenter, mon ami Bepmale ayant expliqué mieux que je n'aurais pu le faire moi-même ce que j'avais à dire ; mais il y a un point que je tiens à préciser : c'est que, députés ou membres du Comité exécutif et des Comités républicains de France, nous éprouvons plus ou moins le besoin de discuter la loi de séparation comme si c'était une œuvre absolument inachevée et imparfaite ; je ne veux pas dire que c'est une œuvre parfaite, mais nous paraissons oublier qu'au dessus de notre jugement il y a celui du peuple qui s'est prononcé au mois de Mai dernier et qui a trouvé excellente la loi de séparation. (*Applaudissements sur divers bancs*).

Dans ces conditions, nous n'avons pas le droit de discuter de nouveau la loi de séparation. Je reprendrai la parole significative de notre ami Buisson : « Nous n'avons pas le droit de la laisser arranger ou déranger ».

Une voix. — Mais il faut l'appliquer.

Le citoyen Magniaudé. — J'y arrive, mon cher collègue. Elle sera appliquée à partir du 11 Décembre prochain. Si la machine ne fonctionne pas bien, s'il y a besoin de quelques réparations ou de quelques petits changements, comme le disait Bepmale, le Gouvernement les demandera à la Chambre. mais, nous, nous ne devons admettre aucune discussion sur la loi de séparation. Si nous en admettions, nous aurions l'air de tenir compte de l'Encyclique du Pape ; or nous avons voté la loi de séparation, parce que nous voulons qu'il n'y ait plus rien de commun entre la France et le Pape.

Citoyens, j'éprouve aussi le besoin de vous dire que parmi nos adversaires politiques à la Chambre, nous avons des collègues progressistes, cléricaux et réactionnaires qui sont enchantés de l'intervention de nos amis Guieysse et Dumont, parce qu'ils voient s'ouvrir une discussion nouvelle sur la séparation et qu'ils pensent pouvoir en retirer un double profit : d'abord une modification de la loi en leur faveur, et ensuite, ils espèrent que pendant le temps très long que durera cette discussion, on ne pourra pas discuter les réformes démocratiques. Je propose donc à l'Assemblée de dire qu'elle s'oppose énergiquement à ce que sous un prétexte quelconque, on remette en discussion la loi de séparation (*Applaudissements sur divers bancs*).

Le citoyen Charles Dumont. — Je sollicite avec instance, du Congrès radical et radical-socialiste, le vote de la motion que nous avons fini par adopter après une longue discussion, à laquelle je regrette que mes amis Magniaudé et Bepmale n'aient pas assisté.

Je n'ai pas la même conception qu'eux des rapports de la majorité républicaine et du Gouvernement. J'estime que, réunis ici et constituant la majorité républicaine dans ses éléments militants et agissants, nous avons, sur l'exécution de la loi, un pouvoir de contrôle ; je pense que notre devoir d'initiative parlementaire, est égal au devoir du gouvernement d'appliquer la loi. Mais si, dans le cas particulier, nous demandons ce texte interprétatif de la loi, car il ne s'agit pas d'y rien changer, c'est que les interviews des ministres eux-mêmes, au cours de ces vacances, nous ont appris que sur ce point il y avait au moins obscurité et confusion (*Applaudissements*). Les ministres nous ont dit qu'ils n'étaient pas d'accord, et c'est pourquoi nous pouvons tâcher de leur faire connaître la pensée de la majorité républicaine et du Parti Radical et Radical-Socialiste qui est l'axe de cette majorité. Si, au cours des interpellations qui vont être développées. .

Le citoyen Magniaudé. — Il y a toujours trop d'interpellations, la Chambre y perd son temps.

Le citoyen Charles Dumont. — Si, au cours des interpellations qui nécessairement doivent se produire pour élucider le grave problème qui se débat en ce moment devant le pays, le Gouvernement affirme qu'il est unanime à accepter notre thèse, à savoir que, les associations cultuelles ne se formant pas, toutes les pensions des prêtres qui auront moins de 60 ans ne seront pas servies, nous laisserons avec le plus grand plaisir le Gouvernement faire le décret d'administration publique ou le décret de comptabilité qu'il jugera nécessaire.

Mais c'est précisément parce que nous savons qu'il y a hésitation dans le Gouvernement, que nous vous demandons, au nom des ouvriers, au nom des travailleurs, le droit de dire clairement ce que nous pensons.

C'est parce que nous savons que le Gouvernement équivoquera sur l'Article II que nous vous demandons de dire clairement comment la majorité répnblicaine interprète cet article (*Applaudissements*).

Le citoyen Bepmale. — Je maintiens que nous ne devons pas procéder de la façon qui consiste à dire : C'est parce que nous interprétons le texte de la loi dans un sens défavorable à notre thèse que nous demandons au Gouvernement de la compléter. Si le Gouvernement est véritablement animé de l'intention de museler l'Eglise, de faire donner au texte de la loi de Séparation tout ce qu'il contient dans ses termes et dans son germe, nous ne devons pas l'affaiblir par avance en prétendant que ce texte est insuffisant (*Applaudissements*).

Si nous laissons ouvrir un débat, nous ne serons pas maîtres d'arrêter la discussion. C'est un piège dans lequel il ne faut pas tomber. Je vous adjure de repousser la proposition (*Applaudissements. Aux voix !*).

Le citoyen Henry Bérenger. — Je demande à expliquer mon vote. J'ai assisté à toutes les délibérations de la Commission de la loi de Séparation. J'ai suivi attentivement la discussion, j'ai voté la proposition du citoyen Dumont, qui a d'ailleurs été adoptée par la Commission ; je ne crois pas du tout, contrairement à l'opinion de nos amis Bepmale et Magniaudé, que cette proposition remette en question, de quelque manière que ce soit, la loi de Séparation.

Voix diverses. — Mais si !

Le citoyen Bérenger. — Si vous voulez bien me laisser parler, je vous dirai pourquoi.

Nous avons au contraire demandé que la loi de Séparation ne fût touchée sur aucun point. Il s'est produit dans le Gouvernement actuel des hésitations trop fréquentes, des oscillations trop nombreuses. En particulier le Ministre des Cultes, actuel, notre ami Briand, qui a des qualités très ingénieuses et très remarquables, n'a peut-être pas cette fermeté anticléricale que nous devons désirer pour l'application de la loi de Séparation (*Mouvements divers*).

Une voix. — Vous attaquez Briand.

Le citoyen Bérenger. — Mon cher collègue, si nous ne pouvons plus, entre républicains et libres penseurs, exposer nos idées, si nous sommes obligés de nous incliner d'avance devant l'interprétation d'un dogme gouvernemental, comment voulez-vous que nous puissions discuter entre nous ? Briand est mon ami, il le sait et je parle ici au nom de tous les candidats radicaux et radicaux-socialistes qui sont restés sur le carreau et qui ont eu à subir l'assaut des socialistes unifiés. Je puis bien dire que nous avons eu assez d'humanité, assez de courtoisie, assez de générosité à l'égard du Parti Socialiste, pour que dans nos Congrès radicaux-socialistes nous puissions discuter les actes d'un socialiste, membre du Gouvernement.

Mais voici où je voulais en venir. Notre ami Briand a été le rapporteur de la loi de Séparation. Nous l'avons combattu dès le Congrès de Marseille, dès avant qu'il fût le rapporteur de cette loi, vous le savez, Buisson.

Le citoyen Buisson. — Oui, c'est vrai.

Le citoyen Bérenger. — Vous ne l'avez pas oublié ?

Le citoyen Buisson. — Pas du tout.

Le citoyen Bérenger. — Briand, même avant le Congrès de Marseille, demandait que la loi de Séparation fût faite dans un esprit qu'il appelait de libéralisme et que nous appelions de libératrie. Au Congrès de Marseille, en 1903, nous avions formulé la règle inflexible de la loi de Séparation. J'ai le regret de dire aux parlementaires qui sont dans cette salle qu'en votant l'article 4 ils ont trahi les intentions du Congrès de Marseille (*Applaudissements, mouvements divers*).

Le citoyen Buisson. — Nous avons voté contre, mais nous avons été battus.

Le citoyen Bérenger. — Nous n'avons pas en ce moment hésité à combattre nos amis du Parlement, Briand en sait quelque chose, puisque nous l'avons combattu. Est-ce une raison pour dénoncer le pacte d'amitié qui existe entre nous ? Vous savez bien que non, et personnellement je ne peux pas être mis en cause sur ce point, puisque dans le journal que j'ai l'honneur de diriger et dans ma campagne électorale, j'ai fait et je fais encore tous les jours des concessions au Parti Socialiste unifié. Mais la question n'est pas là. La question est de savoir si on touchera à la loi de Séparation. Malgré ses défaillances, nous l'avons acceptée. Nous sommes tous unanimes à demander qu'elle ne soit pas retouchée, mais qu'elle soit appliquée sans défaillance et avec intelligence.

Mais la loi de finances, citoyens, est faite surtout, on peut le dire, pour que lorsque la loi a commis des erreurs ou des omissions, on puisse les réparer à la faveur de la discussion rapide et expéditive des questions budgétaires, afin de ne pas rouvrir de longs débats, tout en permettant l'exercice d'un droit de contrôle et de critique qu'il est impossible d'abandonner. N'en avions-nous pas encore un exemple hier à la Commission du budget lorsque le citoyen Henri Michel qui, précisément, n'a pas pu venir ici à cause des réunions de cette Commission, a demandé à M. Thomson, la mise en chantier de 3 cuirassés au lieu de 6 qui avaient été prévus. La discussion est la même, que nous discutions de la marine ou de la religion, nous sommes dans un Etat laïque. La religion n'est pas pour nous quelque chose de mystérieux. C'est une question que nous discutons au même titre que les autres, et aussi bien que la Commission du budget peut, par voie budgétaire, demander à la Chambre de revenir sur un de ses votes concernant la marine, aussi bien, nous pourrons demander à la Chambre, à la faveur de la loi de Finances, de préciser la situation qui sera faite aux prêtres en ce qui concerne les pensions.

N'est-il plus permis à la majorité républicaine et surtout, ne l'oublions pas, nous qui sommes radicaux-socialistes, n'est-il plus permis à une majorité de radicaux-socialistes, de faire comprendre à ce peuple de travailleurs, d'ouvriers, d'employés, a qui nous avons dit que le radicalisme n'était le réactionnaire de personne et n'était pas inférieur au socialisme dans son amour du prolétariat (*applaudissements*), n'est-il plus permis de leur faire comprendre par un simple vote de la loi de finances, qu'alors que les vieux employés, les vieux ouvriers n'ont pas de retraite, alors, comme le disait le citoyen Debierre, que la faim a faim, que la soif a soif, que le sommeil n'a pas de lit, ces prêtres qui, comme l'abbé Delarue, comme l'abbé Cassan, comme tant d'autres ont employé leur jeunesse à ne rien faire, n'ont pas droit à leur retraite ? Je prétends que si, et que sans toucher à la loi, nous pouvons, par la loi de finances, faire comprendre aux prêtres révoltés qu'ils ne recevront pas de la République les 29.000.000 que nous n'avons pas donnés aux travailleurs de la République. (*Applaudissements et mouvements divers*).

Le citoyen Pelletan. — Citoyens, je veux tout d'abord empêcher une confusion. Il y a dans l'amendement qui vous est soumis, deux parties qui n'ont ensemble aucun rapport. Il s'agit des allocations provisoires qui sont allouées moins encore aux personnes qui en bénéficient qu'à la fonction cultuelle qu'elles remplissent. Il faut qu'elles exercent pour avoir droit à ces allocations. Pour celles-là, il est très légitime qu'elles tombent là où il n'y aura pas d'association cultuelle formée. Mais notre collègue Bonnet, qui a bien voulu me céder la parole, voulait vous présenter à ce sujet une observation qui me paraît trancher la question.

Voici les termes du décret : « Ces allocations sont mandatées trimestriellement par le préfet », et, au paragraphe suivant : « Il faut un certificat. Le dit certificat est établi par le représentant de l'association cultuelle » (*Applaudissements*).

Le citoyen Charles Dumont. — Il s'agit des allocations de 8 ans.

Le citoyen Camille Pelletan. — Attendez. Il est vrai que cela ne s'adresse qu'aux allocations de 8 ans, mais ce qu'on a fait pour les allocations temporaires de 8 ans on peut le faire demain pour les allocations de 4 ans, car il y a là une lacune du décret. Il n'y a pas de disposition contraire dans le décret. On peut donc le faire certainement pour les associations cultuelles de 4 ans, en restant fidèle à l'esprit de la loi et sans violer son texte : il n'y a qu'à demander au gouvernement de combler la lacune alors que l'esprit de la loi et du décret est très certain. Il n'y a pas de raison, en effet, pour ne pas appliquer aux uns ce qu'on applique aux autres.

Voilà un premier point. Les allocations ne peuvent pas exister s'il n'y a pas d'associations cultuelles.

Un citoyen. — A partir de quelle date ? En 1906 ou en 1907 ?

Le citoyen Camille Pelletan. — Peu importe la date. Il faut, pour recevoir l'allocation, présenter un certificat. Du moment que le prêtre ne pourra pas présenter ce certificat, à quelque date que ce soit, il n'aura pas droit à l'allocation.

Et maintenant, reste un second point : les pensions données à partir de 45 ans. J'avoue que là, je suis au fond, au point de vue de la justice, telle que je la conçois, de l'avis de mon ami Dumont, mais, au point de vue de la politique, je suis obligé d'être d'une opinion contraire (*Très bien, très bien*).

Le tout est de savoir si vous voulez, oui ou non, vous conformer à la pensée que vous avez paru approuver tout à l'heure de ne pas répondre par des représailles à l'attitude du pape ? (*Très bien, très bien*). C'est toute la question, laissez-moi l'examiner rapidement.

Si vous estimez qu'il y a un intérêt de politique supérieure dominant tels ou tels inconvénients particuliers à ne pas paraître répondre par des représailles à l'attitude du pape, que voulez-vous ? Ces pensions font partie de la loi, vous n'y toucherez pas. Et permettez-moi de réfuter en quelques mots cet argument singulier que, par la procédure de la loi de finances, vous ne touchez pas à la loi de séparation. Devant le bon sens et la bonne foi, cela est-il douteux ? Si vous n'y touchiez pas, vous ne seriez pas obligé de faire un article de la loi de finances (*Applaudissements*). Et notre ami Bérenger a donné lui-même un argument contre sa thèse en rappelant ce que fait mon ami Michel en ce moment ci, ce que nous faisons, — car j'y suis associé — quand nous voulons réduire à trois le nombre des cuirassés primitivement fixé à 6. Il y a plus de rapports qu'on le croit entre les cuirassés et les prêtres (*On rit*) et j'espère bien que nous avons dans le libre esprit français la torpille qui coulera le cuirassé ecclésiastique (*Applaudissemei ; et rires*).

Mais, pour en revenir au fond de la question, qu'avons-nous soutenu, mon ami Michel et moi, à la commission du budget ? Avons-nous nié que nous voulions changer la loi ? Non, nous avons dit : « Nous voulons changer la loi parce qu'il en est encore temps et qu'elle nous paraît mauvaise ». C'est là le terrain sur lequel nous nous sommes placés. Nous n'avons pas considéré la loi du budget de 1906 comme intangible et nous avons demandé au ministre de solliciter des deux Chambres de changer la législation qui l'obligerait à mettre les 6 cuirassés en chantiers. C'est là-dessus qu'aura lieu l'interpellation dans laquelle nous nous expliquerons.

Ce qui est vrai des cuirassés ne l'est pas moins des prêtres. Il s'agit bien là de pensions, de pensions considérées comme un dédommagement qui était dû aux hommes, aux personnes. On vous dit qu'on ne donne pas de pensions aux hommes de 45 ans. C'est une erreur : on en donne toutes les fois qu'on fait une suppression d'emploi (*Très bien, très bien*).

Précisément, on a adopté cet âge de 45 ans pour qu'il coïncidât avec celui où on peut donner une pension en cas de suppression d'emploi. Quand vous supprimez un emploi, que vous renvoyez des fonctionnaires, non pour leurs fautes, mais parce que leurs fonctions vous paraissent inutiles, alors qu'ils sont entrés de bonne foi dans les services publics, vous leur accordez une pension. C'est ce qu'on a fait pour les prêtres (*Très bien, très bien*).

Une voix. — Dans l'espèce, c'est le pape qui supprime leur emploi.

Le citoyen Pelletan. — Est-ce à dire qu'on ait bien fait ? Eh bien non, là-dessus je suis complètement de l'avis de Dumont et de Bérenger. Il est certain que ce sera un spectacle douloureux pour tous ceux qui ont le sentiment de la justice de voir des gaillards de 45 ans toucher une pension quand de braves gens, quand des vieillards usés par le travail ne la touchent pas ; mais il y a dans la loi bien d'autres dispositions qui aboutiront à des scandales aussi forts ; et le scandale qui vous indigne serait égal, même si le Pape eût consenti à former des associations cultuelles. Vous pouvez être tranquille, ce seraient toujours des ennemis de la République ; et les prêtres seraient encore plus hostiles au régime parce qu'ils seraient beaucoup plus dans la main du Pape qui ne leur aurait pas ôté leur gagne-pain. On verrait ainsi toujours des ennemis de la République rentés par la République pendant que tant de bons serviteurs crèvent de faim.

C'est un des gros inconvénients de la loi actuelle. Comment faut-il y remédier ?

Si vous ne voulez pas toucher à la loi, il faut le laisser subsister ; et vous pourrez remédier au scandale en donnant des pensions de retraite aux vieux travailleurs et en faisant la réforme que tout le monde attend. Quant à moi, si j'avais un texte législatif nouveau à voter, oh ! je supprimerais ces pensions avec un entrain merveilleux (*On rit*), mais vous avez un acte politique à accomplir. Nous croyons, nous, que l'attitude politique essentielle que nous devons observer dans le Congrès actuel, c'est précisément de nous abstenir de tout acte de représailles (*Applaudissements*).

Si c'est là notre politique générale, elle s'applique aux cas particuliers comme aux autres, car vous aurez beau dire, si vous supprimez les pensions de retraites, que ce soit par un article de finances ou autrement, vous toucherez à la loi et vous y toucherez sur une matière où il paraissait admis généralement que la loi ne pouvait pas revenir sur le fait accompli, sur la matière des pensions. Voilà les inconvénients de la mesure qu'on vous demande. Je désirerais de tout mon cœur pouvoir la voter, mais je vous avoue qu'en ce qui concerne les pensions, je ne puis m'associer à la proposition de notre ami Dumont (*Applaudissements*).

Je considère donc la motion comme inutile en ce qui concerne les allocations temporaires, et comme contraire à l'attitude de politique générale que je vous ai demandé d'adopter, en ce qui concerne les pensions (*Applaudissements*).

Voix nombreuses. — La clôture !

Le citoyen Ch. Dumont. — Si je pouvais accepter ce qu'a dit Pelletan, vous connaissez assez mes sentiments d'estime pour notre vieux chef pour savoir que je m'inclinerais. Mais il est impossible sur un point d'accepter ce qu'il a dit.

Quand le Gouvernement a demandé au Conseil d'Etat le décret d'administration publique pour régler la façon dont les indemnités temporaires seraient payées, le Conseil d'Etat a été saisi de toute la question des allocations ; et le Conseil d'Etat, dans son décret d'administration publique, visé dans notre amendement, n'a cru pouvoir tirer de la loi que la permission de demander le certificat d'association cultuelle pour les allocations de 8 ans. Par conséquent, j'en demande pardon à Pelletan, — mais sur ce point il y a erreur de droit administratif — c'est parce que la loi ne lui en donne pas le droit que le Conseil d'Etat n'a pas demandé le visa de l'association cultuelle pour les allocations de 4 ans.

Or, comme j'ai mandat des ouvriers qui m'ont élu, des vignerons qui m'ont élu (*exclamations*), oui, j'en ai le mandat, de ne pas laisser des rebelles, des fonctionnaires de l'étranger recevoir de l'argent du budget de la France alors qu'ils seront en état de désobéissance flagrante à la loi, je ne peux pas admettre que nous en restions à l'état actuel de la question. Je dis que dans la pensée de Pelletan, comme dans la mienne, lorsque nous nous sommes résignés à voter le traitement viager de 45 à 60 ans, c'était pour faciliter la constitution des associations cultuelles. Or, la loi a prévu sur tous les autres points comment automatiquement elle jouerait lorsque les associations cultuelles ne se formeraient pas. Sur ce point elle n'a rien prévu et c'est parce que le Conseil d'Etat, quoi qu'en dise Pelletan qui se trompe absolument sur ce point, c'est parce que le Conseil d'Etat saisi par le Gouvernement de l'article II ne s'est pas cru en droit d'introduire dans le décret, pour les allocations de 8 ans l'obligation qu'il exige pour les allocations de 4 ans, que le Gouvernement, dans l'Etat de la loi ne peut pas actuellement obtenir du Conseil d'Etat que les allocations de 4 ans soient supprimées en cas de non constitution des associations cultuelles.

Vous prendrez vos responsabilités à l'égard de vos comités comme nous les prendrons à l'égard de nos électeurs quand nous nous présenterons devant eux. Mais il est contraire certainement au sentiment public, il est contraire à la justice que nous continuions pendant 4 ans ou pendant 8 ans, un service d'allocations, et d'autre part un service de pensions aux prêtres de 45 ans lorsque ces hommes seront dans toutes les communes où les associations cultuelles ne se formeront pas, les fonctionnaires de l'étranger et les fauteurs de la guerre religieuse (*Applaudissements*).

Le citoyen Buisson. — La Commission, je le répète, s'est maintenue sur ce terrain : elle n'a voulu sous aucun prétexte toucher à la loi (*très bien, très bien*). Sur les instances de notre ami Dumont et de plusieurs de nos collègues, nous avons consenti à émettre un vœu invitant le Gouvernement non pas à changer la loi, mais à préparer pour la période où commencera le nouveau régime, et pour ce moment-là seulement — ce qui nous ajourne au moins à décembre 1907 — les réformes qui dès à présent nous apparaissent comme pouvant devenir nécessaires. Mais la

Commission n'a pas du tout voté que ce serait une immédiate mise en demeure du Gouvernement de changer la loi. Autrement je serais obligé de vous prier de déchirer mon rapport tout entier et mes conclusions. Je n'ai pas mandat de la Commission pour accepter une solution qui détruirait d'un seul coup toute l'œuvre de la Commission et tout le rapport (*Très bien, très bien*).

J'ai mandat d'accepter et j'ai accepté non sans en reconnaître les inconvénients, une clause ainsi conçue : « Le Congrès invite le Gouvernement à insérer dans la prochaine loi de finances un article qui supprimera « à partir du 9 Décembre 1907 etc... »

Le citoyen Pelletan. — C'est le changement de la loi.

Le citoyen Buisson, — Non, mais c'est l'extrême limite des concessions que nous pouvons faire. Nos amis Bepmále et Magniaudé soutiennent que la même mesure pourrait être prise par un règlement d'administration publique ou même par un règlement administratif de comptabilité. Je n'en sais rien, le Congrès n'en sait rien ; ce sont des questions infiniment complexes. Tout ce que le Congrès doit savoir, c'est si oui ou non il veut donner un prétexte à la remise sur le chantier de la loi de séparation (*Non, non*).

Si donc ce vœu doit, dans votre pensée, être compris comme supprimant les mots « à partir du 9 décembre 1907 » lesquels indiquent bien qu'il n'est pas question de retoucher présentement la loi, mais d'ajourner une réforme éventuelle à une période ultérieure, si vous voulez supprimer cette limitation, pour ma part je ne puis pas m'associer à ce vote (*très bien, très bien*).

Par conséquent, ou bien vous voterez la rédaction proposée par la Commission avec ces mots qui en ajournent l'application au moment où finira le régime transitoire non encore commencé, ou bien vous rejetterez purement et simplement une rédaction qui, sans cette réserve, n'est pas admissible.

Le citoyen Pelletan. — Je n'avais pas pris garde à ces mots « à partir du 9 Décembre 1907 ». C'est un argument de plus contre la mesure. Comment voulez-vous introduire dans la loi de finances de 1907 une disposition qui n'aura d'effet que pour le budget de 1908 ?

Le citoyen Charles Dumont. — La formule originelle était : « à partir de la promulgation de la loi », mais elle a été changée au cours de la délibération.

Voix nombreuses. — La clôture.

Le Président. — Je mets aux voix la clôture !
La clôture est adoptée.

Le Président. — Je mets d'abord aux voix les conclusions imprimées du rapport, c'est-à-dire en laissant de côté les vœux adoptés par la Commission sur la proposition du citoyen Dumont, et dont le citoyen Buisson vous a donné lecture.

Le citoyen Buisson, rapporteur. — Je fais observer que, tout-à-l'heure, lorsque ces propositions ont été lues, j'ai accepté un amendement du citoyen Pelletan tendant à ajouter après les mots « à défaut d'associations cultuelles », les mots : « régulièrement formées avant le 11 Décembre 1906 ».

C'est le texte de la Commission ainsi modifié par cette adjonction que le président met aux voix (*Assentiment*).

Les conclusions de la Commission, avec cette adjonction, sont mises aux voix et adoptées à l'unanimité.

Le Président. — Nous arrivons maintenant à l'amendement de M. Charles Dumont accepté par la Commission.

Le rapporteur. — J'en donne une nouvelle lecture :

« Le Congrès invite le gouvernement à insérer dans la prochaine loi de finances un article qui supprimera, à partir du 9 Décembre 1907, les allocations et pensions prévues à l'article 11 de la loi du 9 Décembre 1905, sauf pour les ministres du culte âgés de plus de 60 ans et pour ceux qui présenteront le certificat d'association cultuelle prévu par l'alinéa 2 de l'article 26 du règlement d'administration publique ».

Le Président. — Je mets aux voix ce texte.

Un congressiste. — La division ! (*Bruit*).

Voix nombreuses. — Le vote est commencé.

(*L'épreuve a lieu*).

Le Président. — Citoyens, dans l'esprit du bureau il y a doute dans le vote.

(*Exclamations diverses et bruit prolongé.*)

Plusieurs congressistes. — Nous ne savons pas ce que nous votons.

Le Président. — Si on ne sait pas ce que l'on vote, ce n'est certainement pas de la faute du bureau, c'est de la faute de ceux qui sont dans la salle et qui n'écoutent pas ce qu'on leur propose.

Je répète que dans l'esprit du bureau il y a doute sur le vote qui a été émis. Nous allons, si vous le voulez bien, procéder à une nouvelle épreuve.

Je mets aux voix le texte des conclusions de la Commission constitué par l'amendement du citoyen Dumont dont le citoyen Buissson vient de vous donner lecture.

Le citoyen Magniaudé. — Je demande la parole (*exclamations et bruit*).

Le Président. — Le vote est commencé, vous n'aurez pas la parole.

Le citoyen Magniaudé. — La Commission tout entière.... (*nouvelles exclamations et bruit*).

Le Président. — Le vote est commencé, personne n'aura la parole désormais. Je répète que je mets aux voix l'amendement Dumont accepté par la Commission (une nouvelle épreuve a lieu).

Le citoyen Chérioux. — Il est très difficile au Bureau, dans les conditions où le vote a lieu, de se faire une opinion, et une seconde fois il y a doute (*exclamations diverses*).

Nous ne pouvons pas loyalement, dans une assemblée de républicains, permettre de dire qu'un vote a été escamoté. Le bureau vous propose de voter la carte à la main.

Le citoyen Gérault-Carion. — Il y a des délégués qui ont plusieurs mandats.

Le Président. — Encore une fois j'invite les membres de l'assemblée qui ont envahi le bureau, à reprendre leur place.

Le citoyen Dumont. — Je considère qu'il est de mon devoir, dans les circonstances actuelles, de retirer ma proposition (*applaudissements*), voici pourquoi : nous n'avons évidemment pas ici à rédiger tel ou tel texte, nous avons à donner au Parlement et au pays l'impression que nous sommes, en immense majorité, d'accord sur les points essentiels. Sur le fond, nous sommes évidemment tous d'accord. Si le parti radical s'était prononcé nettement pour la tactique de Pelletan, je m'inclinerais et je ne me croirais pas le droit de présenter cet amendement. Inversement, si j'avais eu une immense majorité, j'aurais demandé aux partisans de la thèse de Pelletan, de se rallier à ce que j'aurais considéré comme l'opinion du parti radical.

Il y a doute, il y a division ; dans ces conditions, gardons chacun, étant bien entendu que nous sommes d'accord sur le fond, notre indépendance et notre libre arbitre sur la forme à employer (*vifs applaudissements*).

Le Président. — La proposition est retirée.

Le citoyen Debierre. — Je propose au Congrès de fixer l'ordre du jour de la séance de demain matin (*bruit*).

Le citoyen Debierre. — Citoyens, vous rendez les fonctions de Président absolument impossibles. Vous avez envahi le bureau lui-même ; comment voulez-vous que nous continuions la séance. Si vous opérez de cette façon vous ne terminerez jamais vos travaux qui sont très nombreux.

Nous vous disons que, dans les conditions actuelles, il y a lieu de fixer une séance à demain après midi, mais aussi à demain matin à 9 heures. Pour l'instant, je vous demande, si l'heure ne vous paraît pas trop avancée, de vouloir bien écouter le rapport de la Commission de propagande que le citoyen Bonnet a actuellement en mains, et dont il vous demande de lire seulement les conclusions.

La parole est au citoyen Bonnet.

Le citoyen Bonnet, rapporteur. — Je n'ai qu'à vous donner lecture des conclusions de mon rapport, mais, pour épargner votre temps, je ne veux pas vous les lire puisque vous les avez sous les yeux. Je ne vous donnerai donc connaissance que de deux motions supplémentaires, qui sont les suivantes :

Le Comité exécutif est invité à observer strictement l'article 5 du réglement intérieur qui est ainsi conçu : Pour toutes les questions se rattachant à l'intervention du Comité exécutif dans une lutte électorale, le bureau devra, préalablement à toute décision, en référer au Comité exécutif, sans que, sous aucun prétexte, et à aucune époque, il puisse être apporté une dérogation à cette règle essentielle. Quand il accordera une investiture, le Comité exécutif prendra toujours l'avis du Comité local et de la Fédération départementale intéressée et ne désignera jamais comme candidat du parti qu'un candidat adhérent au parti ou présenté par un comité adhérent.

La deuxième motion a été discutée et acceptée à l'unanimité par la commission :

« La commission d'organisation et de propagande du parti sera chargée de présenter au comité exécutif un projet de programme du parti. Ce projet sera ensuite envoyé dans les trois mois aux Comités adhérents qui présenteront toutes modifications et propositions qu'ils jugeront utiles. Le Comité exécutif discutera alors ce rapport qui, une fois adopté, sera mis à la disposition des comités du parti. »

Voilà simplement énoncées, les propositions qui vous seront soumises et pour lesquelles vous présenterez des observations au cours du débat. Les autres motions figurent dans le rapport qui vous a été distribué et il est inutile de vous les lire.

Le citoyen Pelletan. — Voulez-vous me permettre de vous indiquer les raisons qui me feront demander l'ordre du jour ? Je demande que ces questions soient discutées en dernier lieu. Vous m'avez chargé de rédiger, ou plutôt on m'a chargé de rédiger la déclaration du parti. Je n'ai pas besoin de ces décisions qui n'auront naturellement aucune influence sur mon manifeste, mais il est nécessaire que vous ayez discuté les réformes principales, réformes fiscales ou autres ; que vous ayez pris des décisions, pour que je puisse arrêter ma rédaction. Je demande donc la priorité uniquement pour ceux des rapports visant des questions de politique générale ayant pour le manifeste une importance décisive. (*Très bien*).

Le citoyen Debierre. — A ce point de vue, citoyens, j'ai reçu de la commission des réformes fiscales, électorales et administratives, un mot dans lequel elle me dit qu'elle est prête à déposer son rapport. La commission de l'industrie, du commerce et de l'agriculture m'a fait savoir également qu'elle est prête à déposer son rapport. C'est justement ce que demande le citoyen Pelletan.

Voix diverses. — La commission des vœux également.

Le citoyen Pelletan. — Il ne serait pas mauvais aussi que sur les questions militaires nous ayons quelques lumières.

Le citoyen Tissier, secrétaire général. — J'ai tout d'abord une communication à vous faire : la commission de vérification des pouvoirs ayant à examiner une question qui lui est soumise, son président prie les membres de la commission de se rendre dans leur salle habituelle de réunion.

Je voudrais ensuite insister auprès de l'Assemblée pour qu'elle voulût bien prolonger la séance pendant quelques instants, afin d'entendre le rapport de la commission de discipline. Le rapporteur, notre ami Lefranc, a l'intention d'être très court, mais il a besoin, en vue des discussions qui pourraient surgir, d'un certain nombre de dossiers, ce qui nécessite un transport par voiture du secrétariat au Congrès et inversement. C'est en vue d'éviter ces transports que je vous prie d'accorder au rapporteur un instant d'attention. (*Approbation*).

Le Président. — Nous prions donc le rapporteur de la commission de discipline de venir à la tribune.

Le citoyen Lefranc, rapporteur. — Citoyens, à l'heure à laquelle nous sommes arrivés, je ne vous infligerai pas le récit de ce qui s'est passé ce matin à la commission de discipline, tout au moins le récit in-extenso. Un certain

nombre de propositions lui ont été soumises ; la plupart
ne paraissent pas être d'un intérêt immédiat et nous avons
obtenu de leurs auteurs qu'ils veuillent bien les renvoyer
au prochain bureau du Comité exécutif. Elles seront discutées à leur heure.

Deux questions cependant nécessitent votre intervention et votre avis. La première a trait à l'affaire Charles
Bos.

Voix diverses. — Il est enterré.

Le Rapporteur. — Vous l'enterrerez vous-mêmes dans
un instant si vous le voulez.

A la date du 11 avril dernier, Charles Bos a été rayé
par le Comité exécutif du parti radical. Mais, aux termes
du règlement, il avait un délai de pourvoi et il s'est effectivement pourvu contre cette radiation. Depuis lors, le
citoyen Charles Bos avait demandé à être entendu par le
Comité exécutif qui a jugé que le Congrès seul devait être
appelé à se prononcer sur son cas. C'est pourquoi il est
indispensable qu'aujourd'hui vous vous en préoccupiez.
Le citoyen Charles Bos a été avisé que son affaire vien-
drait en séance du présent Congrès. Mais il ne s'est pas, à
ma connaissance ni à celle de la commission, présenté
pour se faire entendre. Il vous appartient donc aujour-
d'hui de ratifier, si vous le jugez à propos, la décision de
votre Comité exécutif.

Cris. — Aux voix.

Le Rapporteur. — Vous connaissez tous les faits. Il est
inutile, n'est-ce pas, de vous donner lecture de
l'exposé des motifs de cette décision ?

Voix nombreuses. — Non ! non !

Le Président. — Je mets aux voix les conclusions qui
viennent de vous être indiquées, tendant à ratifier la décision du Comité exécutif relative à l'exclusion du citoyen
Charles Bos.

Ces conclusions sont adoptées à l'unanimité.

Le Rapporteur. — La commission de discipline a été
saisie ce matin d'une proposition du citoyen Burot, actuellement secrétaire du Bureau du Comité éxécutif. En
voici le texte :

« Les membres du Comité exécutif seront nommés, avant le Congrès, dans les chef-lieux de départements, par les groupements adhérents au parti.

Le citoyen Debierre. — Nous allons renvoyer cette proposition au Congrès de l'année prochaine, si vous le voulez bien.

Le Rapporteur. — Vous répondrez ainsi au sentiment de la commission de discipline. (*Approbation*).

Le citoyen Burot. — Je ne veux pas insister par rapport à l'heure tardive pour démontrer la nécessité du vœu, mais je crois qu'il serait bon peut-être de l'examiner immédiatement en Congrès et non pas seulement en Comité exécutif. La commission qui est chargée de l'examiner ne l'ayant pas adopté, je ne puis pas insister pour qu'on lui renvoie à nouveau cette proposition. Dans ces conditions, j'accepte le renvoi au Congrès de l'année prochaine, après examen par le Comité exécutif.

Le Rapporteur. — La dernière motion est plus importante. Elle émane également du citoyen Burot. En voici la teneur :

« Le bureau du Comité exécutif sera élu pour une année entière. (Cris : Non, non). Le président ne sera pas rééligible pendant deux ans ; les vice-présidents ne seront pas rééligibles immédiatement. » Je dois vous rappeler à cet égard que, l'année dernière, un de nos collègues, le citoyen Bouillard, a fait une proposition analogue.

Il demandait, lui, que le bureau soit en fonction pour 6 mois. Il n'y avait pas alors de proposition ferme, ou plutôt aucune commission n'ayant été saisie de la question, celle-ci dut être ajournée. Cette fois, au contraire, la commission du règlement et de la discipline a été régulièrement saisie de la nouvelle proposition dont je viens de vous parler, et le Congrès est appelé à en délibérer.

Je vous rappelle simplement que le texte de l'article 7 de votre règlement dit : « Ce bureau, renouvelable chaque trimestre, se compose, etc... » et termine en disant : « Les secrétaires sont rééligibles et soumis par moitié au renouvellement trimestriel. »

J'ajoute qu'une autre proposition avait été faite ce matin

à la Commission ; elle avait pour but de demander que le
bureau soit renouvelable chaque semestre. Cette proposition,
dont j'ai été le malheureux auteur, je ne puis la reprendre
devant vous. Je ne puis que vous exprimer le sentiment
que j'aurais désiré la voir adopter. Mais la Commission
m'a chargé de vous dire qu'elle maintenait intégralement
le texte de l'article 7, c'est-à-dire le renouvellement par
trimestre. Il vous appartient de statuer. (*Très bien*).

Le citoyen Bourceret. — Oui, le *statu quo*.

Le citoyen Gély. — Citoyens, il suffit seulement de
demander à notre secrétaire permanent, si la vie est
possible avec le système actuel et si les vice-présidents et
les secrétaires qui ne sont nommés que pour trois mois
peuvent travailler. Je m'en rapporte à l'avis de notre ami
Tissier : la vie est impossible avec trois mois de gestion.

Le citoyen Bouffandeau. — Citoyens, je crois pouvoir
vous apporter ici tout au moins le témoignage de l'expérience d'un secrétariat général de quelques années. Eh bien,
je crois que vous répondrez, en acceptant cette limite de
6 mois, au sentiment de ceux qui avaient pensé que les
membres du Bureau ne devaient pas s'éterniser dans leurs
fonctions ; qu'il fallait que, de temps en temps, des hommes
nouveaux prennent la direction du parti. Nous sommes
tous d'accord pour vouloir qu'il y ait vraiment continuité
dans la direction du parti ; mais il n'y a pas continuité de
direction avec un bureau renouvelé tous les trois mois parce
qu'il n'y a pas dans ces conditions continuité dans l'effort
et dans le travail. Tous les trois mois, alors que vous êtes
dans vos comités à travailler, le souci de quelques-uns,
au lieu d'avoir l'esprit tourné vers la propagande et les
intérêts supérieurs du parti, est d'assurer leur élection ou
celle des amis à un siège dans le Bureau. Vous ne voulez
pas cela. Organisons notre action, notre propagande, et
laissons le bureau pour 6 mois au 'moins si vous ne le
voulez pas nommer pour un an. (*Très bien, très bien*).

Le citoyen Tissier. — Citoyens, puisqu'on a fait appel
au secrétaire permanent, qui a vu de près les défauts dont
souffre l'organisation actuelle du parti, je vous demande,
étant donné que nous sommes peu nombreux, de réserver

cette question qui est très grave. Pour moi comme pour beaucoup de nos amis, c'est de la décision que vous prendrez à ce sujet que dépendra peut-être l'avenir du parti.

Je sais qu'un nombre assez considérable de nos collègues, aussi bien des délégués de province que des délégués de Paris, qui sont respectés de vous tous en raison de leur passé politique, désirent prendre la parole sur cette question: je vous demande de la réserver.

Cris : Aux voix.

Le Président. — La parole est au citoyen Burot.

Le citoyen Burot. — Citoyens, je serais disposé à accepter la proposition transactionnelle qui a été indiquée par notre ami Bouffandeau et qui revient à une proposition déjà faite, d'accepter que les fonctions des membres du bureau durent six mois.

Cris : Un an.

Le citoyen Burot. — J'ai fait une proposition portant la durée de ces fonctions à un an, mais j'accepterais qu'on la réduise à 6 mois.

Cris. — Maintenez un an.

Le citoyen Burot. — Si vous êtes de cet avis, je reprends ma proposition primitive. et je prie notre président de vouloir bien la mettre aux voix.

Le citoyen Herriot. — Voulez-vous souffrir d'entendre un instant l'opinion d'un modeste provincial ? J'ai eu l'honneur de faire partie du Comité exécutif cette année. Je ne suis donc pas candidat pour l'année qui va s'ouvrir. Par conséquent, c'est une opinion impartiale que je vais émettre.

Je comprends parfaitement quel est le sens que le Congrès a donné à son vote lorsqu'il a demandé que le bureau soit nommé tous les trois mois. C'est une pensée absolument démocratique qui l'a guidé. Il y a intérêt pour un parti comme le nôtre à ce que le bureau soit renouvelé pour que nous n'ayons pas l'air de subir une dictature, pour que nous n'ayons pas l'air d'être conduits toujours par les mêmes hommes. Cela, c'est entendu, et je n'ai pas besoin de dire que je partage aussi cette pensée et ce sen-

timent. Mais il ne faudrait pas — et précisément hier on
a discuté à la Commission de propagande un certain nombre de cas qui semblent prouver la nécessité d'une organisation plus durable que la nôtre — il ne faudrait pas
que cette pensée parfaitement démocratique et républicaine qui a certainement inspiré le vote d'un très grand
nombre de nos collègues, eût la conséquence la plus
fâcheuse pour l'organisation de notre parti. (*Protestations*).

Il est certain que nous avons besoin, — surtout en province où nous manquons d'hommes et où nous devons lutter
avec des organisations dont l'activité est incessante, contre des partis qui luttent contre nous botte à botte, vous
le savez, et corps à corps, — nous avons besoin d'opposer
une action égale à la leur et nous devons avoir un organisme plus fort que présentement. Selon moi, le Comité
exécutif a un rôle tout spécial et nettement défini. Il représente, dans l'intervalle des Congrès, la pensée des électeurs, la pensée des militants. Il ne faut pas qu'on con-
fonde le devoir qui est dévolu aux parlementaires que
nous sommes très heureux de recevoir dans le Comité
exécutif et d'y voir figurer en très grand nombre, avec le
devoir dévolu aux membres de ce Comité. Le Comité exécutif est une organisation qui doit avoir son siège à Paris
et représenter la pensée permanente du corps électoral.
J'estime, moi, comme militant, et je crois qu'un certain
nombre de militants de la région que je représente le pensent aussi, qu'il faut absolument que cet organisme soit
fortifié, et la première condition pour le fortifier, c'est de
lui donner plus de durée Nous tous, qui savons combien
de peine on a à faire marcher une grande affaire administrative, combien il y faut de persévérance et d'obstination
(*Très-bien*), nous tous qui savons combien, dans le mor-
cellement de la vie démocratique actuelle il faut de persévérance pour obtenir certains résultats essentiels, nous
avons le devoir de dire que notre organisation n'obtiendra de résultats, n'agira d'une façon permanente sur le
gouvernement au besoin — (j'ai bien le droit de le dire
puisque je ne suis pas parlementaire), — que si elle est
une force qui puisse avoir de l'autorité et de la responsabilité. Vous ne vous trouverez jamais en présence d'une

responsabilité efficace si vous ne donnez pas à votre organisation centrale l'autorité dont elle a besoin.

Citoyens, je me résume : Je dis donc qu'il faut songer à l'intérêt de notre parti, à la nécessité de notre organisation. Nous courons un danger, nous n'en courons qu'un : nous avons une majorité, une majorité trop forte, et nous risquons alors, — confiants dans cette majorité — de n'avoir pas l'organisation des partis qui sont en minorité, et cela c'est un grand danger. Pour ma part, je le signalerai autant qu'il me sera possible. Le parti républicain, aux élections dernières, a signifié sa volonté de confier les destinées du pays Républicain au parti radical-socialiste. Il faut que ce parti ait une représentation responsable. Je n'entends pas, pour mon compte, en conférant au Comité exécutif et au bureau, les pouvoirs nécessaires, lui conférer un honneur, j'entends lui imposer surtout une responsabilité. (*Très bien.* — *Applaudissements*).

Citoyens, je vous prie de renoncer à l'argument qui a déterminé nos votes en d'autres circonstances. Je vous demande d'émettre ce soir un vœu très précis et très ferme, et même une résolution, puisque vous avez qualité pour cela.

Puisque tous ou presque tous nous avons constaté les inconvénients qu'il y a à n'avoir d'organisation responsable et active que pour trois mois, nous devons l'instituer pour un an, à l'intervalle d'un Congrès à un autre, la responsabilité de la représentation du parti. Et ce comité et ce bureau qui auront reçu leurs pouvoirs d'un Congrès, viendront nous rendre des comptes au Congrès suivant, et alors nous nous trouverons en présence d'une responsabilité effective et efficace. (*Applaudissements*).

Le Président. — Citoyens, je vais mettre aux voix la proposition.

Un Citoyen. — J'ai déposé ce matin une motion à la Commission ; je tiens à la reprendre du moment où l'on revient sur les décisions de la Commission.

Un citoyen, de sa place. — Le défaut est le même, que vous nommiez le bureau pour trois mois, pour six mois ou pour un an. Par conséquent, nommez-le pour un an, c'est mon avis, et le Président seul et la moitié du bureau seront renouvelés tous les six mois. De cette façon, nous aurons fait un roulement de la moitié du bureau.

Nombreux cris : Non non.

Le citoyen Magniaudé. — Pour les raisons qui ont été exprimées avec tant de force et de précision par le distingué maire de Lyon, je demanderai non seulement que le bureau soit élu pour un an et le renouvellement par moitié, mais aussi que tous les membres du bureau du Comité exécutif qui auront été absents à trois séances successives sans raison majeure, soient déclarés démissionnaires. (*Applaudissements*).

Le Président. — Citoyens, je vais mettre aux voix la proposition formulée par le citoyen Herriot, maire de Lyon, à savoir que désormais le bureau du Comité exécutif sera nommé pour un an, d'un Congrès à un autre.

Le citoyen Magniaudé. — Je demande la parole pour une question d'ordre.

Le Président. — Je mets d'abord aux voix la proposition du citoyen Herriot.

Cette proposition est adoptée.

Le citoyen Debierre. — Je mets maintenant aux voix l'amendement du citoyen Magiaudé s'il veut le rédiger.

Un citoyen. — Et la motion Magniaudé ?

Le Président. — Le citoyen Magniaudé vous a fait la proposition que tous les membres du Comité exécutif qui manqueraient à trois séances successives du Comité sans excuse valable, seraient considérés comme démissionnaires.

Cris : Non, non : les membres du bureau seulement.

Le Président. — Pardon, entendons-nous bien. Faites-vous une proposition pour le Comité exécutif tout entier, ou pour les membres du bureau seulement ?

Le citoyen Magniaudé. — Pour les membres du bureau seulement.

Le Président. — Le citoyen Magniaudé vous propose que tous les membres du bureau du Comité exécutif qu manqueraient à 3 séances successives du bureau sans excuse valable soient déclarés de ce fait démissionnaires,

Je mets cette proposition aux voix.

La proposition est adoptée.

La séance est levée à 6 heures.

TROISIEME SEANCE

Samedi 20 octobre. — Matin

La séance est ouverte à 9 1|2 par le Dr Debierre, président de la fédération radicale et radicale-socialiste du Nord. Sur sa proposition, le citoyen Bourrat, député des Pyrénées-Orientales, est nommé président.

Bureau

Président : M. Bourrat, député des Pyrénées-Orientales.
Vice-présidents : MM. Bepmale, député de la Hte-Garonne ;
Bouffandeau, député de l'Oise :
Dr Bouillet (Seine-et-Oise) ;
Léo Bouyssou, député des Landes ;
Brunard, député du Rhône ;
Bugnicourt (Aisne) ;
Fabius de Champville (Orne) ;
Féron, député de la Seine ;
Lemaître (Pas-de-Calais) ;
Lemery (Seine) ;
Magniaudé, député de l'Aisne ;
Louis Martin, député du Var ;
Nicolle (Seine-Inférieure) ;
Silvy (Yonne) ;
Secrétaires : MM. Georges Coulon (Nièvre) ;
Laurent Chat, conseiller municipal de Lyon ;
Elie-Mantout (Alger) ;
Herriot, maire de Lyon ;
Georges Rocca (Bouches-du-Rhône) ;
Thierry (Haut-Rhin) ;

Allocution du citoyen Bourrat, président

Citoyens,

Je vous remercie, au nom de mes Collègues du bureau, de l'honneur que vous nous avez fait en nous appelant à présider les débats de cette séance

En ce qui me concerne, je suis particulièrement sensible à votre témoignage de sympathie.

Il convient de constater que si, dans ces dernières années, des réformes ont été accomplies dans le Domaine politique, économique et social, elles sont dues, pour la presque totalité, aux études que vous avez entreprises sous la direction de chefs aimés et respectés dans notre parti.

Les dernières élections ont été un triomphe pour les radicaux et radicaux-socialistes.

Pourtant les électeurs ne pouvaient s'y méprendre: Notre politique était définie par l'homme éminent qui présidait notre Comité au moment de la consultation électorale ; j'ai nommé le citoyen Emile Combes.

Il convient, maintenant, de réaliser les réformes que la démocratie attend de ses élus.

Les retraites ouvrières, l'impôt sur le revenu, le rachat d'une partie de nos réseaux ferrés paraissent être, dans le domaine économique, les points principaux sur lesquels doivent porter nos efforts.

En me désignant pour présider votre réunion, vous avez voulu montrer votre volonté de voir aboutir la solution des questions économiques et sociales concurremment avec la solution des questions politiques.

Cet honneur me paraît d'autant plus grand que notre Congrès emprunte, au lendemain des élections, une importance considérable.

Soyez assuré qu'en ce qui me concerne, je ne trahirai

pas votre confiance et que je poursuivrai avec la plus grande énergie la reprise par l'Etat d'une partie de nos voies ferrées.

Et maintenant trêve aux discours et à l'œuvre pour l'étude de ces questions qui intéressent à un si haut degré l'avenir de la France Républicaine. (*Applaudissements.*)

Le Président, après avoir présenté les excuses du Cercle Radical d'Amiens et des citoyens Knight et Blumenthal désignés pour représenter les Comités de la Martinique au sein du Comité exécutif, rappelle qu'en tête de l'ordre du jour figure le rapport de la Commission de vérification des finances.

Un membre de la Commission. — Je prie le Congrès de mettre cette question à la suite de l'ordre du jour, le rapporteur n'ayant pas complètement terminé son rapport.

Le Président. — Citoyens, je vous demanderai de hâter le dépôt des rapports et d'apporter les explications les plus brèves tout en étant complètes. C'est à peine s'il reste trois séances pour terminer nos travaux. Il convient donc de travailler vite. L'ordre du jour appelle le tirage au sort d'une Commission de onze membres pour recevoir jusqu'à dix heures et demie les listes des propositions des membres du Comité exécutif pour l'exercice 1906-07.

Le citoyen Nivet. — Et les contestations. !.

Il est procédé au tirage au sort. La Commission est ainsi composée :

MM. *Patenne (Seine) (président)*,
Gély (Seine) (rapporteur) ;
Chazot (Hérault) ;
Delmas (Lozère) ;
Alcindor (Seine) ;
Burot Charente) ;
Michaut (Côte-d'Or) ;
Scellier (Seine-et-Oise) ;
Georges Coulon (Nièvre) ;
Gacon (Seine) ;
Bellanger (Seine) ;

Le Président. — J'invite les membres de la Commission à se réunir dès maintenant.

La parole est au citoyen Falot, rapporteur de la Commission du Commerce et de l'Industrie.

RAPPORT de la Commission de l'Agriculture, de l'Industrie, du Commerce et des Études économiques.

Le citoyen Falot, rapporteur général. — Citoyens, votre commission m'a chargé de vous présenter un certain nombre de vœux. Parmi ces vœux figurent tout d'abord la plupart de ceux déposés au nom du Comité exécutif et que vous trouverez dans le rapport imprimé qui nous a été distribué. Je ne crois pas utile de vous lire les considérants de ce rapport, et je me contenterai de vous donner connaissance des conclusions adoptées, en vous priant de ratifier les décisions de votre Commission.

Agriculture

Le Congrès du parti Républicain Radical et Radical-Socialiste, réuni à Lille, invite les pouvoirs publics :

« A faciliter l'accession des non-possédant à la pro-
« priété par le dégrèvement des petites mutations à titre
« onéreux, à en favoriser la conservation par l'institution
« du homestead ;

« A dégrever largement la terre ;

« A réprimer les fraudes et les abus de l'agiotage et de
« l'accaparement ;

« A développer l'enseignement technique et agricole ;

« A assurer la réfection du cadastre ;

« A stimuler la création des coopératives ;

« A généraliser l'assurance — base du crédit agricole —
« contre les épizooties et la grêle ;

« A accorder au fermier sortant une indemnité de plus-
« value ;

« A assurer une représentation professionnelle à la cul-
« ture ;

« A appliquer aux travailleurs ruraux les principes de
« prévoyance et de solidarité sociale — accidents du tra-
« vail, retraite — qui doivent bénéficier à tout le monde ·
« ouvrier ;

« A améliorer la Loi des Warrants en vue de favoriser
« le petit cultivateur ;

« A créer des ouvrages hydrauliques destinés à fertili-
« ser le sol et à développer l'outillage agricole. (*Adopté*).

Crédit à l'Agriculture, au Commerce et à l'Industrie

« Le Congrès émet le vœu que les pouvoirs publics se
« préoccupent de la situation faite à l'agriculture, au
« commerce, à l'industrie, par les maisons de crédit et
« par les maisons de banque, qui accaparent l'épargne
« publique au profit de valeurs étrangères, et que des
« mesures soient prises pour favoriser réellement le déve-
« loppement de la richesse nationale par l'ouverture du
« crédit à l'agriculture, au commerce et à l'industrie.
« (*Adopté*).

Dépeuplement des Campagnes

« Le Congrès émet le vœu que les Pouvoirs publics
« utilisent les moyens économiques de transport dont on
« dispose actuellement, grâce aux progrès scientifiques,
« pour développer l'extension en superficie des villes,
« favoriser les habitations à bon marché, au grand air, et
« loin des grosses agglomérations ».

Ajoutons que ce vœu présenté par notre ami *Fabius de
Champville* a été adopté par le dernier Congrès.

Mais il est urgent de lui donner une suite pratique.
(*Adopté*).

Emploi industriel de l'alcool

« Le Congrès de Lille émet le vœu que les Pouvoirs
« publics, dans le but de favoriser l'agriculture en France
« par l'extension de l'emploi de l'alcool aux usages indus-
« triels, exercent leur action de manière à ce que :

« Les frais de dénaturation de l'alcool, les droits d'ana-
« lyse, de statistique et de fabrication soient réduits le
« plus possible.

« L'on contrôle l'alcool et l'on empêche le mouillage ?

« Le prix de la vente au détail de l'alcool dénaturé ne
« soit pas autant que possible supérieur à o fr. 25 le
« litre ;

« Les professeurs d'agriculture, les instituteurs fassent
« de la propagande en faveur de l'emploi de l'alcool déna-
« turé au moyen de conférences pratiques et d'appareils
« de démonstration ;

« Les gouverneurs des colonies fassent en sorte de favo-
« riser l'emploi de l'alcool dans nos possessions coloniales
« et pour le produire au besoin ;

« L'emploi de l'alcool soit développé dans l'industrie
« familiale au moyen de petits moteurs ;

« Les études de la carburation de l'alcool soient pour-
« suivies ;

« L'on modifie les procédés de dénaturation actuelle-
« ment appliqués ;

« L'on revise les tarifs de chemin de fer de manière à
« mettre les flegmes et les alcools dénaturés à un taux
« égal au plus à celui du pétrole ;

« Tous les alcools considérés comme matière des di-
« verses industries soient exonérés de droits, que la déna-
« turation soit appropriée à l'emploi auquel ils sont des-
« tinés et que pour les alcools qui doivent ne subir aucune
« dénaturation il soit établi des usines exercées. Les indus-
« triels français employant l'alcool non dénaturé comme
« matière première, aient le droit d'établir des usines pla-
« cées sous la surveillance de la Régie et dans lesquelles
« cet alcool entrera en franchise de tout droit intérieur ;

« L'emploi de l'alcool carburé soit encouragé dans les
« automobiles circulant dans les villes ;

« Les plus grandes facilités soient accordées à l'agricul-
« ture pour la consommation des mélasses destinées à
« l'alimentation des animaux de la ferme ;

« L'Etat prenne des mesures efficaces pour sauvegarder
« les droits du producteur viticole en ce qui concerne ses
« eaux-de-vie naturelles, et la sincérité du produit ».
(*Adopté*).

Recherche des gisements houillers, métallifères, de phosphates et des forces hydrauliques en France et dans nos possessions.

« Le Congrès de Lille invite les Pouvoirs publics à
« mettre le corps des mines en œuvre, à l'effet d'étudier,
« rechercher, reconnaître et signaler à l'industrie privée
« les gisements de houille, métallifères, de phosphates,
« les forces hydrauliques, et de prendre toutes mesures
« propres à encourager l'initiative privée pour l'exploita-
« tion de ces sources naturelles de richesses ». (*Adopté*).

Recrutement des fonctionnaires

« Le Congrès demande au Gouvernement de modifier
« le recrutement des fonctionnaires supérieurs de toutes
« les administrations et de permettre l'accession aux
« grades supérieurs des plus petits fonctionnaires, au
« moyen de concours publics ». (*Adopté*).

Constitution du corps des ponts-et-chaussées et des mines

« Le Congrès émet le vœu :
« 1º Que les fonctions techniques au service de l'État
« soient mises chaque année au concours entre tous les
« candidats sans distinction d'origine, sous la seule condi-
« tion de justifier de connaissances techniques suffisantes.
« 2º Que l'établissement des projets des grands travaux
« publics et leur exécution fassent toujours l'objet de
« concours ouverts à l'initiative privée.
« 3º Que les jurys appelés à juger ces concours soient
« composés de telle façon que toutes les compétences y
« soient représentées.
« 4º Que des facilités d'accès soient données aux con-
« ducteurs pour tous les grades sans exception ;
« 5º Que les Pouvoirs publics réforment l'enseignement
« technique de manière à :
« a) Recruter les professeurs parmi les techniciens qui
« ont pratiqué l'industrie et acquis une compétence no-
« toire, en excluant les théoriciens purs et aussi les enne-
« mis de la République.

« b) Développer la connaissance des langues étrangères
« pour les parler couramment.

« c) Développer la connaissance du droit, de la compta-
« bilité, de l'économie politique, industrielle et commer-
« ciale. » (Adopté).

Rachat des chemins de fer

« Le Gouvernement et les républicains sont invités à
« demander aux Chambres, pour le moment, le rachat des
« réseaux de l'Ouest et du Midi, afin que par une expé-
« rience d'un plus grand réseau, on puisse établir des
« comparaisons encore plus probantes avec l'exploitation
« par les Compagnies.

Le citoyen Tissier. — Je demande la parole.

Le Président. — Vous avez la parole.

Le citoyen Tissier. — Citoyens, si on veut faire réellement le rachat des Compagnies, si on veut que ce rachat
ne soit pas une duperie, il ne faut pas que la Compagnie
de l'Etat continue à être écrasée par les charges mons-
trueuses qui pèsent sur elle. On compare toujours sa
gestion à celle des grandes Compagnies sans tenir
aucun compte des conditions défavorables du réseau à
exploiter et vous savez quelles sont actuellement ces
conditions. La ligne de l'Etat est dans l'impossibilité de
transporter de Bordeaux à Paris un voyageur ou une
marchandise sans reverser près de 75 o/o de la recette à
la Compagnie d'Orléans et encore on n'accepte même
pas de marchandises directement. Je connais des personnes
très riches qui ont essayé, à prix d'argent, de faire ce
tour de force, d'envoyer des marchandises directement
de Bordeaux à Paris par la ligne de l'Etat et qui n'ont
même pas pu y parvenir. Telle est la situation que le rachat de l'Ouest et du Midi seuls perpétuerait et aggrave-
rait.

Vous ne pouvez pas avoir un réseau d'Etat sérieusement organisé et donnant des comparaisons probantes si
vous ne lui donnez que les Compagnies pourries, si vous
lui imposez toutes les charges sans aucun avantage com-
pensateur, et surtout si vous ne lui permettez pas d'avoir

une ligne homogène allant de Bordeaux, centre commercial et industriel, à Paris.

Si vous voulez faire l'essai vraiment loyal d'un réseau d'Etat en face des réseaux d'intérêt privé, il est nécessaire que le réseau d'Etat soit complet, que voyageurs et marchandises puissent parcourir ses lignes d'une extrémité à l'autre, sans qu'il soit tenu de payer une rançon qui s'élève parfois jusqu'à 75 o/o des recettes. Si vous vous bornez à ajouter au réseau d'Etat existant qui fonctionne déjà dans des conditions défavorables, la Compagnie de l'Ouest en déconfiture, vous ne faites que lui ajouter une charge nouvelle, tandis que vous maintenez à la Compagnie d'Orléans tous les bénéfices que l'exploitation de l'Etat devrait honnêtement procurer à l'Etat. Vous étranglez le réseau d'Etat lui-même (*Applaudissements*).

Le citoyen Bourrat cède momentanément la présidence au citoyen Brunard.

Le citoyen Bourrat. — Citoyens, vous m'excuserez de quitter un moment la présidence pour venir ici fournir quelques explications sur cette question. Je suis de ceux qui estiment que nous commettrions une grosse faute, que nous alourdirions les finances du pays inutilement si actuellement nous demandions le rachat du réseau d'Orléans et en voici le motif. La Compagnie d'Orléans, par des traités avec la Compagnie de l'Ouest, augmente artificiellement le produit de ses lignes de Bretagne.

Si nous rachetions l'Orléans aujourd'hui, en vertu de conventions que nous ne pouvons pas déchirer, nous devrions payer 20 millions de plus par an pendant 50 ans, c'est-à-dire un milliard, tandis que si nous commençons par reprendre le réseau de l'Ouest, le trajet le plus court pour aller de Paris à Nantes sera le trajet par Le Mans, c'est-à-dire par le nouveau réseau de l'Etat ; et alors cette somme de 1 milliard sera économisée, si vous voulez attendre six ans pour que pendant ce laps de temps, les recettes des lignes de Bretagne soient ramenées à une proportion normale. On vient vous dire : Vous allez prendre des réseaux mauvais. Je ne demanderais pas mieux, — mes sentiments sont connus — que de prendre le meilleur réseau, mais obtiendrez-vous de la Chambre le vote, par exemple, des 4 ou 500 millions nécessaires pour le rachat de l'Orléans ; la Chambre ne les voterait pas et dans ces conditions nous nous trouvons vis-à-vis du réseau de l'Ouest et du Midi dans la situation d'un bâilleur de fonds — car vous autres, contribuables, vous êtes les bâilleurs de fonds de ces compagnies — qui continue à avancer des sommes à des insolvables ; comme je l'ai dit à la tribune de la Chambre, si un particulier se conduisait de cette façon, on lui donnerait un conseil judiciaire ; quand un bâilleur de fonds a donné une somme trop grande à un débiteur, il reprend son bien. Cela doit être le rôle de l'État. On nous a dit : L'objection a été formulée par M. Rouvier à la tribune.

Mais si vous rachetez l'Ouest, vous devrez dépenser immédiatement 83 millions. Je réponds : actuellement ce n'est pas 83 millions qu'il faudra dépenser pour le réseau de l'Ouest, c'est 200 millions ; à mon avis il faut une centaine de millions pour remettre le réseau de l'Ouest en état de sécurité (*très bien*) et il faut une centaine de millions pour faire du matériel roulant et du matériel moteur.

Citoyens, ce que nous demanderons aussi, c'est qu'on donne à l'État les mêmes facilités au point de vue de sa gestion que l'on donne aux compagnies privées. Aujourd'hui, quand le réseau d'État veut dépenser de l'argent, veut augmenter son matériel roulant, il est obligé de demander de l'argent aux Chambres et les Chambres le votent sur le budget, c'est-à-dire selon les ressources du budget. Les Compagnies, elles, ne sont pas sujettes à cet inconvénient, elles émettent à jet continu des obligations qu'elles amortissent avec le produit de leur exploitation. Nous demandons qu'on donne à l'État les mêmes facilités, que l'État puisse également émettre des obligations à guichets ouverts ; elles seraient amorties avec la plus value des recettes nouvelles.

Voilà, citoyens, pourquoi actuellement je suis le partisan le plus convaincu du rachat des réseaux de l'Ouest et du Midi. Certes, je tiens à vous faire cette déclaration : je suis pour l'exploitation intégrale par l'État de tous les réseaux, mais comme je ne puis pas avoir le tout, je prends le morceau que je puis avoir et je vous demande instamment de voter la motion que vous avez déjà adoptée dans cinq Congrès à l'unanimité.

Le citoyen Tissier. — La question me semble très grave ; jusqu'ici tout le parti radical et radical-socialiste avait à son programme le rachat intégral de tous les réseaux ; on vous demande aujourd'hui d'émettre un vœu qui limite les desiderata du parti radical et radical-socialiste. Je trouve que c'est dangereux ; quand vous viendrez demander le rachat, on vous objectera que le parti lui-même dans ses Congrès l'a limité aux compagnies de l'Ouest et du Midi. (*Approbations*).

Une voix. — Il faut procéder par ordre.

Le citoyen Tissier. — Je procède par ordre. Vous voulez racheter immédiatement le Midi et l'Ouest, et pendant ce temps les marchandises expédiées à Paris de tout le Sud-Ouest de la France, celles qui vont venir de Bordeaux, et inversement, tout ce grand mouvement commercial que l'Etat aura le devoir de développer, comme il l'a fait déjà pour les pays traversés par son réseau actuel, qui en bénéficiera ? L'Etat qui aura fait les efforts nécessaires ? Non. l'Orléans. Vous aurez une Compagnie du Midi qui appartiendra à l'Etat ; vous ferez des sacrifices pour y développer le trafic, et quand vous aurez amené votre trafic à Bordeaux, vous serez obligés, pour le transiter de Bordeaux à Paris, en vertu des traités monstrueux qui existent, de donner tout le bénéfice de l'exploitation à la Compagnie d'Orléans.

On vient vous objecter aujourd'hui que la Compagnie d'Orléans s'est arrangée par des traités avec l'Ouest pour augmenter artificiellement le produit de ses lignes de Bretagne, afin de se faire payer plus cher en cas de rachat. Croyez vous que lorsque vous lui aurez donné des avantages nouveaux, la Compagnie d'Orléans ne présentera pas une note à payer encore plus forte au fur et à mesure de l'augmentation du mouvement commercial de notre nouveau réseau d'Etat qui l'alimentera. Croyez-vous que les traités pour les lignes de Bretagne cesseront d'exister et qu'elle ne trouvera pas le moyen de créer de nouveaux procédés' pour augmenter toujours la carte à payer. Vous n'oseriez venir le dire.

En sorte que, non seulement comme aujourd'hui, l'Etat sera obligé de payer jusqu'à 75 o/o de ses recettes à l'Orléans, pour transporter, avec ses propres wagons, avec ses locomotives, avec ses mécaniciens, les voyageurs et les marchandises qui vont de Bordeaux à Paris, mais qu'il lui faudra encore repasser à la Compagnie d'Orléans toute la partie du trafic de ses lignes du midi avec Paris. (*Applaudissements*).

Le citoyen Bourrat. — Je réponds d'un mot à l'objection du citoyen Tissier. Le principe même du rachat est dans la déclaration.

« Le Gouvernement et les Républicains sont invités à demander aux Chambres « pour le moment » le rachat des réseaux de l'Ouest et du Midi afin que, par une expérience d'un plus grand réseau, on puisse établir des comparaisons encore plus frappantes avec l'exploitation par les Compagnies ».

Vous voyez, citoyens, que le principe même du rachat est dans la déclaration.

C'e t pour ce motif que je demande au citoyen Brunard de mettre aux voix les conclusions du rappor.

Les conclusions du rapport sont mises aux voix et adoptées.

Canaux. voies navigables, outillage des Ports

M. Falot Rapporteur général.

« Le Congrès de Lille invite les Pouvoirs publics à pour-
« suivre l'étude et la réalisation des travaux suivants :
« Canaux reliant l'Escaut à Dunkerque,
« Amélioration de la navigation de la Seine,
« Amélioration de la navigation du Rhône,
« Amélioration des canaux du Midi,
« Amélioration de la Garonne entre Castets et Bor-
« deaux,
« Canal de la Chiers,
« Canal de l'Escaut à la Meuse,
« Canal du Nord,

« Amélioration de la Loire entre Nantes et Angers,

« Canal d'Orléans entre Combleux et Orléans,

« Canal de la Loire au Rhône,

« Canal de Marseille au Rhône,

« Canal du Rhône à Cette,

« Canal de la Loire à la Garonne.

« Etude de la canalisation du Rhône entre Arles et
« Lyon,

« Amélioration des ports de Dunkerque, Dieppe, le
« Hâvre, Rouen, Saint-Nazaire, Nantes, Bordeaux,
« Bayonne, Cette, Marseille, Canal du Berry (Améliora-
« tion).

« Canal de l'Ourcq (Prolongement),

« Canal de Moulins à Sancoins,

« Travaux divers : Ponts de Paris, écluses du canal du
« Midi, déviation des ruisseaux de Gargailhan et du
« Libron, raccordement aux gares des Chemins de fer du
« canal latéral à la Garonne et du canal du Midi, Dock
« d'armement à Saint-Nazaire, dragage du port extérieur
« de Boulogne, nouvelle forme de radoub et d'un deuxième
« bassin à flot à Bordeaux, approfondissement de la
« Gironde.

« Canal des deux mers et navigabilité de la Garonne,
« Canal maritime de Rouen à Paris ». (*Adopté*).

Raccordement des chemins de fer et des voies navigables.

« Le Congrès émet le vœu que le gouvernement dépose,
« et appuie énergiquement un projet de loi ayant pour
« objet de permettre les transports mixtes par voie de fer
« et par voie d'eau, en assurant dans de bonnes condi-
« tions le raccordement des chemins de fer et des grandes
« artères navigables.

Pêches maritimes

« Le Congrès de Lille invite les Pouvoirs publics à
« prendre les mesures nécessaires en vue d'enseigner la
« pêche maritime pour son rapide développement et à
« créer un office de la pêche maritime ». (*Adopté*).

Hygiène des mines

« Le Congrès de Lille renouvelle le vœu déjà adopté
« par le congrès de Toulouse, invitant le gouvernement à
« hâter au sénat le vote de la loi sur l'hygiène des mines,
« voté par la Chambre le 12 juillet 1904 (*Adopté*).

Privilège du propriétaire

« Le Congrès de Lille invite les Pouvoirs publics à
« mettre à l'étude la suppression du privilège du proprié-
« taire en matière de faillite, pour que dans le cas où aura
« lieu une répartition judiciaire d'actif, le propriétaire
« prenne rang, pour le montant de ses créances, avec les
« autres créanciers chirographaires. (*Adopté*).

Justice et enregistrement

« Le Congrès de Lille émet le vœu que les Pouvoirs pu-
« blics, dans un intérêt hautement démocratique, prépa-
« rent des mesures de manière à frapper les droits d'enre-
« gistrement sur décision de justice, seulement quand le
« demandeur bénéficiaire a pu obtenir l'exécution du
« jugement qui a définitivement force de chose jugée et
« de s'assurer la provision contre le défendeur qui suc-
« combe en première instance ». (*Adopté*).

Timbre proportionnel sur les Récépissés, Connaissements. Lettres de voitures concernant les transports

« Le rapporteur propose une tarification proportionnelle
« aux frais de transport. Cette tarification comprendrait
« plusieurs catégories ; chacune d'elles correspondrait à
« un droit fixe d'autant plus élevé que serait important le
« montant du transport à percevoir. Ce droit gradué,
» applicable à tous les transports, serait progressif d'une
« catégorie à l'autre, invariable pour chacune d'elles, de
« manière à dégrever les petits transports sans surchar-
« ger les autres ».

Le citoyen Gérault-Carion. — Je demande la parole.
On ne peut pas faire de la masse des marchandises, de
leur poids, un signe effectif de leur valeur. Il y a de petits

transports qui doivent être frappés beaucoup plus que certains gros transports parce qu'ils sont, par leur nature même, soit dangereux, soit d'une valeur plus grande.

Le citoyen Falot. — Ce n'est pas de cela du tout qu'il s'agit. C'est sur le montant de la valeur même de la marchandise que la taxe sera calculée.

Le citoyen Gérault-Carion. — Dans ce cas, mon observation tombe d'elle-même.

Services téléphoniques

Le Congrès du Parti républicain, radical et radical-socialiste :

« Emet le vœu :

« Que le Gouvernement, le Parlement, se préoccupent
« davantage de la bonne organisation et de la bonne mar-
« che des services publics et fassent immédiatement le
« nécessaire pour que le fonctionnement des services télé-
« phoniques soit normalement et régulièrement assuré. »
(*Adopté*).

Production d'intérêts pour les Cautionnements

« Le Congrès de Lille invite les Pouvoirs publics à faire
« voter une loi rendant obligatoire la production d'intérêt
« pour toute somme déposée, soit à titre de loyer d'avance,
« soit à titre de cautionnement ». (*Adopté*).

Outillage des Colonies

« Les Pouvoirs publics sont invités à prendre toutes les
« mesures capables de mieux protéger et d'encourager les
« coloniaux dans leurs entreprises commerciales et indus-
« trielles ; de relier nos colonies à la Métropole par des
« moyens télégraphiques appartenant à la France ou pla-
« cés sous son contrôle ; de mettre les Colonies françaises
« en état de défense contre toute entreprise d'une nation
« ou d'une coalition rivale ; d'outiller ces colonies ; de
« créer des ports et chemins de fer d'une manière suffi-
« sante mais économiquement, au lieu de gaspiller l'ar-
« gent sur certains points et de négliger d'en appliquer
« sur certains autres. (*Adopté*).

Réforme des Consulats

M. Falot, rapporteur général. — Sur cette question, je cède la parole à notre collègue Bellanger.

Le Président. — La parole est au citoyen Bellanger, rapporteur pour la réforme des Consulats.

Le citoyen Bellanger. — Citoyens, pour la réforme des consulats, nous avons simplement pris les mêmes résolutions qu'aux précédents Congrès ; je vais vous les soumettre. Mais, auparavant, permettez-moi de vous signaler la manœuvre qui a été employée, pour tourner les résolutions que nous avons prises, par les réactionnaires de la plus réactionnaire des administrations françaises. Nous avions demandé dans le précédent Congrès la nomination d'attachés commerciaux. Comment s'y est-on pris ? Ce sont des consuls qu'on a nommés attachés commerciaux. C'était simplement changer l'étiquette de la bouteille sans en changer le contenu. En effet, comment un consul peut-il être un attaché commercial au sens vrai du mot, s'il n'a jamais été commerçant, s'il est étranger au commerce ?

Il n'y aurait pas de raisons pour ne pas nommer des consuls attachés militaires ! Ils ont tout autant de capacités pour être attachés militaires, et même davantage, car la plupart des consuls ont fait du service militaire, tandis qu'ils n'ont jamais fait de service commercial.

Nous réclamons donc la nomination d'attachés commerciaux ayant la science pratique des affaires, et destinés uniquement à s'occuper consciencieusement d'affaires commerciales.

Nous demandons, en outre, au Congrès d'inviter les Pouvoirs publics à établir une entente entre le Ministère du Commerce et le Ministère des Affaires Etrangères, à l'effet :

1° de reviser les résidences mal distribuées de nos consuls ;

Je ne veux pas, pour épargner votre temps, vous dire les fantaisies auxquelles nous sommes soumis. Il y a des consulats dont l'existence est véritablement inexplicable.

2° de modifier le système actuel de recrutement des consuls ainsi que les bases des examens avec extension

de la partie commerciale, l'obligation de stages commerciaux et de la connaissance de la langue du pays auquel
les agents consulaires sont destinés.

Nous avons le spectacle navrant de voir des consuls
arriver dans un pays dont ils ne connaissent pas la langue. Comment peuvent-ils prendre en mains les intérêts
des commerçants ? D'autre part, nous avons vu un consul
précédemment à l'Assomption, au Canada, nommé à Dusseldorf en Allemagne Les mœurs commerciales, la langue,
tout était nouveau pour lui. On est en droit de se demander comment il pouvait utilement remplir son rôle. Il est
vrai que le consul de Dusseldorf n'a presque rien à faire.
(*Rires*).

3° de seconder énergiquement l'action de l'Office de
commerce extérieur contre l'inertie de certains consuls.

Ceci est le seul organisme commercial qui ait pu obtenir quelque chose de la part des consuls de France à l'é-
tranger (*Adopté*).

Enfin le Congrès émet les vœux suivants :

« 1° Que la classe, le grade ne soient pas attachés à la
« résidence, mais autant que possible à la personne du
« fonctionnaire, de manière que lorsque celui-ci a appris à
« connaître une région, l'avancement ne le transfère pas
« dans une autre qu'il devra étudier ;

« 2° Que les consuls soient groupés par grandes régions
« sous la direction et le contrôle d'un consul général.

« 3° Création d'attachés commerciaux spéciaux, au
« même titre que les attachés militaires, le commerce qui
« fait vivre et rapporte au pays, méritant bien les mêmes
« soins que la guerre qui affaiblit la Nation et lui coûte ».
(*Applaudissements*).

Le rapport du citoyen Bellanger est adopté.

Le citoyen Falot, rapporteur général. — Vœu relatif à
l'électorat des Chambres de commerce.

« Le Congrès de Lille, considérant l'utilité de faire re-
« présenter dans chaque Chambre de commerce les indus-
« tries régionales et les commerces les plus importants au
« développement et à la prospérité du département, par
« un nombre proportionnel de membres,

« *Emet le vœu que l'Electorat aux Chambres de Commerce*

« *soit étendu à tous les patentés, comme pour les Tribunaux* « *de Commerce en application de la loi de 1883.* (Adopté).

Le rapporteur général. — Vœu relatif à la juridiction des Prud'hommes.

« Le Congrès, considérant qu'il est souverainement in- « juste que la juridiction des prudhommes soit réservée à « certaines industries, à l'exclusion des autres,

« *Emet, le vœu que cette juridiction soit étendue à tous les* « *salariés, employés et voyageurs de commerce sans exception.* « (Adopté).

Le rapporteur général. — La Commission, après avoir entendu les délégués de la Fédération du Rhône, vous propose de voter la résolution suivante :

« Le Congrès radical et radical-socialiste, après avoir « pris connaissance du rapport des représentants Lyonnais « sur la situation faite aux ouvriers de l'Industrie des « soieries pures par le nouveau traité franco-suisse,

« Convaincu que les intérêts de cette industrie ont été « sacrifiés,

« Estimant toutefois qu'on ne saurait remettre en ques- « tion les laborieuses négociations qui viennent d'avoir lieu « entre la Suisse et la France,

« *Envoie ses sympathies à la laborieuse et républicaine* « *population de la région lyonnaise*

« *Emet le vœu que le Parlement, lors de la ratification du* « *traité franco-suisse en examine avec soin les conséquences* « *au point de vue de l'avenir du tissage des soieries pures, et* « *s'efforce de donner une légitime satisfaction aux ouvriers* « *dont la misère a été mise en relief par l'enquête parlemen-* « *taire sur l'industrie textile.*

Le citoyen Gérault-Carion. — Je comprends à merveille que les représentants de la région lyonnaise prennent l'initiative d'un vœu qui tendrait à peser sur les décisions du Parlement. Ce que je comprends moins, c'est que le Congrès tout entier puisse s'associer à ce vœu, car il pose en effet, toute la question de la protection et du libre échange.

M. Falot, rapporteur. — Nous ne voulons pas la poser.

Le citoyen Gérault-Carion. — Lyon se trouve protectionniste et cela se comprend, puisqu'elle n'espère vivre que de ses fabriques de soieries. Les Lyonnais demandent donc que la protection soit sans cesse accrue, qu'elle soit de plus en plus considérable. Mais, si les intérêts d'une région lui commandent d'avoir des vues spéciales sur un point déterminé, il n'en est pas moins vrai que le Congrès du Parti radical et radical-socialiste qui a parmi ses membres des représentants d'autres régions dont les intérêts sont opposés, ne peut pas, dans son ensemble, prendre une décision au sujet d'une région déterminée. Autrement, les agriculteurs vont vous demander d'intervenir auprès du parlement pour demander d'augmenter les droits sur les blés. (*Protestations*).

Le citoyen Bourrat. — La question du libre échange n'est pas posée.

Le citoyen Gérault-Carion. — Il va se produire ceci, c'est que les représentants de la région parisienne qui représentent une région essentiellement commerciale, vont vous demander d'intervenir auprès des pouvoirs pour diminuer les droits sur les soies pures. (*Nouvelles protestations*).

Le citoyen Bourrat. — La question du libre échange n'est pas posée dans le vœu.

Le citoyen Gérault Carion. — Pardon, je connais très bien la question. Permettez-moi de vous faire observer que ce que vous voulez remettre en question, c'est le rapport Morel relatif au droit d'accroissement à 9 francs par 100 kilos sur les soies pures. C'est la lutte entre Paris et Lyon, dans laquelle le Congrès n'a pas à intervenir.

Le citoyen Falot, rapporteur. — Citoyens, le vœu proposé par nos amis du Rhône pouvait paraître, en effet, soulever cette grosse question du libre échange et du protectionnisme. Mais, ce que nous avons demandé au Congrès, c'est surtout l'envoi d'un témoignage de sympathie à une très grosse population ouvrière qui se trouve sacrifiée.

Une voix. — C'est inexact.

Le citoyen Falot, rapporteur. — Les délégués du Rhône vont vous répondre. Nous demandions en même temps au Congrès de réclamer du parlement une étude appro_ fondie permettant en même temps de donner satisfaction, si possible, aux intérêts sacrifiés de 18 départements, dans l'intérêt de la France tout entière.

Le citoyen Bourrat. — La parole est au citoyen Godart, député du Rhône. J'invite les orateurs à être très brefs.

Le citoyen Godart. — C'est moi qui, devant la Commission, et au nom de tous les délégués du département du Rhône et de la région lyonnaise, ai soutenu le vœu qui vous est présenté. Je m'élève contre l'assertion qui a été apportée tout à l'heure par l'orateur qui a pris la parole; disant au Congrès que c'est une question d'intérêt particulier et local que je soutiens et que le Congrès, qui n'a à discuter que des questions d'intérêt général, n'a pas à prendre en considération un vœu de ce genre.

Eh bien, citoyens, cette question intéresse non seulement Lyon, mais plus de 18 départements et une population ouvrière excessivement nombreuse

D'autre part, nous n'avons pas voulu mettre en question le libre échange ou la protection. Ce que j'ai demandé au Congrès et ce que je lui demande instamment au nom de tous mes collègues du Rhône et de la région de Lyon, c'est de vous solidariser avec une population ouvrière de tisseurs, population admirable de dévouement républicain et démocratique qui, après avoir compté sur les promesses des gouvernements qui se sont succédé, voit aujourd'hui non pas une question théorique mise en jeu, mais la question de leur pain quotidien.

Toute cette population est soulevée à l'heure actuelle ; il y aura demain, dans plus de 40 ou 50 villages de la région lyonnaise, dans plus de 40 ou 50 petites villes industrielles, des meetings de protestation. Lundi, il y aura à Lyon un grand meeting et une grande manifestation. Je viens donc vous demander de me permettre de dire lundi soir à toute cette population : Le Congrès radical et radical-socialiste qui représente le Parti républicain en France, s'est occupé de votre pénible situation. Le Congrès a demandé au parlement d'examiner s'il n'y a pas moyen de vous donner satisfaction en étudiant les conditions du traité franco-suisse sur le travail et sur la production des soieries pures.

Voilà ce que je vous demande, citoyens. Ce n'est pas une affirmation théorique, ce n'est pas une intervention dans les négociations franco-suisses, rien qui bouleverse le traité. C'est simplement une manifestation de sympathie en faveur de nos travailleurs lyonnais qui sont de fermes et solides républicains. C'est simplement de nous permettre de leur laisser l'espoir que, devant le parlement, une voix se fera entendre pour y porter les revendications de ces travailleurs et que le parlement les accueillera avec sympathie, parce qu'il saura qu'elles ont été accueillies ici par nous tous. (*Applaudissements*).

Le vœu, mis aux voix, est adopté à l'unanimité moins une voix.

Le citoyen Bourély. — Je demande la permission de présenter une observation au sujet de la motion qui vient d'être votée.

Plusieurs voix. — C'est voté.

Le citoyen Bourély. — C'est entendu, je ne veux pas revenir sur le vote, mais il a été convenu avec le bureau que je pourrais présenter une observation après le vote, je vous prie de vouloir bien m'y autoriser.

Je veux dire, élargissant la question, qu'il ne s'agit pas seulement des ouvriers tisseurs de Lyon, mais des milliers d'ouvriers de toute la région du Sud-Est ; la question du libre échange et de la protection n'est pas en jeu, c'est une question ouvrière qui se pose, nous voulons défendre des travailleurs qui gagnent 20 ou 25 sous par jour et qui, actuellement, sont privés de travail ; je tiens à remercier le Congrès de la sympathie qu'il a témoignée à ces travailleurs qui sont des travailleurs ruraux et des travailleurs des villes.

Sur la proposition du rapporteur, le Congrès adopte successivement les vœux suivants :

Vœux divers

« *a*) Que lors de la modification du régime des colis « postaux, aucune majoration de taxe, sous quelque forme « qu'elle soit présentée, même sous forme de prime d'assu-« rance, ne soit votée par le parlement. »

« *b*) Que, dorénavant, aucun crédit ne soit inscrit au
« budget, destiné à subventionner soit les diverses con-,
« grégations d'Orient et d'Extrême-Orient, soit les divers
« établissements qu'elles soutiennent, et que les sommes
« qui leur étaient jusqu'alors allouées soient réservées
« aux œuvres laïques ».

« *c*) Que le cautionnement des employés de commerce
« et de l'industrie ne reste plus entre les mains du patro-
« nat, mais soit déposé à la caisse des Dépôts et Consigna-
« tions et ne puisse en aucune façon entrer dans l'actif, en
« cas de faillite ou de liquidation judiciaire ».

« *d*) Le Congrès,
« Considérant que les institutions de crédit agricole et
« d'assurances mutuelles de toutes sortes sont de nature
« à rendre les plus grands services à toutes les classes
« d'agriculture ;
« Considérant que le Parti Radical et Radical-socialiste
« a le droit de revendiquer le mérite d'avoir toujours pris
« à tâche de favoriser le progrès, l'amélioration de l'agri-
« culture ainsi que l'amélioration du sort de ceux qui
« cultivent le sol, ouvriers, exploitants, fermiers, proprié-
« taires ;
« Considérant que le devoir du Parti est d'amener
« toujours de nouvelles recrues à la République, surtout
« dans les contrées où les ouvriers agricoles, petits ex-
« ploitants, fermiers, petits propriétaires sont sous la
« tutelle de ceux qui détiennent presque toute la fortune
« publique, possèdent presque toute la terre et se servent
« de leur puissance pour combattre les institutions répu-
« caines ;
« Décide d'inviter très instamment les membres du
« Parti à s'intéresser à la création et au développement
« des œuvres de crédit et d'assurances mutuelles agri-
« coles (*Adopté*). »

La Commission propose au Congrès de renvoyer au
Comité exécutif avec avis favorable un vœu relatif *aux
services maritimes postaux de la Corse.*

Le Congrès renvoie également au Comité exécutif avec
avis favorable :

Un vœu relatif à *l'arbitrage obligatoire dans les conflits entre le Capital et le Travail.*

Un vœu concernant *le transpyrénéen.*

Le citoyen Falot, rapporteur général. — Un autre vœu a été déposé par le citoyen Francis Mathieu qui l'a maintenu et désire le soutenir. Ma tâche est terminée (*Applaudissements*).

Le Président. — La parole est au citoyen Mathieu.

Le citoyen Mathieu. — Je me contente de lire le vœu sans en développer les considérants.

« Extension aux syndicats commerciaux, industriels et
« ouvriers, des avantages concédés aux seuls syndicats
« agricoles par la Loi des 15 novembre 1894 et 31 mars
« 1899, ainsi que la convention du 31 octobre 1896,
« approuvée par la Loi du 17 novembre 1897. (*Le vœu est*
« *adopté*). »

Le Président : La parole est au citoyen Herriot, rapporteur de la Commission de l'Enseignement.

RAPPORT de la commission de l'enseignement et de la défense laïque

Le citoyen Herriot. — Vous avez constitué une Commission qui était à la fois une Commission d'Enseignement et de défense laïque. Les questions de défense laïque ont été abordées en grande partie lors de la discussion du problème de la séparation. La Commission a pensé que le Congrès doit se préoccuper en ce moment des questions d'enseignement dont l'importance est de premier ordre et qui absorbent une si grande partie de l'activité du Parti Radical et Radical-Socialiste.

Nous n'avons pas le temps, dans une séance aussi chargée, de discuter à fond les quelques grands problèmes qui s'imposent à l'attention du Parti Radical et Radical-Socialiste en matière d'enseignement.

La Commission voudrait seulement que le Congrès manifestât la continuité de ses idées et de ses principes et qu'il saisit l'occasion qui lui est présentée aujourd'hui de rappeler aux Pouvoirs Publics et à la démocratie quelques-

unes des obligations essentielles du programme d'enseignement que nous avons conçu.

Je vous demande la permission de ne pas entrer dans
la discussion de ces grandes questions, je vous prie de
vous borner à voter le principe et de décider que l'année
prochaine le Congrès instituera une grande discussion sur
les questions d'enseignement.

Nous avons reçu un vœu relatif à la séparation émanant
du *Comité Radical Socialiste d'Aubervilliers*. Ce vœu n'a
plus d'objet puisque la séparation a été discutée hier.

Nous avons reçu du *Phare des Démocrates Rouennais*
un vœu relatif à l'organisation et à l'extension des cours
d'adultes et des œuvres post-scolaires en général ; nous
vous proposons de l'adopter, il est excellent dans son
principe et dans ses tendances et nous en sommes tous
partisans.

« 1° Que des cours d'adultes, ayant principalement
« pour objet de compléter l'instruction primaire des
« illettrés, soient organisés partout, et que les maîtres qui
« en seront chargés reçoivent un traitement régulier, sou-
« mis à la retenue et comptant par conséquent pour
« l'augmentation de la retraite.

« 2° Que les sociétés d'Education populaire, telles que
« patronages, universités, œuvres de conférences, soient
« autant que possible groupées et unifiées dans leur pro-
« gramme et dans leur but ».

« 3° Que ce programme comprenant la morale civique
« et sociale, l'étude du Droit civil et commercial, l'Eco-
« nomie politique, l'histoire et la géographie de la
« France, les sciences physiques, chimiques et naturelles,
« ait un caractère pratique et utilitaire et constitue pour
« les déshérités son apprentissage sérieux de la vie so-
« ciale ;

« 4° Que le but commun à atteindre soit bien spécifié,
« à savoir l'affranchissement de la pensée et la laïcisation
« des esprits ;

« 5° Que sous cette condition, mais à cette condition
« seule, ces sociétés puissent être autorisées, encouragées,
« subventionnées, multipliées, pourvues enfin, s'il y a
« lieu, des locaux nécessaires à leur œuvre.

« 6° Que les œuvres post-scolaires se rattachent à la
« ligue de l'Enseignement, se groupant autour d'elle
« pour en recevoir l'impulsion démocratique, l'appui et
« la direction nécessaires » (*Adopté*).

Nous vous proposons d'adopter les vœux suivants :

Vœu de la *Ligue Radical de Lille* tendant à ce que des
mesures soient prises pour l'augmentation du nombre des
écoles publiques.

« La ligue radicale de Lille considérant que depuis
« l'expulsion des congrégations enseignantes, le nombre
« des élèves a considérablement augmenté dans les écoles
« publiques qui, elles, sont restées ce qu'elles étaient
« auparavant et sont par conséquent insuffisantes, émet le
« vœu que des mesures soient rapidement prises pour
« que tous les enfants qui s'y présentent puissent être
« acceptés dans les écoles, tandis qu'actuellement, à Lille
« en particulier, on doit en repousser faute de place ».

En effet, la loi de juillet 1904 ne reçoit pas en ce moment sa pleine application, parce que les écoles laïques
ne sont pas en nombre suffisant ; c'est aux municipalités
qu'il appartient d'appliquer la loi, il y a donc lieu de les
y inviter.

Le citoyen Emile Chauvin. — Le Gouvernement doit
seconder les municipalités radicales et radicales-socialistes.

Le Rapporteur. — Le *Comité Radical de l'arrondissement
de Langres* a proposé le vœu suivant :

« Que le Gouvernement s'entoure, dans l'instruction
« des demandes des candidats à des fonctions publiques,
« de tous les renseignements nécessaires sur leur loya-
« lisme républicain et exige qu'ils justifient d'un stage
« scolaire d'au moins trois ans dans les établissements de
« l'Etat ».

La Commission a adopté ce vœu en réservant simplement pour être discutée l'année prochaine, si le Congrès
en décide ainsi, la question du stage scolaire. Nous avons
été tous d'avis, et le Congrès sera sans doute d'avis, que
le progrès en matière d'enseignement consistera à protéger de plus en plus ce que nous appelons, nous autres
radicaux et radicaux-socialistes, le droit de l'enfant

contre l'autorité abusive du père de famille ; il y aurait
peut-être quelque excès à faire subir à des enfants, une
fois qu'ils seront devenus hommes et pendant toute leur
vie, les conséquences d'une faute qui n'était pas la leur.
Un père de famille est clérical, il a des intérêts dans le
cléricalisme où simplement des passions cléricales, il met
son enfant à l'école cléricale, cet enfant doit-il être exclu
à tout jamais des administrations publiques ? C'est une
question très grave. Nous avons vu souvent des jeunes
gens sortis des établissements de l'Etat devenir des
agents de réaction et de cléricalisme, nous l'avons vu au
cours de la campagne nationaliste où des associations
d'anciens élèves des lycées ont été souvent au premier
plan des réactionnaires, tandis que des jeunes gens élevés
dans des établissements cléricaux réagissaient contre la
stupidité de cet enseignement si inepte qu'il avait pour
ainsi dire provoqué un soulèvement de leur conscience.

Il y aurait imprudence et légèreté à régler une semblable question en quelques minutes. La Commission
vous propose donc de réserver dans le vœu du Comité
Radical de Langres ce qui concerne le stage scolaire,
pour que cette question soit reprise l'an prochain par le
Congrès et résolue dans un sens démocratique laïc et
vraiment républicain. Le surplus du vœu est adopté.

Vœu de la *Ligue Radicale de Lille* tendant à ce que
*les chefs d'établissements laïcs soient rappelés à l'observation
de la neutralité religieuse.* Nous avons été d'avis qu'il y
avait lieu d'y ajouter un vœu relatif à *la suppression définitive des emblèmes religieux (Adopté).*

Nous avons reçu un vœu du *Comité central démocratique de Rouen* qui demande que *les places d'avancement
ou de faveur ne soient accordées qu'à des républicains convaincus.* Nous sommes d'avis de supprimer le mot faveur.
En République, il ne doit pas y avoir de faveurs (*sourires*) ;
je m'attendais à vos sourires et j'ajoute, théoriquement
au moins. (*Adopté*).

Nous avons reçu un vœu présenté par le D' Dupeux de
Bordeaux tendant à ce que *l'instruction primaire soit totalement gratuite, aussi bien pour les fournitures de classe que
pour l'enseignement.* C'est dans la loi.

Nous avons reçu un vœu de la *fédération des Comités Républicains et Radicaux-Socialistes du canton de Sceaux*, tendant à ce que la loi sur la séparation reçoive son application intégrale ; la question a été réglée hier.

La *ligue Radicale de Lille* demande *que les élus du Parti agissent énergiquement auprès du Gouvernement pour qu'on se décide enfin à procéder à l'épuration des fonctionnaires qui devront tous justifier d'un dévouement absolu aux idées républicaines et démocratiques.* Sur le principe, nous sommes d'accord, c'est l'application qui est difficile.

Le vœu est adopté.

Enfin, citoyens, nous avons reçu un certain nombre de vœux qui peuvent se résumer de la façon suivante : *Le Congrès appelle l'attention des Pouvoirs Publics sur la nécessité des mesures à prendre pour protéger l'enfance contre les atteintes dogmatiques et interdire que toutes pratiques religieuses soient effectuées sur des mineurs sans l'autorisation écrite et signée du tuteur légal.*

Nous avons été d'avis qu'il y aura lieu de soulever l'année prochaine la question du catéchisme. A l'heure où l'on fait tant d'efforts pour donner aux enfants une instruction pédagogique vraiment rationnelle, scientifique et normale, il est monstrueux qu'à côté de l'instituteur se trouve un homme autorisé à défaire d'un seul coup tout le travail accompli, en enseignant à l'enfant ce résumé d'absurdités, de contradictions, d'intolérances et de monstruosités intellectuelles qui s'appelle le catéchisme.

On apprend à l'enfant les règles élémentaires de l'arithmétique et il se trouve un homme autorisé à lui apprendre qu'il y a trois personnes en Dieu, que ces trois personnes n'en font qu'une tout en en faisant trois, absurdité qui n'a pu naître que dans l'esprit de théologiens en délire et qui devrait être épargnée au cerveau délicat de l'enfant.

Un membre. — Une proposition très intéressante devait être communiquée à la Commission, il s'agissait d'introduire dans le programme de l'enseignement primaire l'enseignement de l'histoire des religions. Nous pouvons demander qu'on enseigne à l'école le contraire de ce qu'on enseigne à l'église afin de détruire les préjugés propagés par les prêtres.

Le rapporteur. — C'est parfaitement juste, mais avant que l'enseignement de l'histoire des religions soit donné à l'école primaire, il faudrait bien qu'il fût institué dans les facultés de l'Etat et étendu à l'enseignement secondaire de façon à recevoir la consécration de l'usage.

Un membre. — Je demande au Rapporteur ce qu'est devenu le vœu du citoyen Michaut ?

Le citoyen Herriot. — Il a été compris, de son consentement, dans le vœu que j'ai proposé au Congrès sur la protection de l'enfance. Nous avons groupé plusieurs vœux en un seul que le Congrès vient d'adopter.

J'en aurais terminé si je ne pensais pas qu'à la fin de ce rapport sur l'enseignement je doive demander au Congrès un vote de principe sur une question qui me paraît extrêmement importante, je veux dire sur la question de la refonte du plan d'enseignement dans la France entière.

La République a fait une œuvre magnifique, l'œuvre scolaire est un de ses plus beaux titres d'honneur, elle a le droit d'en être fière, cependant on peut dire que peut-être il manque une direction d'ensemble à notre enseignement. Il y a un enseignement primaire pour le peuple, il se compose de l'école primaire publique et de ces écoles primaires supérieures qui ont rendu de très grands services, mais dont le principe me paraît contestable, car elles sont destinées à prolonger l'école primaire pour l'usage du peuple Le peuple a donc son enseignement et la bourgeoisie a le sien, l'enseignement secondaire qui devrait rationnellement, suivant le principe républicain, être simplement la continuation de l'enseignement primaire et qui, en réalité, est un enseignement complet parallèle à l'enseignement populaire et qui permet à la bourgeoisie d'éviter à ses enfants tout contact avec le peuple (*Applaudissements*).

L'Enseignement secondaire est prolongé par l'enseignement supérieur, dont je n'ai pas à faire l'éloge, vous savez les services qu'il rend, mais pour le plus grand malheur du pays et de la république, il est réservé aux enfants des bourgeois, sauf quelques exceptions heureuses lorsqu'un enfant du peuple a pu obtenir une bourse et se hisser jusqu'à l'enseignement aupérieur. Cet enseignement qui ouvre l'accès aux grandes carrières libérales et qui développe et affranchit définitivement l'intelligence, est réservé aux enfants de la bourgeoisie et interdit aux enfants du peuple. Si l'on avait voulu créer et perpétuer les divisions sociales, on n'aurait rien trouvé de mieux que ce système d'enseignement qui isole, pendant l'enfance, l'adolescence et une partie de la jeunesse, des hommes qui doivent être des frères et lutter coude à coude dans la vie.

Tant que nous n'aurons pas modifié ce régime, nous n'aurons pas le droit de nous étonner des protestations d'un certain nombre de républicains d'avant-garde qui sont indignés de ce privilège scandaleux réservé aux enfants de la bourgeoisie. Si pour ma part je suis étonné et indigné souvent de voir l'inégale répartition des richesses matérielles, je suis encore plus indigné de voir l'inégale et scandaleuse répartition des richesses intellectuelles (*Applaudissements*). La question mériterait de longs développements, je n'insiste pas. Il faut que l'enseignement primaire communal, celui de l'école publique soient obligatoires pour tous les Français sans exception ; l'enseignement secondaire qui est, à l'heure actuelle, il faut bien le dire, un enseignement de classe, deviendrait un enseignement de mérite, il serait attribué, suivant un mode que nous aurons à déterminer, aux meilleurs élèves des écoles primaires, Il serait ainsi dispensé aux meilleurs enfants de la démocratie qui apporteraient un sang neuf et des forces vives, car ils sont peut-être le meilleur de la force morale, intellectuelle et physique de la France. En outre, on ferait disparaître ces légions de déclassés qui sont la plaie et la honte de notre pays, qui sont allés récemment grossir les bancs du nationalisme, qui donnent l'illusion de la connaissance et du savoir, tout en étant profondément ignorants. Ces enfants seraient rejetés dans la vie au moment où ils doivent l'être (*Applaudissements*).

Je ne veux pas m'exposer aux foudres du Président.

Voix nombreuses. — Parlez, parlez, c'est très intéressant.

Le rapporteur. — Il faut savoir se limiter. Je voudrais qu'avant de se séparer, avant de clore la discussion sur la question si grave de l'enseignement, il n'y en a pas de plus importante au point de vue social, le Congrès voulût bien émettre un *vœu de principe en faveur de la refonte du plan d'enseignement dans un sens plus démocratique tendant à faire de l'école primaire l'école obligatoire de tous les français selon la grande idée de Michelet, et de l'enseignement secondaire un enseignement de mérite et non pas un enseignement de classe (Applaudissements prolongés).*

Le Président. — Je crois être l'interprète de tous mes collègues en remerciant le citoyen Herriot des belles et bonnes paroles qu'il vient de prononcer dans l'intérêt de la République (*Applaudissements*).

Il n'est pas nécessaire de mettre sa proposition aux voix, je suis sûr qu'elle sera adoptée par acclamations (*Applaudissements prolongés*).

Un membre. — J'avais le désir de demander l'inscription à l'ordre du jour du prochain Congrès de la question du monopole de l'enseignement. Je n'ai pu soumettre ma proposition à la commission, toute la discussion ayant été absorbée par la question de la séparation des Eglises et de l'Etat.

Nous avons pu constater partout que d'anciens congréganistes se contentaient d'écourter leur robe et donnaient le même enseignement. Nous pouvons saisir sur le vif dans des villes de province la séparation qui existe entre l'enseignement congréganiste et l'enseignement républicain. Je crois que nous n'arriverons à un résultat que le jour où l'Etat aura pris en main le monopole de l'enseignement primaire (*Applaudissements*).

Je me rallie à la proposition du citoyen Herriot et je demande que les classes d'enseignement primaire soient supprimées dans les lycées et collèges (*Applaudissements*).

Le citoyen Herriot, rapporteur. — Nous sommes tout à fait d'accord, citoyens. La Commission de l'ensei-

gnement a fonctionné hier soir après la séance plénière.
Elle a envisagé cette question du monopole de l'enseignement. Elle a été d'avis de la porter à l'ordre du jour du
prochain congrès. Je n'ai pas voulu spécifier ce point pour
ne pas entrer dans le détail de la discussion, mais il est
très évident qu'on ne peut pas étudier la question de la
refonte de l'enseignement en France sans étudier la question du monopole de l'enseignement. La question a été
traitée précédemment, je crois, au congrès de Marseille.
Mais il y a lieu de la reprendre parce que si nous avons
voté le principe du monopole, le monopole n'est pas
appliqué.

Le citoyen Fiquet, député. — Je demande au congrès de
ne pas se contenter d'émettre le vœu que le prochain
Congrès s'occupe de cette question, mais de décider dès
aujourd'hui même que cette question sera à l'ordre du
jour du prochain Congrès.

Cette motion mise aux voix est adoptée à l'unanimité.

Le Président. — Le citoyen Michaut, délégué de la
Cote-d'Or, propose de compléter la liste des membres du
Comité exécutif nommés par acclamations.

Dans la séance du samedi 10 juillet 1905, le Congrès
avait décidé que les citoyens Henri Brisson, Bourgeois,
Emile Combes, Camille Pelletan et le général André fai-
saient partie de droit du Comité exécutif. Le citoyen
Michaut, délégué de la Côte-d'Or, demande que le citoyen
Vallé, qui a dirigé avec tant d'autorité le parti et le bu-
reau du parti, soit ajouté à la liste de ces membres.
Applaudissements).

Cette motion mise aux voix est adoptée à l'unanimité.

Le Président. — La parole est au président de la Commission des vœux.

RAPPORT de la Commission des vœux

Le citoyen A.-L. Burot, président de la Commission des
vœux. — Citoyens, comme président de la Commission
des vœux, j'ai l'honneur de vous donner lecture d'une
lettre qui est arrivée ce matin au bureau et qui nous a été
transmise après la clôture des travaux de la commission.

Cette lettre nous est adressée par le syndicat des sous-agents des Postes, Télégraphes et Téléphones. En voici le texte :

« Mon cher citoyen Tissier,

« Notre secrétaire général a dû vous faire parvenir un « télégramme en vous priant d'intervenir ou de faire inter-« venir au congrès, en faveur de mes camarades postiers « révoqués.

« Il reste encore quinze de mes amis sur le carreau et je « n'ai pas besoin de vous dire dans quelle misère ils se « trouvent.

« Intervenez donc et je vous en serai particulièrement « reconnaissant.

La Commission vous propose, en vue d'arriver à l'apaisement et de mettre fin à la situation misérable dont souffrent un certain nombre de travailleurs, d'émettre le vœu que, suivant ses promesses, *le Ministre des Postes et Télégraphes réintègre le plus tôt possible dans leur emploi les facteurs et employés des postes qui n'ont pas encore été replacés dans leur service depuis la dernière grève.*

Une voix. — Le ministère est démissionnaire.

Le citoyen Burot. — En tout cas, l'administration compétente peut être saisie de ce vœu que nous vous demandons de lui renvoyer.

Cette proposition est adoptée.

Le Président. — La parole est au citoyen Laurent Chat, rapporteur de la commission des vœux.

Rapport du citoyen Laurent Chat

Le citoyen Laurent Chat :

Citoyens,

La Commission des vœux tient tout d'abord à rendre hommage à sa devancière qui, durant l'exercice écoulé, a étudié avec conscience les vœux qui lui avaient été renvoyés après le Congrès de Paris ; elle lui donne acte de son rapport dans lequel elle a puisé d'utiles documents pour étayer le sien.

La Commission s'est autorisée aussi de son titre pour exprimer elle-même un vœu initial ; tout en reconnaissant que les Comités ont mis plus d'empressement que de coutume à adresser au bureau permanent le cahier de leurs revendications, elle souhaite que, l'an prochain, un nouvel effort de bonne volonté permette aux diverses Commissions d'être saisies dès leur formation, de toutes les propositions intéressant leur section d'activité. L'heure tardive à laquelle quelques vœux nous ont été remis nous a en effet mis dans l'obligation de les retenir par devers nous pour en assurer le dépôt d'une façon certaine à ce Congrès ; s'il y a eu de ce fait empiétement sur les attributions d'autrui, que le Congrès excuse la chose à raison de l'intention.

La Commission a été particulièrement intéressée par un substantiel rapport fourni par le *Comité radical-socialiste du 3ᵉ arrt de Lyon* et vous propose d'en ratifier la conclusion avec l'extension qui a été proposée par l'un des délégués du Conseil municipal de Lyon :

Tout fonctionnaire, *ou tout bénéficiaire d'un privilège (avocat, avoué, notaire, etc ..)*, a le devoir d'obéir strictement à la loi ; il peut donner son avis sur elle ou émettre des vœux visant à sa modification, mais il n'a pas le droit de la méconnaître ni *a fortiori* de se mettre en rébellion contre elle.

2° La République se dit laïque et, sur la tranche de pièces d'or fabriquées cette année se trouve encore l'affirmation que Dieu, auquel nous ne croyons pas, protège la France. Nous vous demandons d'inviter nos élus parlementaires à obtenir du gouvernement la suppression de cet exergue et son remplacement par la devise de la République.

3° Nous avons approuvé à l'unanimité les arguments invoqués par le *Comité radical-socialiste de Charleville*, la Fédération autonome du parti radical et radical-socialiste du Rhône, le Comité radical-socialiste du 5ᵉ arr. de Lyon, pour blâmer les agissements des Conseils de l'ordre des avocats qui, se retranchant derrière leur infaillibilité en matière d'honneur, écartent volontiers toute candidature qui leur déplaît pour des raisons d'ordre général, politique ou personnel (affaire Hervé) ou, au contraire, peuvent admettre une candidature irrecevable, mais qui leur est agréable (affaire Habert). Ce vœu a provoqué une longue discussion mettant en cause la question même du privilège ; pour ne point se prononcer à la légère et à la suite d'une étude insuffisamment approfondie, votre Commission vous propose, en attendant ses délibérations plus fermes et plus complètes, d'adopter un vœu en faveur de la «suppression des conseils de l'ordre des avocats» et un autre vœu « pour l'autorisation de défendre devant tous tribunaux à quelque citoyen que ce soit, sous la réserve des garanties destinées à sauvegarder les intérêts des plaideurs »

C'est aussi à l'unanimité que la Commission, considérant que lors des opérations d'inventaire résultant de la loi de séparation des Eglises et de l'Etat, certains notaires, avoués, et autres officiers ministériels, ont participé à des rébellions contre la loi, vous invite à émettre le vœu que dans des occurrences semblables le Gouvernement ordonne des poursuites judiciaires contre les rebelles, et qu'en prévision de ces poursuites, des armes nouvelles soient demandées au Parlement pour qu'une répression efficace pusse être exercée.

Elle a aussi approuvé la seconde partie du vœu de la *Ligue radicale de Lille* demandant que dans l'application de la loi de séparation l'administration judiciaire puisse requérir tout officier ministériel pour remplir les formalités voulues.

Vous ratifierez certainement de vos suffrages unanimes le vœu déposé par le délégué du 2° arrondissement de Paris, le citoyen Bellanger, demandant la suppression de la croix qui surmonte le Panthéon, abri suprême de tous les grands hommes qui ont honoré ou honoreront la France et le monde, que ce soit sur le terrain des sciences, des lettres ou les arts ou bien parce qu'ils ont revendiqué le Droit, assuré la Justice ou préparé la réconciliation de l'Humanité sous l'égide de la République universelle !

Vous demanderez aussi la désaffectation de la basilique du Sacré-Cœur et l'abrogation de la loi qui voue la France au Sacré-Cœur.

Tous encore vous vous unirez au *Comité de Concentration et de Défense républicaines de Saint-Maur* pour souhaiter que, sur toute la surface du pays, s'étendent les rayons bienfaisants de ces sociétés émancipatrices, éducatrices et familiales à la fois, que sont les sociétés de Libre Pensée, amicales d'anciens ou d'anciennes élèves, post-scolaires ou péri-scolaires, de patronage, etc...

Votre Commission n'était peut être pas destinée à rapporter cet autre vœu de la Fédération radicale-socialiste de Lyon concernant la répression de la fraude sur les vins ; mais, à raison des considérations exposées au début de ce rapport, elle indique modestement à votre appréciation que l'un des agents de fraude les plus importants est l'abus fait du sucrage. On augmente de la sorte démesurément la production, on compromet la qualité, on avilit les prix sans que le consommateur profite de la baisse, la différence étant accaparée par des intermédiaires, alors que le producteur voit sa situation de plus en plus compromise... Souhaitons en commun que le Gouvernement ne fasse pas semblant de vouloir réprimer la fraude ; qu'il le démontre efficacement en poursuivant tous les fraudeurs et en réclamant notamment d'un vote des Chambres le monopole de la raffinerie des sucres ; cela lui permettra de suivre le sucre dans ses évolutions commerciales et industrielles en même temps que cela empêchera des agiotages scandaleux de s'étaler impunément au grand jour.

Nous vous proposons aussi de vous solidariser avec le *Comité radical socialiste d'Ivry-sur-Seine* pour faire appel au dévouement permanent des élus du parti aux groupements qui les ont soutenus de leur action. Ils sont à l'honneur et nous savons pertinemment que leur voix se fera entendre plus haut et plus éloquemment que la nôtre pour proclamer que leur devoir est d'assurer leur présence aux actes, aux conférences, aux réunions publiques des Comités adhérant au Parti, même et surtout dans les circonscriptions représentées par des réactionnaires, des modérés ou des révolutionnaires.

Un dernier vœu est proposé à votre ratification ; déjà, à Marseille et à Toulouse vous l'avez approuvé et, s'il n'avait tenu qu'au rapporteur de la Commission des vœux, au dernier Congrès de Paris, il vous aurait été soumis de nouveau. Cette année, il est revendiqué par le Comité radical de Langres (déposé par le général André), par le Comité radical socialiste de Saint-Flour (déposé par le citoyen Oudoul), par la Fédération radicale-socialiste du Rhône (déposé par le citoyen Tracol), par le Comité central des rép. rad. du 1er arrondissement et le Comité radical-socialiste du 5e arrondissement de Lyon (déposé par le citoyen Laurent Chat), par le groupe radical et radical-socialiste du conseil municipal de Lyon (déposé par les citoyens Renard. Chat et Veyron) et par les Comités républicains radicaux et radicaux-socialistes de la Côte-d'Or (déposé par le citoyen Michaut).

Ce vœu, tel qu'il a été adopté par la Commission, est ainsi libellé :

« Que les élèves des institutions religieuses (collèges, « séminaires, etc...) ne puissent être inscrits comme élec- « teurs que sur la liste électorale de leur pays d'origine ».

Citoyens, dans certaines circonscriptions où tout évêché appelle à ses côtés un séminaire quelconque ou tout autre établissement religieux, dans quelques communes. où des institutions cléricales puissantes s'appliquent à déformer le cerveau des jeunes hommes, dans des arrondissements de villes comme celle de Lyon où tout autour d'un édifice majestueux par ses proportions ou sa richesse destiné cependant, dit-on, à servir un Dieu d'humilité, gravitent des établissements multiples où s'enrégimentent les curés ou les profess de demain, comme au 5e arrondissement de Lyon, les intentions du suffrage universel sont complètement paralysées et la manifestation de sa volonté travestie par le nombre imposant de population temporaire abritée dans ces écoles où se pratique la liberté de ne pas enseigner. Il faut rendre sa liberté intégrale à la volonté populaire et, de même que les soldats ne peuvent être inscrits que sur la liste électorale de leur pays d'origine, de même décider que les jeunes hommes dont nous nous préoccupons en cet instant ne puissent, eux aussi, exercer leurs droits civiques que dans leur pays. d'origine.

Citoyens, la tâche du rapporteur de la Commission est terminée : au nom de cette Commission pourtant, et pour d'en point perdre l'habitude, il formule un vœu demandant l'insertion *in-extenso* des deux rapports dans le compte rendu du Parti. Nos organisations s'imposent des sacrifices pour nous envoyer ici : elles ont travaillé ; il est juste qu'elles soient récompensées de leurs efforts par l'indication, dans le compte rendu, des preuves qu'elles ont données de leur vitalité, de leur action féconde, de leur vigilance en constant éveil.

(Le rapport de la Commission des vœux est adopté).

Rapport du citoyen Léon Perrier

Le Président. — La parole est au citoyen Léon Perrier, rapporteur de la Commission des vœux.

Le citoyen Perrier, rapporteur.

Citoyens,

Je suis chargé de vous rapporter une partie des vœux de la 8ᵉ commission. Je me bornerai en général à vous en donner lecture ; ils sont assez clairs pour se passer de larges commentaires.

VŒU relatif à l'organisation des Congrès futurs

« Le Comité central démocratique de Rouen exprime le « vœu qu'à l'avenir le programme des travaux du Con- « grès soit envoyé au moins quinze jours à l'avance, à « seule fin de pouvoir être discuté par les organisations. »

La Commission a adopté ce vœu à l'unanimité. Elle a estimé en effet qu'il y avait intérêt et avantage à ce que les rapports qui ont été distribués au début du Congrès parviennent à l'avance aux organisations qui pourraient ainsi donner mandat à leurs délégués d'adopter telle ou telle solution conforme à l'esprit de la Fédération ou du Comité

La Commission propose donc au Congrès l'adoption de ce vœu.

VŒU relatif aux rapports des délégués au Comité Exécutif avec les Fédérations et Comités

Le délégué du Comité de Crémieu (Isère) a déposé le vœu suivant :

« Considérant que les Comités de la Fédération ont le
« droit d'être renseignés sur la façon dont leurs délégués
« au Comité exécutif ont rempli leur mandat :

« Le Congrès décide qu'il leur sera envoyé chaque
« année, au plus tard au commencement de juillet, un bul-
« letin donnant le total des présences et des absences de
« chaque délégué au Comité exécutif. »

La Commission a adopté ce vœu à l'unanimité. Il est
en effet de toute évidence que les Férérations et Comités
ont le droit et le devoir de se renseigner sur la façon dont
leurs mandataires remplissent le mandat qui leur a été
confié.

Toutefois, la Commission se rendant compte de l'impossibilité pour les délégués habitant la province d'assister aux séances du Comité exécutif et envisageant également la nécessité de la présence de délégués du Comité
exécutif au sein des départemenis, estime qu'il y aurait
lieu de procéder à une réorganisation du Comité exécutif.

Elle conçoit cette réorganisation, par la division des
délégués, lors de l'élection du Comité exécutif, en délégués départementaux et délégués permanents auprès du
Comité, ces derniers habitant Paris.

Elle exprime en outre le désir de voir le Bulletin du
Parti établi dans des conditions meilleures et plus en rapport avec l'importance de notre organisation.

Sous les réserves de ces observations, la Commission
demande au Congrès le vote de ce vœu.

*VŒU sur l'admission au Congrès des délégués des Cer-
cles, Associations républicaines, Loges, Libre-pensées,
Journaux, etc,*

La Fédération des Comités radicaux et radicaux-socialistes de la Charente appelle l'attention du Congrès sur
la situation et la représentation au Congrès des journaux
républicains adhérents au Parti.

Les Comités radicaux de Bordeaux ont déposé en outre
le vœu suivant :

« Les délégués des Cercles, Associations républicaines,
« Loges, Libre-pensées, Ligues, etc., devront être choisis

« parmi les membres adoptant le programme radical et
« radical-socialiste. »

La Commission a adopté ce vœu à l'unanimité.

Il arrive en effet que des organisations républicaines
qui ne sont pas purement radicales, envoient au Congrès
des délégués qui non seulement ne sont pas adhérents au
Parti, mais encore qui n'admettent pas notre programme.

La Commission a été mise en présence de faits de cette
nature.

Elle estime qu'il y a lieu de faire aux organisations
signalées plus haut, l'obligation stricte de n'envoyer au
Congrès que des délégués partisans de notre programme
ou même membres d'une organisation régulière du Parti.

Quant à la question relative aux rapports des journaux
et du Parti, elle est singulièrement complexe. Il y a, de
l'avis unanime de la Commission, lieu de se préoccuper de
la situation qui parfois, et même trop souvent, est faite
aux Fédérations et Comités et à leurs candidats par les
journaux adhérents au Parti.

Ce devra être là une tâche urgente pour le Comité
exécutif.

La Commission bornera ses désirs en demandant au
Congrès de décider, toutefois, que les journaux ne pourront être représentés au Congrès qu'après avis favorable
de la Fédération ou des Comités du département où ils
sont édités.

VŒU concernant les rapports du Parti et des groupes parlementaires à la Chambre et au Sénat

La commission attire tout particulièrement l'attention
du Congrès sur l'importance de ce vœu présenté par les
Comités radicaux de la 3e circonscription de Grenoble et
par le Comité d'arrondissement de Grenoble.

Elle croit devoir citer in extenso les considérants qui ac-
compagnent le vœu, étant donné que le cas signalé par les
Comités de l'Isère est particulièrement typique et montre
les inconvénients de la situation présente :

Considérant la situation délicate, au point de vue politique qui a été faite aux Comités radicaux et radicaux-socialistes de l'Isère par l'acceptation dans le groupe parle-

mentaire de « la gauche radicale » de M. Chion-Ducol-
let, député de la 3ᵉ circonscription de Grenoble ;

Considérant que ce dernier a été élu au deuxième tour
contre la discipline républicaine, après une campagne
très vive et très injurieuse contre le programme et les
organisations régulières du Parti, campagne menée avec
l'appui officiel et sollicité de la presse nationaliste et
cléricale de la région (*Croix de l'Isère*, *Petit Dauphi-
nois*, etc.);

Considérant que les groupes parlementaires de la
Chambre qui se réclament du Parti et de son programme,
ont été au lendemain de l'élection mis vainement, par les
Comités radicaux de l'arrondissement, au courant des conditions de cette dernière ;

Considérant qu'au point de vue de l'intérêt général du
Parti, l'acceptation dans les groupes parlementaires de
gauche, d'élus ayant combattu et le programme et les
organisations régulières du Parti, acceptation qui les
accrédite comme radicaux, peut amener des surprises
dangereuses lors des votes sur les points essentiels du programme radical et radical-socialiste.

Considérant qu'à ce point de vue général, les défaillances parlementaires individuelles seront toujours mises au
compte de l'idée et du Parti et permettront aussi aux
adversaires de proclamer la faillite du Parti radical et radical-socialiste,

Demande au Congrès de Lille le vote de la motion suivante :

« Le Congrès invite les groupes parlementaires de la
« Chambre et du Sénat qui se réclament du Parti, à n'ac-
« cepter dans leur sein que des députés et sénateurs qui,
« élus sur le programme radical et radical-socialiste,
« n'auront jamais contrevenu à la discipline républicaine
« ni sollicité et notoirement accepté les voix de droite et
« le concours de la presse nationaliste et cléricale.

« Il charge le bureau du Comité exécutif de s'entendre
« avec les groupes parlementaires pour arriver, sans em-
« piètement sur l'indépendance de ces derniers, à la réa-
« lisation de cette mesure. »

La commission ne peut que s'associer d'une façon unanime aux considérants de ce vœu et en demande instamment le vote au Congrès.

VŒU sur la recherche de la Paternité

Le délégué des Comités de Seine-et-Oise dépose un vœu
tendant à *la recherche de la Paternité*.

La commission demande au Congrès le vote de ce vœu
tendant à la mise en discussion au parlement du projet
de loi déposé depuis si longtemps par le citoyen Rivet,
sénateur de l'Isère.

VŒU relatif aux « Communaux » des Communes

Ce vœu déposé par le délégué du Comité de Crémieu
(Isère) est ainsi conçu :

« Le Congrès émet le vœu : 1º Que les autorisations
« aux communes d'aliéner leurs « communaux » ne
« soient pas données aussi facilement et d'une façon aussi
« inconsidérée quelles l'ont été jusqu'ici.

« 2º Que ces autorisations ne puissent être accordées
« qu'après enquête sérieuse et avis favorable émis par le
« Conseil général du département. »

La Commission a adopté le vœu à l'unanimité. Elle en
demande le vote au Congrès.

VŒU relatif aux sanctions à donner aux votes du Con-grès

Le Comité radical de Langres a émis le vœu suivant :
« Le Congrès du Parti radical et radical-socialiste in-
« vite les élus du Parti à veiller à ce que les vœux émis
« dans le Congrès ne restent pas lettre morte. »

Le Comité radical de Saint-Flour dépose un vœu dans
le même sens et ainsi rédigé :

« Attendu que les vœux votés par le Congrès risquent
« de rester platoniques s'ils ne comportent pas par leur
« vote même une sanction, demande au Congrès que tout
« vœu voté par le Congrès sera immédiatement et
« obligatoirement transformé en proposition de loi dé-
« posé à ce titre sur le bureau des Chambres par le Co-

« mité exécutif et que la discussion en sera demandée d'ur-
« gence aux Chambres et appuyée par le vote ou la
« parole des députés ou sénateurs, membres du Parti. »

La Commission a été unanime à adopter ce vœu sans
lequel tout le travail effectué par le Congrès, tout admirable que soit cette grandiose manifestation, peut demeurer en partie inutile.

Il exprime le désir que le Comité exécutif adresse tous
les trois mois aux sénateurs et députés du Parti un
résumé des vœux susceptibles d'être transformés en projet
de loi. Il espère en outre que le Comité exécutif saura
traduire immédiatement en résolutions précises les vœux
dont l'exécution relève de sa propre autorité.

*
* *

Il a été d'autre part transmis au dernier moment à la
commission les vœux suivants qui n'ont pu être compris
dans le présent rapport :

Au nom de la Ligue Radicale et Radicale-Socialiste des
cantons de Roubaix, vœu demandant : *Modification du
décret du Ministre des travaux publics afin d'empêcher les
Ingénieurs du Contrôle de quitter le service de l'Etat con-
trôleur pour passer à celui des industriels contrôlés.*

2° Vœu demandant : *L'observation rigoureuse des circu-
laires du Ministre de l'Instruction publique concernant le
mouvement des instituteurs.*

L'importance du premier de ces vœux n'échappera à
aucun de vous. La façon dont le contrôle de l'Etat est
exercé sur la grande industrie et notamment sur les compagnies minières et de transport confine au scandale. Il
y aurait bien des choses à signaler sur cette importante
question.

La proposition de la Ligue radicale de Roubaix vise l'inconvénient le plus grave de la situation présente. Nul
n'ignore en effet par quelles condescendances, préjudicia-
bles à l'intérêt public, nos ingénieurs arrivent à être employés à des conditions plus avantageuses par les industriels sur lesquels l'Etat leur avait donné mission d'exercer un contrôle.

Le rapporteur de la commission des vœux en rappelant cette situation scandaleuse, ne peut qu'appuyer énergiquement auprès du Congrès le vœu de la Ligue radicale de Roubaix.

Le Congrès s'associera également, sans aucun doute, au deuxième vœu présenté par ce comité et qui tend à assurer par la stabilité des fonctions, la situation morale et matérielle du personnel de l'enseignement primaire.

(Tous les vœux rapportés au nom de la commission des vœux par le citoyen Perrier sont adoptés à l'unanimité).

Le rapporteur ajoute ensuite :

La Commission a été saisie au sujet de la désignation de la ville où doit se tenir le prochain Congrès de demandes émanant de Troyes, Rouen, Dijon, Nancy, Tours.

Attendu que le midi a reçu satisfaction par le Congrès de Marseille, le sud-ouest par celui de Toulouse, le centre par celui de Lyon, le nord par celui de Lille et de Paris ; étant donné d'autre part que seules les régions de l'Ouest et de l'Est ont encore à recevoir satisfaction, attendu en outre qu'il n'existe pas de demande émanant de l'Ouest, la commission propose la ville de Nancy.

Voix diverses. — Rouen !

Le Président. — Cette question viendra dans une séance ultérieure. Dans ces conditions, la commission des vœux ayant fait connaître son idée, le Congrès décidera comme il lui conviendra.

Le citoyen Thalamas. — Il faut savoir à quelle séance aura lieu cette discussion, attendu que nous sommes un certain nombre qui croyons avoir des raisons sérieuses à faire valoir pour le choix d'une autre ville que Nancy et que, par conséquent, nous ne tenons pas à être pris au dépourvu. Je demande donc qu'on veuille bien fixer la séance à laquelle aura lieu cette discussion.

Voix diverses. — Tout de suite.

Le Président. — La parole est au général André (*Applaudissements*).

Le général André. — Mes chers collègues, la Commission des vœux ayant bien voulu me nommer son président d'honneur, je viens, en son nom, faire une déclara.

tion. Nous avons reçu un grand nombre de vœux des divers groupements. Il vient de vous en être donné lecture, et vous avez approuvé, en général, les conclusions de la Commission La Commission a constaté la bonne volonté que la plupart des groupements ont mise à nous adresser des vœux et à manifester ainsi la cohésion de notre parti. Nous en avons été très touchés et nous tenons à le déclarer hautement, mais nous ajoutons une observation : la plupart de ces vœux touchent à des questions politiques. J'exprime au nom de la Commission le regret de ne pas avoir trouvé dans les vœux un certain nombre d'invitations visant les progrès, les améliorations matérielles et intellectuelles qui peuvent être apportés à la situation des travailleurs, des ouvriers et des agriculteurs.

Une voix. — Et des coloniaux.

Le général André. — Nous appelons l'attention de tous les groupements sur cette question essentielle. Ils sont plus près que nous des électeurs, ils en connaissent plus intimement et plus directement les besoins. C'est pourquoi, la Commission m'a chargé de vous exprimer son désir devoir les vœux s'étendre à l'examen des questions aussi intéressantes que celles qui touchent la majorité de nos adhérents (*Vifs applaudissements*).

Le Président. — On me propose de fixer à demain soir le siège de la ville où se tiendra le prochain Congrès.

Plusieurs voix. — Aux voix.

Le citoyen Pelletan. — Je vous rappelle que nous avons une tâche importante à accomplir qui est d'examiner d'abord les rapports de nos commissions (*Très bien*). Comme vous pouvez le constater, un certain nombre de délégués n'assistent pas à cette séance, et je crois qu'il faudrait pour nous prononcer que nous soyons en grande majorité. (*Assentiments*).

Un membre. — Les délégués du comité de Troyes ont déposé sur le bureau une proposition qui n'a pas encore été lue, bien qu'elle ait été la première présentée au Congrès.

Le Président. — Nous en prendrons connaissance au début de la séance de cet après-midi.

(Le Congrès décide qu'il sera statué à la séance plé-

nière sur la ville où se tiendra le Congrès de l'année prochaine.)

Le Président. — On me transmet la proposition suivante :

« Le Congrès du Parti Radical et Radical-Socialiste
demande que le futur ministère profite du prochain mouvement administratif en préparation, pour réaliser le vœu
toujours renouvelé par nos Congrès de faire enfin entrer
dans l'administration des républicains sûrs et militants ».

Cette motion mise aux voix est adoptée.

La parole est au citoyen Le Foyer.

*Le citoyen A. L. Burot, Président de la commission des
vœux.* — Je demande qu'auparavant la commission des
vœux donne lecture de ceux dont vous n'avez pas encore
eu connaissance. C'est en effet par suite d'une inadvertance
qui s'explique très bien par notre ordre du jour très chargé, que vous n'avez pas eu connaissance des vœux qui ont
été étudiés par cette commission.

J'estime que vous ne pouvez vous refuser à les entendre.

Le Président. — Je donne à nouveau la parole au citoyen Laurent Chat, pour présenter les vœux qui ont été
étudiés par la commission des vœux du Comité exécutif
pendant l'exercice 1905-1906.

RAPPORT de la Commission des vœux du Comité Exécutif

Le citoyen Laurent Chat. — Citoyens, la commission des
vœux au Comité exécutif a présenté un rapport sur les
vœux suivants dont la commission des vœux au Congrès
vous propose l'adoption :

1° A — Que dans l'enseignement primaire et vis-à-vis
des instituteurs, les articles 1382 et 1383 du Code civil
restent utilement applicables, tandis que dans l'article
1384 on introduise, au lieu et place de celle de l'instituteur public, la responsabilité de l'Etat (déposé par M. Fabius de Champville) ;

B. — Que cette mesure soit étendue aux orphelinats
laïques agréés par l'Etat (addition proposée par M. René
Weill) ;

C. — Qu'elle soit aussi étendue aux garderies publiques d'enfants (addition proposée par M. Molina).

(*Adopté par le Congrès* sous la réserve qu'en cas de faute lourde la responsabilité incombera à ceux qui l'auront méritée).

2° Divers vœux de l'Union radicale-socialiste de l'arrondissement de Gray ont été renvoyés aux commissions de l'Enseignement, de la Défense laïque et de l'Armée dont ils relevaient.

(*Acte est donné par le Congrès*).

3° Étant donné que le scrutin secret sert à masquer toutes les trahisons, toutes les défaillances et toutes les perfidies ; que le suffrage universel doit pouvoir contrôler toutes les manifestations auxquelles se livrent ses mandataires en son nom ; que sénateurs, députés ou délégués sénatoriaux doivent être tenus plus que tous autres d'agir au grand jour dans quelque circonstance que ce soit ; — que le parlement vote une loi obligeant les mandataires du peuple à voter au scrutin public, soit pour la nomination du bureau des deux Chambres, soit pour celle des sénateurs déposé par le Comité central des Républicains radicaux du 1er arrondissement de Lyon).

(*Adopté à l'unanimité*).

4° Divers vœux du Comité radical et radical-socialiste de Nébian (Hérault) demandant que le cumul des fonctions électives soit législativement interdit ; que des mesures soient prises pour assurer la présence effective des parlementaires aux séances de la Chambre et du Sénat ; que la Chambre soit renouvelée partiellement ; que le secret et la sincérité du vote soient assurés, ont été renvoyés à l'examen de la Commission des réformes électorales. La Commission fait observer que ces vœux ne lui ont pas été transmis par le bureau du Comité, mais qu'ils sont le résultat de l'initiative d'un membre ; c'est une procédure à éviter dans l'avenir.

(*Acte est donné par le Congrès*).

5° De nombreux vœux déposés par la Fédération des Comités républicains radicaux et radicaux-socialistes de la seconde circonscription de Versailles : que l'extension de la juridiction prudhomale soit faite à tous les salariés ; que le réseau des chemins de fer de l'Ouest soit immédiatement racheté et que les tarifs pour le transport des voyageurs soient mis en harmonie avec ceux des autres compagnies ; que la capacité française des syndicats soit étendue; que l'arbitrage soit rendu obligatoire dans tous les conflits entre le capital et le travail ; que tout cautionnement fourni par un employé ne puisse être déposé qu'à la caisse des dépôts et consignations ; que le bénéfice de la loi sur le repos hebdomadaire soit étendu à toutes les catégories de salariés, ont été renvoyés aux Commissions compétentes avec avis favorable.

(*Acte est donné par le Congrès*).

6° La Commission a renvoyé à l'étude des commissions compétentes pour avis favorable deux vœux déposés par M. Burot, tendant l'un au remaniement des circonscriptions électorales (les unes comportant 30.000 électeurs, et d'autres n'en ayant que 5.000), l'autre demandant au Parlement de voter d'urgence la loi sur l'enseignement primaire et secondaire soumise à ses délibérations.

(*Acte est donné par le Congrès*).

7° Qu'il soit interdit aux ingénieurs et agents du contrôle des mines, des chemins de fer et autres grandes Administrations dépendant du contrôle de l'Etat, d'entrer au service des Industriels ou des Compagnies qu'ils sont chargés de surveiller, avant une période de cinq années après qu'ils auront quitté le service de l'Etat (déposé par M. Burot).

(*Adopté à l'unanimité*).

8° La Commission a renvoyé à l'étude des commissions spéciales divers vœux du Comité radical et radical-socialiste de La Voulte concernant la suppression des conseils de guerre, l'interdiction du port des habits ecclésiastiques sur la voie publique.

(*Acte est donné par le Congrès ainsi que pour la communication émanant du même Comité se félicitant de l'œuvre de haute Justice et d'éclatante réparation accomplie par la Cour de cassation*).

9° Que l'impôt sur les jeux de hasard, et notamment sur les paris aux courses soit augmenté dans de fortes proportions (déposé par M. Burot).

(*Adopté à l'unanimité*).

Le Président. — Je donne la parole au citoyen Le Foyer, rapporteur de la commission des affaires extérieures.

RAPPORT de la Commission des affaires extérieures et coloniales.

Le citoyen Lucien Le Foyer, rapporteur. — Je ne retiendrai pas longtemps votre attention, car je vais vous donner lecture simplement des résolutions du rapport présenté au nom de la commission des affaires extérieures et coloniales du Comité exécutif, adoptées presque intégralement par la commission du Congrès.

RÉSOLUTIONS :

1°

Le Congrès flétrit avec indignation les massacres organisés qui ensanglantent la Russie ;

'Croit accomplir son devoir d'amitié envers la nation alliée en lui rappelant, dans un esprit de pacification et dans un sentiment d'humanité, que, selon les termes de la Déclaration séculaire qui a assuré ses libertés et ses progrès, « l'oubli et le mépris des droits naturels de « l'homme sont les seules causes des malheurs du monde » et que « la loi doit être l'expression de la volonté générale.

Proteste, en conséquence, contre la dissolution de la Douma et salue sa réunion prochaine aux cris de « Vive la Douma ! »

2°

Le Congrès,

Considérant que si les derniers gouvernements qui se sont succédé au pouvoir ont affirmé leur souci de ne pas contracter d'emprunts nouveaux, ils ont, à plusieurs reprises, favorisé l'émission, en France, d'emprunts contractés par certains gouvernements étrangers,

Proteste contre cette politique financière, anti démocratique et anti-nationale, dangereuse pour la paix du monde, qui compromet la fortune publique, pour les plus grands profits de la haute finance, et alimente à l'étranger les forces de réaction, avec l'épargne du pays républicain, au détriment des œuvres françaises.

3°

Le Congrès,

Rappelant la résolution votée au Congrès de Paris,

Affirme à nouveau que la véritable «pénétration paci-fique », seule méthode d'expansion qui convienne à la République Française, ne saurait porter atteinte ni aux droits naturels des indigènes, ni aux droits acquis par les tiers, ni, par conséquent, compromettre la paix du monde.

4°

Le Congrès,

Réprouve avec énergie les actes de cruauté commis sur des indigènes par des fonctionnaires coloniaux, et attend du recrutement républicain de ces fonctionnaires l'abolition définitive de pratiques susceptibles de nuire gravement aux intérêts et au bon renom de la République Française.

5°

Le Congrès,

Signale aux pouvoirs publics, comme à l'opinion du pays, l'importance mondiale que présente la préparation du Programme de la 2ᵉ Conférence de la Haye,

Et, considérant les vœux émis par la 1ʳᵉ Conférence de la Haye, les traités d'arbitrage permanent conclus depuis 1903, les résolutions prises par la Conférence Inter-parle-mentaire et par les Congrès de la Paix, l'évolution des idées qui s'est poursuivie dans les divers pays,

Emet le vœu que les puissances inscrivent au Pro-gramme de la 2ᵉ Conférence de la Haye :

l'obligation du recours à l'arbitrage pour tous les dif-férends,

la reconnaissance des droits des peuples, extension des droits de l'homme aux groupes humains,

l'organisation générale de ce que les Conventions de 1899 nommaient la « Société des Nations civilisées »,

la limitation concertée des charges militaires,

la périodicité de la Conférence elle-même et sa repré-sentation, dans l'intervalle de ses sessions, par un Conseil permanent.

6°

Le Congrès,

Considérant que, sans affaiblir la défense nationale, des réductions peuvent être opérées sur les charges écrasantes des budgets de la guerre et de la marine, notamment sur le matériel naval, aussitôt réformé que transformé, sans cesse plus contesté et plus coûteux,

Considérant que la première Conférence de la Haye, en 1899, a émis formellement « le vœu que les gouvernements mettent à l'étude la possibilité d'une entente concernant la limitation des forces armées de terre et de mer et des budgets de la guerre »,

Considérant que la dernière Conférence Inter-parlementaire a décidé « que chaque Groupe faisant partie de l'Union Inter-parlementaire saisira sans délai le gouvernement de son pays et qu'il exercera son action la plus puissante sur le Parlement auquel il appartient pour que la question de la limitation des armements soit l'objet d'une étude nationale nécessaire au succès ultérieur de la décision internationale à la prochaine Conférence de la Haye »,

Considérant que le cabinet libéral anglais, sur l'avis conforme de l'Amirauté, a proposé, et que la Chambre des Communes a voté, la réduction du programme de constructions navales adopté par le précédent cabinet,

Adresse ses félicitations cordiales au gouvernement et au Parlement britanniques,

Invite le gouvernement et le Parlement français à réaliser, par une meilleure répartition et une stricte économie, la réduction nécessaire des budgets ruineux de la guerre et de la marine.

7°

Le Congrès,

Vu la résolution conforme émise par la Conférence Inter-parlementaire et les exemples fournis par plusieurs gouvernements étrangers, émet le vœu qu'une part minime des budgets de la guerre et de la marine soit consacrée à la création d'un budget international de la Paix, chargé de soutenir les institutions qui ont pour objet d'organiser l'état juridique des peuples.

Ces résolutions mises aux voix sont adoptées.

Le Rapporteur, — Je suis chargé par la Commission des affaires extérieures et coloniales d'appeler votre attention sur un cas intéressant et qui demande à être exposé, si brièvement que ce soit. Vous savez quel est notre règlement en ce qui concerne la nomination des délégués au Comité exécutif. On se réunit dans chaque département ou dans chaque colonie à l'effet de déléguer au Congrès un nombre de membres fixé par les statuts. Or, il se trouve que pour le Congrès de Lille la plupart des colonies ont été, en raison de la distance, touchées trop tardivement par les imprimés que l'administration leur a adressés et que par suite elles ont été dans l'impossibilité matérielle d'envoyer des représentants à ce Congrès. C'est un fait que M le Secrétaire permanent pourra vous confirmer. Il n'y a à ce congrès comme délégués des colonies que ceux de la Cochinchine et de la Guyane ; dans ces conditions la Commission des affaires extérieures et coloniales a cru qu'il était de son devoir de vous saisir officieusement de cette question.

La représentation coloniale va-t-elle donc demeurer vacante dans la plupart de nos colonies parce que celles-ci n'ont pu être averties en temps utile ? Voilà la question que vous soumeté. Elle n'intéresse, il est vrai, que les coloniaux, mais le Congrès doit la résoudre. La commission des Affaires extérieures et coloniales vous propose, sauf opposition parmi les intéressés, d'entrer en rapports avec les délégués que les questions coloniales intéressent et qui n'auraient pu assister à la séance de ce matin pour s'entendre au sujet de la représentation coloniale au Comité Exécutif. *(Protestations).*

Je crois avoir traité cette question de la façon la plus impartiale et la plus claire possible. Je comprends qu'il y ait de l'opposition, mais je ne voudrais pas qu'une partie de ce Congrès puisse supposer que nous avons la prétention d'imposer des noms ; nous vous proposons seulement un mode de votation. Si de votre côté vous en trouvez un meilleur, nous nous inclinerons bien volontiers

Plusieurs membres. — Aux voix, aux voix !

Le rapporteur. — Nous n'avons pas en ce moment à

désigner des délégués pour les colonies ; nous vous posons seulement une question de principe....

Le citoyen Pelletan. — Vou, sortez de votre mandat, il s'agit là d'une question de règlement et d'organisation du parti ; la commission des affaires extérieures et coloniales n'a qu'à nous présenter les questions théoriques ou pratiques qui peuvent intéresser les colonies, mais non à se préoccuper de la représentation au Congrès. (*Applaudissements*).

Le rapporteur. — C'est très simple....

Plusieurs membres. — La clôture, la clôture ! Assez ! assez !

Le Président. — Vous pourriez demander la clôture de la discussion en des termes plus corrects.

Le citoyen Thalamas. — Je demande la parole contre la clôture.

Le rapporteur. — Un Congrès ne peut retirer la parole à un rapporteur ; celui ci a toujours le droit de répondre aux objections qui lui sont faites, surtout lorsqu'elles s'appuient d'une autorité comme celle du citoyen Pelletan.

Un membre. — Il fallait transmettre le vœu à la commission intéressée.

Le rapporteur — Je vous propose soit de désigner la commission des affaires extérieures et coloniales pour vous faire des propositions...

Plusieurs voix. — Cela ne la regarde pas.

Le rapporteur. — Mais il me semble que les coloniaux sont intéressés à la question ! Je suis rapporteur, et, quelle que soit l'obstruction que je puisse rencontrer dans l'exposé de mes observations, je remplirai mon mandat.

Je conclus donc que la commission des affaires extérieures et coloniales peut, ou bien vous faire des propositions, ou bien se mettre d'accord avec la commission de propagande.

Le citoyen Thalamas. — J'ai demandé la parole, mais je serai très bref, quelques minutes seulement vont me suffire. Je ne parle pas seulement en mon nom, mais au nom d'un groupe de délégués notables qui ont manifesté leurs volontés.

Plusieurs membres. — Nous sommes tous notables.

Le citoyen Thalamas. — La question est celle-ci :

La Commission des affaires extérieures a-t-elle le droit de se substituer à la Commission d'organisation du parti ?

Plusieurs membres. — Non ! Non !

Le Président. — Nous sommes tous d'accord sur ce point, il est absolument inutile de prolonger cette discussion.

Le citoyen Thalamas. — Je suis toujours interrompu, ce qui m'oblige à vous dire qu'il ne s'agit pas de propositions pouvant intéresser les coloniaux, mais bien à repêcher des candidats.....

Le rapporteur. — Je proteste énergiquement contre les insinuations malveillantes du citoyen Thalamas.

Le citoyen Thalamas. — Nous ne voulons plus de coteries, ni de repêchage.

Le Président. — Vous n'avez plus la parole.

Le citoyen Thalamas. — Vous êtes intéressé vous-même à la question.

Le Président. — L'incident est clos. La parole est au citoyen René Weill au nom de la Commission d'assistance sociale et des retraites ouvrières et paysannes.

RAPPORT de la Commission d'Assistance sociale et des retraites ouvrières et paysannes.

Le citoyen René Weill, rapporteur. — Citoyens, avant de commencer ses travaux, la 4ᵐᵉ Commission a exprimé le regret de ne pas voir au nombre des Commissions, l'une d'entre elles réservée exclusivement au travail ; et considérant qu'il est de l'intérêt primordial du Parti que le Congrès puisse exprimer sa ferme volonté de réformes sociales immédiates, elle s'est, en plus de son programme général, constituée en Commission du travail.

10

Au point de vue des réformes sociales accomplies et à accomplir, la Commission estime que ce n'est pas par tentatives successives et isolées qu'il faut remédier à l'état social — le terrain est assez déblayé aujourd'hui — les entraves ont été brisées, il faut agir.

Mais il faut agir d'après un plan d'ensemble à l'avance conçu et méthodiquement appliqué. Procéder autrement, c'est s'exposer à des mécomptes, c'est risquer de faire un ensemble de lois sociales dépareillées et se heurtant.

Dans cet esprit, avant toutes choses, la Commission a pensé qu'il est grand temps de *créer en France un Ministère du travail.*

Une fois ce Ministère créé, quelles seront ses ressources ? quelles seront ses fonctions ?

II°

A la base des devoirs moraux de la collectivité envers les individus, notre quatrième Commission estime, Citoyens, que se place l'obligation de garantie et de réparation contre les risques de l'existence.

N'est-ce pas en effet le plus élémentaire des devoirs sociaux que celui de cette solidarité générale organisée contre le malheur ?

Frappée des bénéfices énormes que réalisent au surplus. avec l'autorisation des gouvernements qui les contrôlent, la plupart des grosses compagnies d'assurances, la Commission a jugé qu'il y avait là pour le Ministère du Travail une source de revenus considérables.

Et c'est cette réforme qu'elle voudrait la première de toutes voir avec l'assentiment du Congrès, réalisée par ceux qui bâtissent pour demain la Cité Nouvelle.

Abolir le privilège des assurances privées. Organiser sous les auspices du Ministre du travail les assurances sociales monopolisées.

III°

Voilà le deuxième vœu de notre 4e Commission, et c'est alors que démontrant le lien étroit qui unit toutes les réformes sociales essentielles, pénétrée de la connexité des modifications à imposer qui ne se peuvent aborder les unes sans les autres, la Commission a chargé son rapporteur de vous exposer qu'avec les sommes considérables qui alimenteraient par la mise en application des Assurances Sociales les caisses de ce Ministère du Travail

qu'elle souhaite de voir créer, avec ces sommes il y aurait
moyen de faire grandement les réformes sociales que la
Démocratie attend depuis si longtemps.

Avec cet argent, les retraites ouvrières, avec ces bénéfices enlevés aux profiteurs privés, les belles réformes
d'assistance et de prévoyance sociales seront réalisées.

Ce serait le flux et le reflux de la mutualité humaine
solidarisée !

Ceci constitue le troisième vœu de la Commission.

IV°

Le quatrième vœu de la Commission consiste à demander aux parlementaires adhérents au Parti de proposer et
de faire voter dans un bref délai un projet de Loi organisant l'assurance contre le chômage involontaire.

S'il est en effet un mal qui doive, auprès de la collectivité, trouver un bienveillant appui, c'est le chômage involontaire.

Voter l'assurance contre le chômage involontaire, c'est
permettre de vivre à tous ceux qui veulent travailler, c'est
enlever aux démagogues les prétextes ou les raisons à de
turbulentes manifestations ou à des émeutes sanguinaires,
et c'est au point de vue de l'éthique des groupements ci-
vilisés sanctionner cette vérité sociale : que quiconque
est prêt à travailler a droit au pain !

Au point de vue des *retraites ouvrières* et bien que la
Commission eût préféré voir appliquer le *système de la
répartition au lieu de celui de la capitalisation*, estimant
qu'il est de toute urgence que cette Loi de Retraites abou-
tisse enfin, la Commission compte sur le républicanisme
du Sénat pour donner aux travailleurs cette Loi tant atten-
due qui pourra ensuite recevoir des corrections qui la
rendront plus immédiatement bienfaisante et réparatrice.

Le vote de cette loi par le Sénat constitue le cinquième
vœu de la Commission.

VI°

Au point de vue général des problèmes suivants, la
Commission, après avoir discuté les rapports entre le Capital et le Travail ;

Encore que les discours récents d'éminents ministres

aient fait concevoir l'espérance d'une prochaine révision du contrat de louage de services et de travail.

Estimant qu'il appartient au Parti Radical et Radical-Socialiste d'affirmer, ainsi qu'il l'a déjà fait, que le régime du salariat doit disparaître ;

Qu'il faut par de prochaines décisions législatives préparer l'évolution éco omique des rapports entre employeur et employé.

Emet le vœu que :

« fidèles à la doctrine de mieux continu et de justice so-
« ciale plus parfaite de notre Parti, les députés et sénateurs
« adhérents proposent et fassent voter des améliorations
« au contrat du travail, de nature à amener progressive-
« ment la disparition du Salariat. »

VII°

Envisageant enfin les problèmes de prévoyance et d'assistance sociales la Commission a lié dans son étude la question des enfants amoraux ou anormaux à celle des adultes ou des hommes détraqués temporairement ou définitivement aliénés.

Sans pouvoir, étant donné le peu de temps dont on dispose, pour traiter toutes les questions que soulèvent ces etudes comme elles le méritent, la Commission a émis et soumet au Congrès les vœux suivants :

1° « Que pour les enfants amoraux ou anormaux par
« suite d'hérédité ou pour quelque cause que ce soit il
« soit créé par l'Etat et sous sa surveillance constante dans
« chaque département, des établissements médico-péda-
« gogiques où seraient soignés et peut-être guéris ces
« irresponsables. »

2° « Que pour les hommes » à l'instar de ce que la Commission propose pour les enfants « il y ait dans cha-
« que hospice un service spécial où seraient soignés ceux
« qui, sans être aliénés, sont dans un état intermédiaire
« entre la folie et l'état normal. »

3° « Que la loi de 1838 sur les aliénés soit révisée et
« que l'internement ne soit possible qu'entouré d'un grand
« nombre de garanties supplémentaires très rigoureuses. »

4° « Que le sort des vieillards dans les établissements
« publics d'hospitalisation soit amélioré et que notamment

« l'on cherche à rendre de plus en plus possible la vie
« isolée dans l'intérieur de ces établissements, au lieu
« d'obliger à la vie en commun dans les dortoirs et réfec-
« toires, vie qui peut paraître possible et certaine. »

5° La Commission a encore émis le vœu : « que soient
« reconnus aux enfants naturels les mêmes droits qu'aux
« enfants légitimes et que tout de suite l'on fasse dispa-
« raître des actes de l'Etat civil, soit dans les cérémonies,
« soit dans les publications, tout ce qui peut rappeler ce
« hasard de naissance qui peut quelquefois être injuste-
« ment une source de préjudice ou de vexations. »

6° S'alarmant de la gestion de certaines associations
mutualistes, la Commission a, d'autre part, émis le vœu
« que toutes ces sociétés soient soumises au contrôle des
« fonctionnaires inspecteurs des finances. »

VIII°

Relativement aux différentes difficultés que soulève la
question du travail, la commission ne pouvant pas malheureusement traiter en détail des problèmes si complexes a retenu les différents points suivants :

1° La Commission demande que « l'application de la
« loi sur le repos hebdomadaire ne diminue pas le salaire
« des employés et ouvriers de l'Etat ;

2° « Que le Personnel des grands Magasins soit, plus
« effectivement qu'il ne l'est, protégé par les Inspecteurs
« du Travail.

« Qu'il soit rigoureusement interdit sous aucun pré-
« texte, d'obliger dans les grands magasins à plus de 10
« heures de travail — que cette limitation soit sérieusement contrôlée — et qu'enfin « soit sous forme de punition
« soit pour une cause quelconque », il soit complètement
défendu de faire travailler des employés de ces grands
magasins, fût-ce une heure, les jours de repos ;

3° « Que les contrôleurs du travail dans chaque corpo-
« ration soient nommés par le Ministre sur une liste pré-
« sentée par les ouvriers ».

IX°

Votre quatrième commission a enfin examiné la question si complexe de la situation des employés des chemins de fer.

Elle estime que cette corporation si intéressante attend depuis trop longtemps déjà le vote des lois qu'on lui promet depuis tant d'années.

C'est en effet en 1894, pour ne pas remonter plus haut, que M. Descubes, député, déposait sur le bureau de la Chambre un projet de loi sur « la réglementation du tra- « vail des chauffeurs mécaniciens et employés des chemins « de fer ».

Depuis ce temps, malgré les efforts des citoyens Berteaux et autres, rien n'a été fait et les agents des chemins de fer sont toujours soumis au bon plaisir et aux caprices des Compagnies.

En attendant le rachat des chemins de fer, il importe de tenir parole au prolétariat des chemins de fer.

Votre Commission a entendu le délégué de 20.000 mécaniciens et chauffeurs, qui lui a exposé les revendications de ces travailleurs.

Pour leur donner satisfaction, il faut joindre la question des retraites à la question de la réglementation du travail.

Vous n'apprendrez pas sans une vive indignation que malgré la loi, les employés de chemins de fer, les chauffeurs et les mécaniciens mal défendus par les inspecteurs du travail, font plus de 18 heures consécutives ; vous n'admettrez certainement pas qu'à l'heure actuelle des employés de chemins de fer n'aient pas le droit librement de profiter des avantages que la loi leur a octroyés en leur donnant la liberté syndicale — et pourtant, à l'heure où je vous parle, ils sont bien nombreux les exemples d'ouvriers ou employés des chemins de fer révoqués parce qu'il font partie des syndicats.

Il n'est pas jusqu'à la loi de 1898 sur les accidents du travail qui ne leur soit en partie dérobée puisqu'on leur conteste le droit en cas d'incapacité permanente ou partielle, temporaire ou définitive, de cumuler la rente qu'ils peuvent revendiquer en vertu de cette loi avec leur pension de retraite conquise partiellement avec leurs versements dans un contrat bilatéral où eux seuls courent le risque de verser inutilement.

Pour faire cesser tous ces abus, pour réglementer

enfin cette question de la retraite que l'on a tant de fois abordée en vain, la commission vous propose le vœu suivant :

« Le Congrès émet le vœu « que le projet de loi sur la « réglementation du travail et des retraites pour les méca-« niciens et chauffeurs et agents des trains de chemins de « fer français déposé au Sénat par M Strauss, soit mis de « suite en discussion et voté par les Chambres ».

Telles sont, citoyens, les questions que la quatrième commission m'a chargé de rapporter devant le Congrès.

Si nous n'apportions aucune proposition susceptible de pouvoir modifier le régime actuel. vous donneriez raison aux socialistes qui disent toujours que les radicaux sont incapables d'apporter une amélioration quelconque au sort des travailleurs ou des déshérités.

(Le rapport mis aux voix est adopté).

Le citoyen Sancerme. — J'appelle toute votre attention sur le remarquable rapport qui vient de nous être lu par le citoyen Weill. La quatrième commission a étudié d'une façon très sérieuse tous les problèmes sociaux qui lui ont été soumis, et j'estime qu'au moment où le parti radical est en butte aux attaques du parti socialiste unifié, il est nécessaire que nous fassions savoir que le Congrès radical s'est occupé d'une façon sérieuse des problèmes sociaux.

Le Président. — La parole est au citoyen Blond, rapporteur de la commission de vérification des finances.

RAPPORT de la commission de vérification des finances

Le citoyen Emile Blond, rapporteur. — Chargé par la Commission de vérification des finances de vous présenter son rapport, je serai bref. Aussi bien notre rôle ne consiste qu'à vérifier des additions et des soustractions bien faites.

La situation de notre trésor est plutôt prospère. Nous avons cependant un regret à formuler : c'est que pour un grand parti comme le nôtre, notre budget ne soit pas plus considérable.

S'il nous est permis de sortir quelque peu de notre rôle de simples vérificateurs, nous exprimerons tous nos regrets de ce que beaucoup de cotisations ne sont pas payées aussi régulièrement qu'elles devraient l'être.

De ce fait il résulte annuellement, pour notre organisation, la perte d'une somme assez forte qui, totalisée avec les intérêts donnerait en 4 ans les moyens d'aider plus efficacement nos amis dans leur propagande électorale.

De plus le « Bulletin », qui devrait être une source de revenus, s'il paraissait plus régulièrement, et si sa rédaction présentait plus d'intérêt à la lecture, n'équilibre son budget qu'à grand'peine. Grâce à la réorganisation proposée par une autre commission et qui lui donnera une vitalité nouvelle, nous espérons que nous pourrons enregistrer l'année prochaine un accroissement notable des recettes.

A part ces considérations sur lesquelles nous avons cru de notre devoir d'attirer votre attention, nous n'avons que des louanges à adresser à l'administration de notre Comité exécutif. La comptabilité claire, méthodique a été d'une vérification extrêmement facile.

Nous présentons nos vives félicitations au trésorier et à ses collaborateurs.

(*Les conclusions du rapport mises aux voix sont adoptées.*)

Le Président. — J'invite les congressistes à retirer avant six heures, au Café du Kursaal, leur carte pour le banquet.

Ceux d'entre vous qui n'ont pas encore déposé sur le bureau la liste des délégués de leur département sont priés de le faire d'urgence.

Un délégué. — Comme suite au vœu qui a été déposé sur le repos hebdomadaire, je demanderais que le gouvernement ne tarde pas à donner satisfaction aux ouvriers, sans oublier les agents des postes et télégraphes qui forment une corporation si intéressante.

(*Adopté*)

Le Président. — Conformément à l'ordre du jour, on va vous donner lecture de la liste des délégués dont les mandats ne sont pas contestés.

Nomination des membres du Comité Exécutif pour l'exercice 1906-1907

Le citoyen Gély, rapporteur de la commission de contrôle des propositions. — Je n'étais pas partisan de commencer par la lecture des noms des délégués, je vais vous en donner la raison. L'année dernière, le Congrès a voté une motion appelée la motion Sarraut ; il y a nécessité, avant de vous donner lecture des noms qui vous sont proposés, de vous dire pourquoi votre commission n'a pas pu appliquer cette motion.

Le citoyen Thalamas. — Parfaitement.

Le rapporteur. — Je crois de mon devoir, avant de vous donner lecture des noms de vous expliquer les conditions dans lesquelles vous étiez appelés à juger les mandats qu'on nous a remis et pourquoi vous voyez si peu de contestations. Certainement, si on avait donné en même temps que la motion Sarraut le moyen d'applications que nous avons inutilement cherché, il y aurait eu plus de délégations contestées, mais nous avons été obligés d'accepter les noms tels qu'ils nous ont été proposés (*exclamations*).

Le citoyen Thalamas. — On les contestera.

Le rapporteur. — Citoyens, pour éviter de vous lire 600 noms, je vous propose de ne lire que les noms des départements non-contestés, en bloc.

Le citoyen Thalamas. — La question qui nous est soumise maintenant me semble, conformément aux observations qui viennent de nous être faites, devoir être précédée d'une discussion sur la motion Sarraut, car, enfin, nous ne pouvons pas être appelés à valider les listes avant que nous n'ayons été appelés à discuter le principe d'après lequel elles ont été faites. Si par exemple, ce que je ne sais pas, il se trouvait dans ce Congrès une majorité favorable à la motion Sarraut, qui a pu ne pas se trouver dans la Commission, quelle situation singulière sera la vôtre lorsque vous aurez commencé par valider tous les délégués élus, sans tenir compte de la motion Sarraut et qu'ensuite vous serez appelés à vous prononcer sur cette motion.

Il me semble qu'il y a là une difficulté de principe, que par conséquent, pour procéder d'une manière régulière, sincère et complète, il faut qu'on commence par examiner la question de principe. Elle est d'autant plus grave que les délégations du Comité exécutif ont une importance toute particulière en cette année, où s'ouvre pour le Parti une nouvelle période de luttes dans laquelle, je tiens à le dire pour terminer, nous pourrons être amenés, sans discuter le républicanisme de personne et sans faire de questions personnelles — car ce n'est pas notre habitude — à poser des questions de principe et à nous demander, par exemple comment il pourrait se faire que sous prétexte de délégation pour certaines circonscriptions lointaines on veuille nous faire assister à un escamotage et à un repêchage de candidats éliminés.

Le citoyen Le Foyer. — C'est complètement inexact.

Le citoyen Thalamas. — J'en donnerai des preuves.

Le citoyen Patenne, président de la Commission. — Citoyens, votre Commission s'est contentée purement et simplement d'enregistrer les désignations faites par les listes.

Ces listes ont été dressées par les délégués, ce sont ces noms que nous n'avions pas à changer et que nous avons scrupuleusement respectés, que nous vous présentons.

Le citoyen Thalamas. — Et que nous avons le droit de discuter.

Le citoyen Le Foyer. — Les questions de Seine-et-Oise ne doivent pas envahir le Congrès.

Le citoyen Patenne. — C'est simplement, mes chers concitoyens, dans le but d'épargner votre temps que nous vous avons proposé d'aller plus rapidement en réservant les listes pour lesquelles des contestations pouvaient être présentées et que nous vous aurions présentées dans l'après-midi. Il me semble que c'était une façon très sage de procéder pour gagner du temps. Si vous voulez qu'il en soit autrement, nous allons vous donner connaissance des noms par départements et nous réserverons pour cet après-midi les listes qui pourraient soulever des contestations. (*Très bien*).

Le Président. — Je mets aux voix la question de savoir si vous voulez qu'on donne lecture des noms ou des départements non contestés.

Voix diverses. — Non, les noms !

Le citoyen Thalamas. — Pas d'escamotage !

Le Président. — Je ne relève même pas cette injure !

Le rapporteur. — Les départements suivants donnent lieu à contestation : Aisne (*protestation du citoyen Thalamas*), Eure, Rhône, Saône-et-Loire, Oran.

Le citoyen Tissier conteste les propositions faites pour l'Inde.

Voix diverses. — Pourquoi ?

Le citoyen Tissier. — L'Inde n'a pas de délégués, ils n'ont donc pas pu dresser une liste.

Le rapporteur. — Les noms proposés pour la Martinique, la Réunion, le Sénégal sont également réservés.

Toutes les propositions contestées sont réservées pour être discutées dans la séance de l'après-midi.

Le citoyen Elie Mantout. — Comme délégué représentant régulièrement Alger depuis très longtemps, y ayant des occupations, y étant né, et y allant tous les ans rendre compte de mon mandat, j'ai déposé une liste, cette liste n'a pas été lue, je demande pourquoi.

Le rapporteur. — Les noms ont été contestés.

Le citoyen Elie Mantout. — Par qui ?

Voix diverses. — Par nous !

Le rapporteur. — Il est entendu que nous réservons les élections contestées pour cet après-midi. (*Très bien, très bien*).

Un citoyen. — Je demande qu'on statue tout de suite sur les mandats non contestés. (*Assentiment*).

Le rapporteur donne lecture des noms des délégations non contestées, département par département.

Le Président. — Je mets aux voix les noms des délégués qui n'ont pas été contestés.

Les délégations non contestées sont ratifiées.

Le Président. — Le Président de la Commission de la Déclaration du Parti me prie de vous informer que les membres de cette Commission se réuniront ici à l'issue de la séance de cet après-midi pour entendre la lecture de la déclaration avant qu'elle soit soumise au Congrès.

La séance est levée à midi vingt.

QUATRIEME SÉANCE

La séance est ouverte à 2 h. 20 par le citoyen Chabannes. Sur sa proposition, le général André est acclamé président de séance.

BUREAU.

Présilent : M. le Général André, délégué de la Côte d'Or.

Vice-présidents : MM. Bourély, député de l'Ardèche.

Dalimier, député de Seine-et-Oise.

Euzières, député des Hautes-Alpes.

Général Godard, délégué de Meurthe-et-Moselle.

Laurent, délégué de Seine-et-Oise.

Patenne conseiller général de la Seine.

J.-B. Morin, délégué de la Seine.

Alcindor, délégué de la Seine.

Secrétaires : MM. Cosnier, député de l'Indre.

Dreyfus, délégué de la Seine.

Gély, délégué de la Seine.

Gérault-Carion, délégué de la Côte-d'Or.

E. Le Roy, délégué de Seine-et-Oise.

Milhaud, délégué de la Seine.

Robin, conseiller général du Rhône.

Discours du général André, président.

Je sais, mes chers collègues, qu'en m'appelant à l'honneur de présider cette séance, vous entendez élever une éclatante protestation contre les basses et immondes injures que les partis de la réaction n'ont cessé de m'adresser, non seulement au cours des cinq années pendant lesquelles je suis resté au pouvoir, mais, chose exceptionnelle, au cours des 18 mois qui ont suivi et que j'ai passés dans la retraite et le silence le plus complet. (*Applaudissements*).

Je remercie le grand parti républicain de cette sympathie qui m'émeut profondément et qui prouve combien est exacte une remarque que Marcelin Pelet faisait en 1873. Dans son étude sur les hommes et les choses de la révolution, dans son livre « Les actes des apôtres », Marcelin Pelet, après avoir signalé les injures ordurières dont les journalistes de la cour couvrirent les hommes de cette grande époque, conclut en ces termes : « Ces insultes sont la récompense des hommes d'Etat républicain, et le ton de la presse réactionnaire leur permet d'apprécier justement les services qu'ils ont rendus à leur pays ».

Cette récompense, vous le savez, ne m'a pas fait défaut ; et votre approbation ne fait qu'en augmenter la valeur. (*Vifs applaudissements*).

Si ces symptômes tendent à indiquer que j'ai pu rendre au ministère de la guerre, quelques services au pays et à la République, j'estime que ces services me font un devoir de dire ici dans une des grandes assises du parti républicain, qu'en ces dernières années nos préoccupations ont été à mon sens trop exclusivement appelées par des prophéties pessimistes sur les questions électorales et se sont par suite trop complètement détachées des choses de l'armée, cette armée qu'on laisse retourner à l'état où l'avait trouvée le gouvernement de la défense républicaine, état qui menace d'être grave encore, étant donnée la nationalité du Chef actuel de l'association qui l'a jadis mise au point que vous connaissez.

Vous aurez à examiner des vœux émis dans ce sens par des fédérations départementales et j'espère que, grâce à vos résolutions, l'armée qui, en République, ne demande qu'à être républicaine, obtiendra cette satisfaction légitime.

Je ne sortirai pas de ma spécialité militaire en disant quelques mots de notre dernière victoire électorale, victoire telle que nous n'en avions pas encore remportée. Remporter une victoire, c'est bien ; mais l'essentiel, c'est d'en tirer tout le parti possible.

Pour cela, gardons-nous d'imiter ces anciennes troupes mercenaires qui se débandaient après le combat et qui n'étaient par suite plus en état d'opposer la moindre résistance à tout retour offensif de l'ennemi. Restons à nos rangs, que l'idée directrice du succès futur continue à inspirer l'avant garde et sa pointe, le gros du corps d'armée et l'arrière-garde elle-même. Ne désertons aucune des positions conquises ; marchons unis contre l'ennemi que vient d'ébranler notre succès et montrons enfin cette fois que si le parti républicain sait vaincre, il sait aussi profiter de la victoire.

Je puis, si vous le voulez, quitter le vocabulaire militaire, pour caractériser dans le cas particulier ces trois choses, l'avant-garde, le gros de l'armée et l'arrière garde. J'y vois, avec le poète, les trois aiguilles d'une horloge : l'une marque les heures, elle marche si lentement que notre œil la peut croire immobile ; l'autre, celle des minutes, a un mouvement perceptible pour un œil attentif, enfin celle des secondes, marchant par saccades, est entraînée par une vitesse qui est comme une protestation contre la lenteur désolante des deux autres aiguilles.

Eh bien, dans la marche en avant, dans le progrès des heures, chacune a sa fonction propre, et par l'intermédiaire de rouages cachés, toutes les trois restent solidaires ; quelle que soit celle que l'on arrête, on arrêtera les deux autres. N'en arrêtons aucune, nous fausserions le mécanisme.

Après cet appel à l'union adressé à tous les éléments du parti républicain, permettez-moi d'ajouter que j'ai eu l'honneur d'assister hier soir à une réunion de républicains presque aussi nombreuse que celle d'aujourd'hui ; de remarquables discours y furent prononcés ; mais ce que j'eus surtout à remarquer, c'est le profond silence, je dirai même le recueillement avec lequel furent écoutés les orateurs.

Permettez-moi, à l'ouverture de cette séance, de vous signaler cet exemple, non pas seulement pour que vous me facilitiez ma tâche de président, car j'ai vu et affronté d'assez violents tumultes pour en voir d'autres sans étonnement, mais surtout pour montrer par votre respect de la liberté et de la parole que vous êtes mûrs pour toutes les libertés. (*Applaudissements répétés*).

Le citoyen Buisson. — Je dois vous donner communication d'une dépêche que je viens de recevoir et qui, certainement, ne vous laissera pas indifférents :

« Je comptais partir ce matin et je suis retenu, mais veuillez faire agréer à tous nos amis l'expression de mes regrets et toutes mes salutations fraternelles. Henri Brisson. » (*Applaudissements.*)

Le président — Mes chers collègues, je profite de l'occasion qui vient de nous être offerte pour vous proposer d'adresser aujourd'hui même deux dépêches, l'une au citoyen Combes, (*bravo*) qui restera toujours l'âme de notre parti et son grand Directeur, et l'autre au citoyen Brisson dont l'intégrité de carrière reste pour nous un exemple. (*Vifs applaudissements*). Je vous demande la permission d'envoyer à nos deux amis une adresse de sympathie, au nom du Congrès de Lille, et de leur exprimer tous les regrets que nous éprouvons de ne pas les voir au milieu de nous. Nous n'oublierons jamais ni les services qu'ils nous ont rendus ni les exemples qu'ils nous ont donnés. (*Applaudissements et acclamations*).

Le Président. — Je vois que je n'ai pas besoin de mettre la proposition aux voix.

La parole est au citoyen Silvy sur le procès-verbal.

Le citoyen Silvy. — Vous allez passer dans un instant à la discussion des élections contestées des membres du Comité exécutif. Je désire soulever une question de personne, mais surtout et avant tout une question de principe.

Je n'ai pas été frappé tout d'abord de la désignation du citoyen Astier, député, comme délégué au Comité exécutif pour le département de l'Ardèche, mais aussitôt que je m'en suis aperçu, j'ai eu la pensée de demander au Congrès s'il entend par cette nomination émettre un vote de principe, s'il entend passer outre au vote de flétrissure émis contre le citoyen Astier au Comité exécutif en janvier dernier, s'il entend désavouer les Comités républicains de l'Ardèche qui ont fait, lors des dernières élections, opposition à M. Astier, s'il veut désavouer les orateurs républicains les plus éminents de notre parti qui sont allés dans ce département combattre ce dissident ? Telle est, mes chers concitoyens, la question que je pose.

Voix diverses. — Il est trop tard, le vote est acquis !

Le citoyen Pelletan : — Je dois déclarer tout d'abord que je ne suis appelé ici par aucune rancune contre le citoyen Astier. En effet, il a donné un exemple assez rare : alors qu'avec la droite il combattait à outrance le ministère Combes, il a bien voulu faire une exception pour ma personne et ne m'a jamais attaqué moi-même. Mais c'est une question de politique générale qui se pose. Vous vous rappelez notre émotion quand nous nous sommes demandé si la présidence de la République allait tomber dans les mains de la Droite. Il m'en souvient, à ce moment là j'ai demandé au Comité exécutif un vote de réprobation contre tous les partisans de la candidature Doumer. Nous avons eu très laborieusement la majorité, je reviendrai peut-être sur cette question dans le cours de cette séance. Cela prouve que les trente ou quarante membres présents du Comité exécutif ne sont pas toujours complètement d'accord avec l'ensemble de ce Comité. Les électeurs du citoyen Astier se sont émus et tous les Comités adhérents lui ont opposé un autre candidat, afin de ne pas pactiser avec cette trahison qu'était la candidature Doumer. (*Applaudissements.*).

Ainsi, flétrissure du Comité exécutif, réprobation de tous les républicains de la circonscription, telle a été la situation. Quant à moi, j'ai considéré comme de mon devoir d'aller appuyer le concurrent du citoyen Astier, non pas pour des raisons personnelles, mais parce qu'il tenait le drapeau de la République en face de la candidature d'un ami de Doumer.

Je crois qu'il ne faut pas avoir de rancune, et je suis, quant à moi tout disposé à réadmettre le citoyen Astier dans les rangs de notre parti quand il sera revenu de ses erreurs passées, ou plutôt, je ne voudrais pas l'exclure des rangs des adhérents au parti, mais ne croyez vous pas qu'il y a dans la désignation faite ce matin, sans que peut-être personne ait remarqué ce nom, (*parfaitement, parfaitement*) une sorte de désaveu de ceux de nos amis de la circonscription qui ont combattu le citoyen Astier.

Il ue faut pas avoir deux poids et deux mesures : si vous êtes d'avis d'admettre le citoyen Astier, je vous déclare que je ne serai jamais contraire aux amnisties ; mais alors, vous avez deux mesures de réparation à faire, vous devez revenir sur l'exclusion de Charles Bos qui n'en a pas fait plus qu'Astier, et sur l'exclusion de J -B Passerieu qui en a fait infiniment moins.

Une voix. — Il faut exclure le citoyen Bussière.

Le citoyen Pelletan. — Je voudrais qu'on soulevât le moins possible les questions de personne ; il serait tout à fait injustifiable de comparer le citoyen Bussière qui est resté dans les rangs du parti républicain, qui a pu voter une fois comme nous n'aurions pas voulu qu'il votât, mais qui n'a jamais manqué à l'appel quand le salut de la République était en jeu, avec ceux qui, à l'heure décisive ont essayé de donner à la République un Président nommé par la droite et qui, quand nous nous en sommes expliqués au Comité exécutif, ont déclaré qu'ils persistaient dans cette attitude. Je ne fais pas une question de personne, je répète que je devrais garder de la reconnaissance au citoyen Astier puisqu'il a continué à me soutenir pendant qu'il combattait le ministère dont je faisais partie, mais c'est une question de principe.

Est-il admissible que demain on dise à grand bruit que vous avez exclu les deux citoyens que j'ai nommés tout à l'heure et que non seulement vous avez maintenu dans les rangs du parti — je ne demande pas son exclusion, je suis persuadé qu'il est plein de bonne volonté et qu'il suffira de lui laisser le temps de réparer son erreur — mais encore que vous avez nommé au Comité exécutif, au Comité Directeur, un homme qui a été l'un des artisans et l'un des défenseurs d'une candidature soutenue par la Droite? Véritablement, cela paraîtrait incompréhensible.

Le Président. — On propose de rayer de la liste des membres du Comité exécutif pour le département de l'Ardèche le citoyen Astier qui a manifesté d'une façon non douteuse ses sentiments douméristes.

La proposition est adoptée.

Je donne la parole au citoyen Gély pour la continuation de la nomination des membres du Comité Exécutif.

Suite de la nomination des membres du Comité Exécutif.

Le citoyen Gély, rapporteur de la commission de contrôle des propositions.

Ce matin le Congrès a contesté un certain nombre de propositions. A l'une des dernières séances du congrès de Paris, sur la proposition du citoyen Maurice Sarraut, nous avions décidé que seuls les délégués des organisations départementales pourraient représenter ces organisations au Comité exécutif. J'avoue pour ma part que la Commission était favorable à cette procédure, mais avec la meilleure volonté, il lui a été impossible de l'appliquer. Elle ne pouvait pas, en une heure, vérifier six ou sept cents noms, et savoir si les délégués qui étaient proposés étaient véritablement mandatés par tel ou tel département. Nous voudrions que dans l'année qui va s'écouler on fît ce qui aurait déjà dû être fait pour donner à la Commission du Congrès le moyen pratique de vérifier en une heure les pouvoirs de ceux qui sont présentés pour faire partie du Comité exécutif. Cette année, nous avons dû accepter toutes les listes signées conformément aux statuts du Congrès par un ou plusieurs délégués du département, sauf quelques exceptions. Pour le département d'Alger, deux listes sont en présence : l'une ne comporte que trois noms : Gérente, sénateur, Begey, député, Chotaniat, secrétaire de la Rédaction du journal politique « Les nouvelles. » Cette liste est signée Paul Gérente. Elle nous a été apportée par le citoyen Bonnet, Président de la Fédération de la Seine.

D'autre part, on nous a remis une liste signée Elie Mantout, comprenant quatre noms : Gérente, Begey, Elie Mantout et Lattès, propriétaire en Algérie. Il nous a semblé équitable, puisque les signataires des deux listes sont régulièrement délégués au Congrès et qu'il y a quatre candidats à élire, de prendre une liste ainsi composée : Gérente et Begey qui sont sur la liste signée Gérente; Elie Mantout et Lattès qui sont sur la liste signée Elie Mantout. Nous vous proposons en conséquence de composer ainsi qu'il suit la délégation du département d'Alger : Gérente, Begey, Elie Mantout, Lattès.

Cette proposition est adoptée.

Le rapporteur. — Pour la colonie de la Martinique, nous avons reçu une liste comprenant les noms suivants: Lemery, avocat à la Cour, Alcindor, Knight, et Blumenthal ; cette liste est signée Lemery. Une autre liste signée de Scellier, comprend MM. Knight, Alcindor, Lemery et De Pressac. Enfin, nous avons reçu au nom du sénateur Knight, une dépêche ainsi conçue : « Proposons pour Comité exécutif : Knight et Blumenthal. Enfin, notre ami Delpech vient de recevoir de M. Knight la lettre suivante : Mon cher Ami, Je ne puis à mon grand regret me rendre au Congrès, veuillez m'en excuser publiquement auprès de nos collègues du Congrès. Rendez-moi le service de me faire nommer membre du Comité exécutif en remplacement de mon collègue et ami Clément qui ne s'est pas représenté à la députation »

Vous êtes en face de trois listes : l'une qui comporte quatre noms, la seconde également quatre, et la troisième, deux. Je crois que vous n'avez qu'à mettre aux voix celle qui comporte deux noms de collègues dont l'un fut toujours membre du Comité exécutif pour la Martinique, et dont l'autre est le sénateur Knight.

Le citoyen Alcindor. — Je dois signaler une erreur matérielle du rapporteur. La Martinique n'avait droit l'année dernière qu'à deux délégués, parce qu'il n'y avait qu'une circonscription électorale. Les colonies et l'Algérie ont droit à deux délégués par circonscription électorale. A la suite de la catastrophe du Mont Pelé, l'une des circonscriptions fut supprimée, mais la population ayant augmenté et s'étant répartie d'une façon différente. Il y a eu à nouveau deux circonscriptions électorales. Notre colonie a donc droit à quatre délégués.

Le rapporteur. — Ce matin, nous nous étions mis d'accord pour présenter une liste de quatre noms, mais nous avons été saisis d'une constestation. Je prie donc l'auteur de cette contestation de s'expliquer à la tribune.

Un membre. — Il n'y a plus de contestations.

Le rapporteur. — Dans ces conditions, la Commission propose les quatre noms suivants : Lemery, Knight, Alcindor et Blumenthal.

Les conclusions de la Commission sont adoptées.

Le citoyen Bourély. — Je demande la parole.

Le Président. — Je ne puis vous donner la parole que si le rapporteur vous la cède.

Le rapporteur. — Je cède volontiers mon tour de parole au citoyen Bourély.

Le citoyen Bourély. — Je ne veux pas revenir sur une question déjà tranchée, mais j'ai le devoir d'exposer dans quelles conditions a été présentée la liste de l'Ardèche.

Voix diverses. — Nous ne voulons plus d'Astier. C'est voté, c'est voté !

Le citoyen Bourély. — Il s'agit de me permettre ..

Le Président. — Je ne peux pas vous laisser revenir sur un vote acquis.

Le citoyen Bourély. — Quand j'aurai fait connaître le devoir que je remplis en ce moment, je suis sûr, mes chers collègues que vous m'excuserez d'avoir insisté. Je me suis trouvé ici le seul délégué de l'Ardèche. J'ai demandé à connaître la liste des délégués sortants. Je n'avais pas mandat de présenter une candidature quelconque. La liste des sortants comprenait MM. Boissy d'Anglas, Astier et Cuminal. Une place était vacante, celle de mon regretté prédécesseur et ami, Albert Le Roy. J'avais mandat de mes comités de poser ma candidature, mais je n'avais pas mandat de présenter une autre candidature, encore moins de m'y opposer. Je fais cette observation dans l'intérêt de la bonne foi et de la loyauté, nous ne pouvons pas frapper un collègue, et c'est le cas pour le Citoyen Astier, qui ne s'est pas présenté comme candidat.

Voix diverses. — C'est fait.

Le citoyen Bourély. — C'est entendu. Comme la liste de l'Ardèche était passée ce matin sans contestation, je ne pouvais pas savoir ce qui se passerait cet après-midi ; je voulais prendre la parole tout à l'heure, mais le vote a été très rapide ; je tiens à faire saisir cette nuance : Il ne faut pas qu'un citoyen puisse dire : comment, j'ai été battu alors que je n'avais donné à personne le mandat de poser ma candidure. » Je demande donc en toute bonne foi qu'on ne considère pas comme posée une candidature qui ne l'a pas été.

Le citoyen Patenne. — Ce matin on a présenté à la Commission une liste complète pour l'Ardèche. Cette liste comprenait le nom du citoyen Astier que vous venez de rayer ; puisqu'il reste une place libre, je vous propose d'y appeler le citoyen Bourély.

Le citoyen Tissier. — Le nom du citoyen Bourély a été accepté ce matin ainsi que les trois autres noms que vient de rappeler notre collègue. Le citoyen Bourély a simplement tenu à expliquer quel avait été son rôle.

Le Président. — L'incident est clos.

Le rapporteur. — Nous revenons au département d'Oran. Je rappelle que les quatre délégués proposés sont les suivants : Bouillard, chef de Bureau au Ministère de l'Intérieur en retraite ; Trouin, député ; Bourrat Charles, avocat ; et Falot, industriel.

Cette liste est signée Trouin,

Le citoyen Perillier. — Je prends la parole en qualité d'ancien député de Seine-et-Oise et de Président du Comité départemental radical et radical-socialiste de Seine-et-Oise. C'est à mon corps défendant que j'interviens dans ce débat, car rien ne m'est plus pénible que de discuter des questions de personnes et il va sembler que je discute des questions de personnes, en contestant la délégation du citoyen Falot. Il n'en est rien. Le citoyen Falot sait mieux que personne quels sentiments d'estime et de sympathie j'ai pour lui. Il sait que je ne conteste pas son républicanisme, et que la discussion que nous soulevons est une pure discussion de principe, de nature à engager les intérêts moraux les plus essentiels du Comité Exécutif du parti radical et radical-socialiste.

Voici les faits : Le citoyen Falot est Président du Comité de Rueil dans l'arrondissement de Versailles. A ce titre il est affilié au Comité départemental que j'ai l'honneur de présider. Il a été régulièrement délégué par son Comité au Congrès. Hier, tous les délégués de Seine-et-Oise se sont réunis au nombre de 35 et ont procédé régulièrement à l'élection des membres de la délégation de Seine-et-Oise au Comité exécutif. Le citoyen Falot a pris part au vote, il a posé sa candidature, on a même discuté, on a passé au scrutin, et le citoyen Falot n'a pas été élu ; je dois dire qu'il a obtenu un nombre de voix assez peu élevé.

Pour quelles raisons, je n'en sais rien et je ne veux pas le savoir.

Le citoyen Falot. — Je vais vous le dire.

Le citoyen Perillier. — Je constate uniquement que le citoyen Falot délégué du département de Seine-et-Oise, a pris part avec ses collègues de la délégation à l'élection au Comité exécutif. Il a été candidat, il a été battu et après avoir été battu voulant quand même, vous m'entendez bien, rester membre du Comité exécutif, s'insurgeant en quelque sorte contre la décision des ses collègues... *(applaudissements sur divers bancs et vives protestations sur d'autres bancs).* Est-il possible de qualifier cet acte autrement que je viens de le faire ? C'est une véritable insurrection contre la décision de ses collègues, de ceux qui le connaissent, au milieu desquels il vit, qui, mieux que personne, sont à même d'apprécier ses mérites et ses démérites et qui, en connaissance de cause, ont statué sur sa candidature. Après que cette décision a été rendue, nous avons été stupéfaits d'apprendre que le citoyen Falot qui n'habite pas Oran, qui n'y a aucun intérêt, qui hier soir ne songeait pas du tout à être délégué du Comité d'Oran, était porté sur la liste des délégués de ce département.

Le citoyen Oudin. — Qu'est-ce que cela peut vous faire ?

Le citoyen Perillier. — Ce que cela peut me faire ? Je vais vous le dire.

Un membre. — Il n'est pas le seul qui soit dans ce cas, il y en a 50 ici.

Le citoyen Perillier. — Cela me fait craindre que la sincérité des élections au Comité exécutif ne soit pas observée. Je trouve déplorable que lorsqu'un candidat n'a pas été nommé par ses pairs, par les siens, par ses concitoyens qui le connaissent mieux que personne, ce candidat puisse, au moyen d'un subterfuge fâcheux, rentrer quand même au Comité exécutif en se faisant élire pour un autre département. Ce que je vous demande aujourd'hui, ce n'est que l'application de la proposition Sarraut. Notre rapporteur nous dit : « Nous n'avons pas pu appliquer cette proposition parce qu'il nous est impossible, sur la masse de noms qui nous sont remis, de savoir quels sont ceux qui appartiennent réellement aux départements qu'ils représentent ou prétendent représenter. Ici il n'y a pas de doute, pas d'erreur. Vous savez bien que le citoyen Falot appartient au département de Seine-et-Oise qui n'a pas voulu le nommer.

Une voix. — Appliquez cette règle à tout le monde.

Diverses voix. — Aux voix ! aux voix !

Le citoyen Trouin. — Citoyens, vous venez d'entendre une théorie. Il est nécessaire que vous écoutiez l'autre. *(Vives interruptions sur divers bancs).*

Le citoyen Trouin. — Je parlerai, soyez en sûr ! Le Président de la Fédération radicale et radicale-socialiste de

Seine-et-Oise est venu s'ingérer dans les affaires de la re-présentation du département d'Oran.

Le citoyen Perillier. — Pas du tout !

Le citoyen Trouin. — J'ai écouté en silence le citoyen Périllier, je vous demande de me faire la même faveur ; je vous demande d'écouter toutes les opinions, vous pour-rez juger ensuite.

Un membre. — A quel titre parlez-vous ?

Le citoyen Trouin. — Je suis député d'Oran. Le citoyen Périllier aujourd'hui, comme le citoyen Dalimier hier, ont affirmé le républicanisme du citoyen Falot depuis quatre ans comme un militant, comme un actif, comme un ré-publicain sincère et dévoué. Nous, algériens, nous sommes trop loin pour venir aisément à Paris. Si nos souvenirs étaient frais, vous pourriez vous rappeler qu'hier soir vous avez pris une décision qui implique une action nette et énergique de la part des membres du bureau du Comité exécutif. Vous avez décidé que les membres du bureau seront nommés pour un an. En Algérie où plus qu'ailleurs nous avons à lutter, nous avons le besoin d'avoir des représentants à Paris dont le dévouement et la sincérité républicaine nous soient connus. C'est dans ces conditions que nous avons pris le citoyen Falot.

Le citoyen Périllier vient de dire que c'est après avoir subi un échec hier au sein de la délégation de Seine-et-Oise, que le citoyen Falot nous a demandé de le porter sur notre liste. Je m'inscris en faux contre cette affirmation. C'est hier à deux heures... (*Vives interruptions et bruit*).

Je maintiens que nous avons le droit de présenter le citoyen Falot. (*Applaudissements sur divers bancs*).

Le citoyen Georges Bodereau. — Nous venons de perdre une heure, je vous demande si nous allons passer toute une séance à discuter la haine de M. Thalamas contre M. Falot (*Vifs applaudissements sur un grand nombre de bancs*).

Le citoyen Thalamas se présente à la tribune (*Accla-mations sur divers bancs, protestations sur d'autres bancs*)

Le Président. — Nous avons entendu les citoyens Pé-rillier et Trouin soutenant chacun une thèse opposée.

J'imagine que le Congrès est édifié, je mets la clôture aux voix.

(La clôture est prononcée).

Le Président. — La commission propose d'admettre, parmi les délégués du département d'Oran, le citoyen Falot ; je consulte le Congrès.

(L'épreuve a lieu).

Le Président. — Au nom du bureau, je déclare que les propositions de la commission sont approuvées (*Protestations sur divers bancs et tumulte*).

La décision du bureau semble contestée, l'épreuve est douteuse ; bien que cette discussion dégénère malheureusement en discussion de personnes, elle sera continuée. La parole est au citoyen Buisson.

Le citoyen Buisson. — Nous sommes tous d'accord pour reconnaître qu'il est impossible que le Congrès entre dans des discussions de personnes qui finissent par s'envenimer, bien que tout le monde soit de bonne foi et apporte de bonnes raisons.

Je désire signaler un vice d'organisation que vous devez réparer, non pas en frappant telle ou telle personne, mais en adoptant la proposition qu'à l'avenir, dès le prochain Congrès, les listes des candidats au Comité exécutif seront arrêtées par les fédérations départementales avant le Congrès et déposées lors de l'ouverture du Congrès, avec la signature des personnes ayant mandat pour représenter ces fédérations.

Un membre. — Et le cas des candidatures multiples. ?

Le citoyen Buisson. — Je ne vous demande pas de régler tous les détails de ce mécanisme, je vous soumets une proposition de principe qui, ce me semble, ne peut pas être sérieusement discutée. Le rapporteur avec toute sa loyauté, vient d'avouer que la commission avait une heure pour discuter 700 noms, c'est une tâche impossible, et nous devons remédier à un vice d'organisation qui risquerait de nous causer les plus graves périls dans l'avenir.

Jusqu'ici la méthode que nous employons nous a été imposée par la précipitation même de nos travaux ; nous sommes obligés de nous y conformer cette fois encore, mais je vous demande, au lieu de discuter des noms qui sont présentés, d'accepter dans l'avenir que cette opération qui n'a pas été faite seulement pour le citoyen Falot, mais pour plusieurs autres de nos collègues, soit rendue plus régulière ; pour cette fois et parce que nous ne pouvons pas faire autrement, je crois que nous devons, à titre de transaction, accepter les propositions qui nous seront faites ; mais à l'avenir il est de toute nécessité que les candidatures des délégués au Comité exécutif soient contrôlées sérieusement, régulièrement et correctement, avant le Congrès par les fédérations départementales.

Le citoyen Burot. — C'est ce que j'ai demandé.

Un membre. — C'est remettre en cause toute l'organisation du parti.

Le Président. — Je mets aux voix la proposition de principe du citoyen Buisson, ainsi conçue :

« Le Congrès, reconnaissant la nécessité que les listes des candidats au Comité exécutif soient arrêtées par les fédérations départementales, décide :

1. Qu'à l'avenir toutes les listes des délégués au Comité exécutif, dûment signées par les délégués des fédérations départementales, devront être adressées au secrétariat du Congrès au plus tard le jour d'ouverture de ses travaux.

2. Que cette règle n'ayant pas été appliquée jusqu'à ce jour, il y a lieu de valider par une mesure de régularisation prise à titre exceptionnel, les candidats même étrangers au département qui sont présentés par les membres de la délégation départementale présents au Congrès. »

(La proposition mise aux voix est adoptée.)

Le citoyen Périllier. — Je demande la parole.

Le Président. — Je ne vous donne pas la parole.

On me signale que le vote qui vient d'être émis n'a pas été compris de tous les votants.

On peut distinguer dans la proposition deux parties très nettes : d'abord l'approbation de la proposition du citoyen Buisson pour l'avenir, en second lieu, son approbation pour le présent en ce qui concerne le maintien du citoyen Falot sur la liste du Comité exécutif pour Oran.

Il est admis que la majorité du Congrès s'est prononcée

pour l'approbation de la proposition dans l'avenir Mais pour le cas présent, afin qu'il n'y ait aucune équivoque et qu'il ne puisse y avoir aucune contestation, je vais mettre la question directement aux voix.

Le citoyen Dalimier. — Je suis le seul élu de Seine-et-Oise qui soit ici présent, je demande a m'expliquer (*Bruits*).

Le Président. — Le Président n'est que l'exécuteur des volontés de l'Assemblée. Bien que la clôture ait été votée, je consulte de nouveau le Congrès sur la question de savoir s'il veut entendre le citoyen Dalimier.

Le citoyen Louis Martin. — Alors, la discussion se rouvre.

(Le Congrès consulté décide de donner la parole au citoyen Dalimier).

Le citoyen Dalimier. — Citoyens, je suis ici le seul des élus du département, et je préférerais de beaucoup que notre ami Berteaux ou notre ami Aimond fussent à ma place pour intervenir dans une question aussi délicate et aussi difficile ; mais puisque c'est un devoir qui m'est imposé et que j'ai accepté du Comité départemental de tout le département de Seine-et-Oise, je ne veux pas m'y soustraire un seul instant. (*Très bien ! Très bien !*)

A la suite du vote que vous avez émis tout à l'heure et qui semblait comporter l'acceptation du citoyen Falot (*Oui ! Oui ! Non ! Non ! Mouvements divers*)....

Je dis « Qui semblait ».

A la suite de ce vote, j'ai vu immédiatement tous les délégués de Seine-et-Oise se préparer à quitter le Congrès. Citoyens, vous savez avec quelles difficultés le département de Seine-et Oise a lutté. Vous savez la belle victoire qu'il a remportée le 6 mai dernier et ce qu'il a encore à faire. Il s'agit de discuter sérieusement et de ne pas jeter à la légère hors du parti tous les représentants d'un département comme celui-là. Or, à l'instant même, le comité départemental de Seine-et-Oise venait apporter au Bureau la démission collective de tous les délégués de Seine-et-Oise appartenant au parti radical et radical-socialiste.

Je vous jure, citoyens, que je ne suis animé — Falot le sait mieux que personne — d'aucune animosité personnelle contre lui. J'ai rendu hommage le premier, hier, à ses sentiments républicains ; mais il s'agit de l'avenir du parti républicain dans tout un département, et mon devoir est de me faire entendre ici.

J'accepte de grand cœur, quant à moi, la proposition qui vous a été faite tout à l'heure par le citoyen Buisson, mais permettez-moi de vous rappeler qu'une proposition identique avait été votée l'année dernière au Congrès de Paris, sur l'initiative de notre ami Sarraut.

Le citoyen Gély — Ce n'est pas la même.

Le citoyen Dalimier — Et si je comprends à merveille que des départements éloignés puissent quelquefois s'adresser à un militant habitant Paris pour les représenter au Comité exécutif, que s'il n'y a pas à Brest ou à Toulon des hommes ayant la facilité de faire des voyages pour venir au Comité exécutif, on s'adresse à un militant parisien afin de rester en contact avec l'organisation centrale du parti, je n'admets pas que des faits comme celui que je vais citer, — pour ne pas parler du cas de Falot — se produisent.

Voici mon exemple Alors que tous les élus de la délégation de la Seine réunis hier soir ont envoyé siéger leurs délégués au Comité exécutif avec une moyenne de 150 à 200 voix, un membre sortant de cette délégation que par conséquent tous les délégués de la Seine connaissaient et avaient vu à l'œuvre au Comité exécutif, dont ils avaient pu apprécier les qualités, n'a obtenu que trente et quelques voix. Or, je n'admets pas que ce délégué qui n'a réuni que trente voix alors que ses collègues avaient réuni 150 voix dans ce même département, puisse, au nom d'un autre département qui ne le connaît peut-être pas, siéger au Comité exécutif (*Applaudissements*).

C'est extrêmement dangereux et je pourrais vous citer un département qui n'a ici qu'un seul représentant : il est le seul représentant de ce département, il ne représente pas un Comité, il représente un journal et, à lui tout seul, il a repris des candidats battus hier soir dans la délégation de la Seine, pour les nommer, à lui tout seul, délégués d'un autre département au Comité exécutif. (*Applaudissements*).

Je dis que lorsque vous donnez à des hommes le mandat de diriger l'action politique de votre parti, lorsque vous allez vous séparer d'eux pour une année, lorsque vous mettez toute votre confiance dans leurs sentiments républicains et dans leurs capacités de direction, il est inadmissible que des délégués après avoir comparu devant ceux qui les connaissent, n'ayant pas eu leurs suffrages, puissent, malgré eux et contre leurs volontés, rentrer au Comité (*Applaudissements*).

Comment, citoyens ? Le département de Seine-et-Oise tout entier, dans la personne de ses délégués, s'est réuni hier soir, nous n'avons étouffé aucune discussion, toutes les candidatures ont été posées, on en a dressé la liste complète ; et notre ami Falot a été candidat. Non seulement les candidatures ont été posées, mais chacun des candidats a fait valoir les titres qu'il pouvait avoir à entrer au Comité exécutif. Eh bien, nous qui sommes du département, nous qui savons quels sont ceux qu'il y a intérêt pour la politique de notre département, à faire entrer au Comité exécutif, nous avons agi en connaissance de cause.

Si on m'avait demandé à moi de nommer ce matin des délégués pour l'Ille-et-Vilaine ou les Bouches-du-Rhône, j'aurais été, je l'avoue, tout à fait incapable de le faire car je ne connais pas les besoins et les intérêts de ces départements (*Applaudisssments*),

Il ne s'agit donc pas ici simplement du cas de notre ami Falot, il s'agit du cas de tous ceux qui, candidats dans leur département, n'ont pas été les élus de ce département et sont allés ensuite se présenter dans un autre département pour entrer quand même au comité (*Applaudissements*).

Il s'agit, je ne dirai pas de candidatures multiples, mais de candidatures successives ; il pourrait arriver que, candidat dans quatre, cinq ou six départements qui ne voudraient pas de lui, un citoyen finisse par en trouver un septième qui l'accepte. Que ceux qui n'ont pas été candidats dans un autre département soient envoyés au comité pour représenter un département éloigné, c'est parfait ; nous nous en rapportons à eux, pour avoir un correspondant sûr et fidèle ; mais ceux qui se sont présentés devant le département pour lequel ils avaient été délégués ici, et qui n'ont pas été élus, n'ont pas le droit d'être membres du Comité exécutif (*Applaudissements.*)

Cris : Aux voix !

Le citoyen Dalimier. — Et maintenant, citoyens, je terminerai par une supplication à mes amis de Seine-et-Oise. Je vous adjure, mes chers amis, devant le Congrès, ne prenez pas sous le coup du ressentiment une décision trop rapide que vous pourriez regretter demain

Des précautions seront prises pour l'avenir, vous entendez bien, et si tout à l'heure le Congrès ne me suivait pas dans la voie où je cherche en ce moment, au nom de l'intérêt du parti, à l'entraîner, pensez, citoyens, que même ayant défendu l'intérêt de notre parti, nous qui avons une besogne républicaine si dure, si âpre. si difficile à faire dans le département, même si nous sommes battus, — et je m'adresse à vous mon cher Périllier, — que nous ne pouvons pas, que nous ne devons pas nous obstiner dans un ressentiment stérile. Je vous en adjure, quoi qu'il arrive, restez ici, votre place y est (*vifs applaudissements*).

Groupe de délégués de Seine-et-Oise. — Non ! Non !

Le citoyen Louis Martin. — La question, ce me semble, est beaucoup plus haute qu'un incident personnel Pour ma part, je ne connais nullement le citoyen Falot, je ne l'ai jamais vu, mais je suis profondément ému de la désunion qui se manifeste au sein de la délégation de Seine-et-Oise (*exclamations et bruit*).

En ce qui concerne la question de principe, il me paraît impossible d'admettre qu'un département puisse exercer sa censure sur le droit des autres départements. J'estime que les droits de chacun d'entre nous sont étroitement liés, et que nous ne pouvons pas les laisser mutiler. (*tumulte*).

Le citoyen Falot. — Citoyens, dans un but d'apaisement et bien que je ne sois pas le seul du département de Seine-et-Oise qui ait accepté un mandat dans un autre département, et que le nombre soit très grand des délégués au Comité exécutif qui ont accepté de représenter des départements éloignés qui n'étaient pas les leurs ;

bien que je me considère comme ayant parfaitement le droit de représenter le département d'Oran (*mouvements divers*) puisque les départements sont juges de déléguer qui bon leur semble à la seule condition que l'on fasse partie d'une organisation de ce département — ce qui était mon cas — malgré tout cela, je ne veux pas prolonger plus longtemps ce spectacle écœurant de questions de personnes et je déclare retirer ma candidature (*applaudissements*).

Le Président. — L'incident est clos.

Le rapporteur donne lecture des noms proposés pour le département de Saône-et-Loire et qui sont contestés par le citoyen Burot. Celui-ci demande quel est le signataire de la liste ; le rapporteur indique qu'elle est signée Henri-Maître.

Les propositions pour Saône-et-Loire et pour les autres départements réservés sont adoptées ensuite sans discussion.

Le rapporteur. — Comme conclusion de cette discussion, vous avez éprouvé combien il était nécessaire de trouver un remède et une solution à la situation inextricable dans laquelle nous nous sommes trouvés.

Cette solution, nous l'avions réclamée ce matin en commission ; le citoyen Buisson vient de vous l'apporter ; nous vous demandons donc, au nom de la Commission, de vouloir bien l'accepter et d'émettre en outre le vœu que le Comité exécutif, dans l'année qui va s'écouler, fasse entrer dans le règlement l'application immédiate et stricte à l'année prochaine de cette disposition par son insertion dans le règlement du Parti. (*Assentiment*).

Le Président donne lecture de télégrammes d'excuses des citoyens Maurice Faure, Pelisse et Maurice Berteaux. Il donne ensuite la parole au citoyen Malvy, rapporteur de la Commission des réformes fiscales. (*Applaudissements*).

RAPPORT de la Commission des réformes fiscales

Le citoyen Malvy, rapporteur. — Au nom de la Commis-sion des réformes fiscales, j'ai l'honneur de soumettre au vote du Congrès les propositions suivantes :

Le Congrès du parti radical et radical-socialiste émet le vœu que le Parlement réalise sans retard la réforme de notre régime fiscal qu'il considère comme la plus urgente des réformes démocratiques à accomplir.

Notre parti a toujours pensé que pour aboutir à une meilleure répartition des charges publiques il fallait subs-tituer à un système financier vieilli et usé le seul impôt basé sur l'équité et la justice : l'impôt global et progressif sur le revenu. Cet impôt doit être non un impôt de super-position, mais de remplacement.

A l'heure actuelle, il n'est plus personne, même parmi les économistes de l'école classique, qui ne reconnaisse que nos quatre contributions directes grèvent lourdement et inégalement le contribuable, et l'une d'entre elles, la contribution foncière sur les propriétés non bâties, demande quelquefois au petit cultivateur le 30 ou le 40 p. 100 de son revenu.

Nous pensons qu'il est possible de supprimer ces quatre contributions directes et de les remplacer par un impôt global sur le revenu qui présenterait les caractères sui-vants : exonérer entièrement l'indispensable et le néces-saire, ménager l'utile et frapper le luxe et le superflu.

D'où trois principes primordiaux :

1º Exemption du minimum d'existence.

L'obligation à l'impôt a sa limite dans la possibilité où le contribuable se trouve de la remplir et le droit pour un Etat démocratique d'exiger l'impôt commence seulement au moment où le revenu du contribuable dépasse ce qui lui est nécessaire pour sa vie, sa santé et son travail. S'il est un principe essentiellement humanitaire, c'est celui qui veut que l'impôt ne puisse jamais atteindre la partie du revenu qui est nécessaire pour satisfaire les besoins es-sentiels de chacun.

2º Progression. — Elle résulte logiquement et mathé-matiquement du principe précédent, et si vous l'appliquez en exonérant de tout impôt une somme donnée du revenu de tout contribuable, il en résulte tout naturellement une progression douce, mais réelle.

J'ajoute qu'elle est nécessaire pour corriger la progression à rebours, progression dans le sens de la misère qui existe dans nos contributions indirectes et pour réaliser ce principe de justice fiscale exprimé dans la déclaration des Droits de l'Homme et du citoyen, et qui indique que chacun contribue selon ses facultés aux charges publiques. J'ajoute qu'il paraît équitable de frapper de façon plus bienveillante les revenus du travail que les revenus du capital.

3° Déclaration. — Dans un Etat républicain, la taxation personnelle paraît être la méthode la plus naturelle et il semble contraire à l'idée démocratique que des citoyens se taxent arbitrairement les uns les autres au lieu de déclarer spontanément et loyalement leurs revenus. « La taxation administrative basée sur les signes extérieurs de la fortune, disait un homme d'Etat Suisse, est un expédient indigne d'une société démocratique ».

Aussi la déclaration est-elle aussi vieille en Suisse que l'impôt lui-même, et presque tous les cantons l'ont fait entrer dans leurs organisations financières Le principe de la progression y fut même fort discuté alors que la déclaration y était facilement admise, et elle a donné de très heureux résultats.

Elle doit être naturellement entourée des moyens de contrôle les plus sévères, et les amendes les plus fortes doivent frapper les fraudeurs ou leurs héritiers si la fraude n'est découverte qu'à leur succession.

Voici les grandes lignes de la réforme à accomplir et les principes qui doivent lui servir de base. Le suffrage universel s'est déjà prononcé à plusieurs reprises en sa faveur. Nous comptons sur le gouvernement et sur le parlement pour réaliser cet acte de justice si impatiemment attendu par notre démocratie républicaine.

(Le rapport mis aux voix est adopté à l'unanimité).

Le Président. — La parole est au citoyen Edmond Strauss, rapporteur des réformes électorales.

RAPPORTS de la Commission des réformes électorales, administratives et judiciaires

La réforme électorale

Le citoyen Ed. Strauss, rapporteur. — Votre 6ᵉ Commission a longuement examiné les questions touchant à la réforme électorale qui lui ont été soumises par les comités ; ceux-ci se sont prononcés, les uns, pour le mode de scrutin de liste par département ; les autres, pour le scrutin uninominal par arrondissement. Elle m'a chargé de vous faire un rapport très court sur ces questions, qui vous sont du reste familières, tous vos Congrès ayant eu à s'occuper de la question. Notre ami Depasse nous a fait à plusieurs reprises des rapports très documentés, concluants en faveur du scrutin de liste.

Pourtant, cette année, on a été au sein de la Commission loin de rencontrer la même unanimité qu'à nos précédents Congrès. Pour beaucoup de ses membres, leur ligne de conduite n'avait pas été tracée par les comités qu'ils représentent.

Aussi elle a jugé que sur une question d'une telle importance, capable d'entraîner un bouleversement total dans la représentation du parti, il était bon de consulter spécialement toutes les organisations adhérentes à notre parti. Nous pourrons ainsi aboutir à diminuer la relativité des opinions qui se font jour sur cette question, car on est trop souvent porté à considérer que l'intérêt général est conforme à l'intérêt d'une région.

Ainsi, pour ne pas influencer dans un sens quelconque les comités adhérents et aboutir à une information aussi exacte que possible, elle repousse les propositions des comités qui demandent, soit le maintien du scrutin d'arrondissement, comme la Fédération des comités radicaux et radicaux-socialistes de Lyon et du Rhône, la Fédération autonome de Lyon, le groupe radical-socialiste du 1ᵉʳ et du 5ᵉ arrondissement de Lyon, la ligue radicale de Lille ; soit au contraire, l'établissement d'un autre mode de scrutin comme la Fédération des comités du canton de Sceaux (Seine) qui ont envoyé des vœux demandant que la prochaine consultation électorale ait lieu à l'aide du scrutin de liste par département.

La ligue radicale de Lille nous a fait parvenir la proposition suivante : « Considérant que dans les différents Congrès tenus à Paris, Lyon, Marseille, Toulouse, sur les rapports des citoyens Depasse, Bonnet, Gariel, le scrutin de liste a été chaque fois voté à l'unanimité et que cependant aucune réforme n'est intervenue dans ce sens, émet le vœu que les sénateurs et députés qui relèvent du parti, soient invités à intervenir avec toute l'énergie dont ils sont capables auprès des pouvoirs publics, pour que satisfaction soit enfin donnée aux vœux si souvent émis à ce sujet par le parti radical et radical-socialiste ».

Ainsi, messieurs, pour la première fois peut-être depuis que nos Congrès fonctionnent, des vœux en sens divers vous sont soumis.

Il faut voir là l'effet produit sur les militants par la victoire éclatante que notre parti a remportée en mai dernier.

Un congressiste propose de renvoyer pour étude aux fédérations départementales les questions signalées dans le rapport.

Le rapporteur. — J'accepte la proposition.

La proposition mise aux voix est adoptée.

Le rapporteur. — Il est une autre question qui a recueilli l'unanimité dans nos organisations, c'est la nécessité pour nos amis du parlement de voter les mesures propres à assurer la liberté du vote.

Il faut faire cesser une fois pour toutes, la corruption qui s'étale effrontément dans trop de circonscriptions. C'est dans le Nord où nous sommes, dans cette région où la pression du grand patronat réactionnaire est arrivé,avec l'aide de l'Eglise, à un degré d'organisation oppressant les travailleurs et les petits commerçants, qu'il convient de renouveler ce vœu.

(Adopté à l'unanimité).

Le citoyen Camille Pelletan. — Je demande à dire un mot complémentaire sur cette question. Dans le vote que vous venez d'émettre, nous comprenons toutes les propositions, comme la limitation des affiches, la réglementation des bulletins de vote ayant pour objet de diminuer les dépenses électorales. Il est bien entendu qu'il faut une législation là-dessus (*Très bien, très bien*).

Le rapporteur. — Autre question : représentation proportionnelle et durée du mandat.

Depuis quelque temps, surtout depuis notre grande victoire de mai dernier, nous avons vu organiser dans le pays une campagne en faveur de la représentation proportionnelle.

Nous avons reçu et discuté une proposition de M Bonnet tendant à instituer un référendum entre nos organisations sur l'application de cette proposition.

Notre commission a pensé, avec le citoyen Pelletan qui a combattu cette demande, qu'en donnant suite à cette demande de consultation on risquerait de créer une suspicion en faveur de la représentation proportionnelle. En effet, les comités auraient été en droit de croire qu'en principe nous étions favorables à la représentation proportionnelle.

Or, en outre des difficultés d'application de ce mode d'élection, il semble prouvé que les réactionnaires en profiteraient aux dépens de notre parti.

Il serait puéril de croire que notre victoire nous permet des générosités dangereuses à l'égard de nos adversaires, surtout lorsqu'il s'agit des ennemis de la république ; tout égoïsme est naturel quand on agit dans l'intérêt des institutions républicaines. (*Applaudissements*).

C'est sous l'influence de ces considérations que votre commission, sur la proposition du citoyen Vieu, sénateur du Tarn, a voté le rejet de tout référendum sur la représentation proportionnelle.

Un congressiste. — Une question aussi importante que celle de la représentation proportionnelle doit être discutée. Nous ne pouvons pas la repousser au pied levé. Je demande qu'elle soit jointe à l'ordre du jour du prochain Congrès.

Le citoyen Bonnet. — Il ne s'agit pas de discuter aujourd'hui le fond de la question. Ma proposition avait une autre signification. La question de la représentation proportionnelle, que chacun de vous en soit partisan ou non, est posée. 200 députés ont signé un projet à la Chambre. Quelle doit être la réponse du parti radical et radical-socialiste ? (*Très bien.*)

Eh bien, Messieurs, on vous présente toutes espèces de statistiques. Des brochures ont été publiées ces derniers temps, prenant comme base les derniers résultats. Personne n'a fait une statistique assez exacte pour que notre parti puisse se prononcer. Ma motion était la suivante : Nous allons envoyer une circulaire à nos comités adhérents de chaque département ; nous leur fournirons l'occasion d'étudier la question qui est ignorée d'un grand nombre d'entre eux et nous leur dirons : « Veuillez donc examiner quels seraient les résultats de la représentation proportionnelle dans votre département ; un rapport d'ensemble sera fait ensuite au prochain Congrès d'après les résultats partiels que vous aurez établis vous-mêmes ». Et alors, messieurs, voyant quels seront les résultats, le parti se prononcera pour ou contre, mais aujourd'hui c'est l'inconnu. Nul ne peut préciser en ce moment les résultats de son département, étant donné que ce travail n'a jamais été sérieusement fait. Il appartient à vos comités adhérents d'aider l'action du Comité exécutif et de leurs représentants au parlement. Il faut que vous entriez résolument dans cette voie. (*Applaudissements*).

On vous demande si vous êtes partisans ou non du scrutin de liste ou du scrutin d'arondissement. Il faut aussi que vous étudiiez la question de la représentation proportionnelle qui est soumise au pays. Il ne faut pas qu'on puisse arguer de votre ignorance et, quand vous aurez fourni les résultats au prochain Congrès, la question de principe pourra être discutée utilement avec les renseignements que vous aurez donnés.

Nous vous demandons donc d'éclairer votre opinion pour que puisse se faire celle de votre parti (*Vifs applaudissements*).

Le citoyen Camille Pelletan. — Citoyens, je demande à justifier, puisque mon nom a été prononcé, la motion que j'ai faite à la commission dont je fais partie, de repousser la proposition du citoyen Bonnet. Il est bien évident que cette motion se justifierait d'elle-même s'il s'agissait sim-

plement de savoir si, dans l'opinion des comités adhérents, cette proposition serait favorable ou défavorable,
comme chiffres de suffrages, au parti radical. La question
ne me paraît pas douteuse, et vous avez pu remarquer
que les 200 députés qu'on vous indiquait tout à l'heure
et qui ont signé la proposition, appartiennent principalement à deux catégories : la première se compose de ceux
de nos ennemis qui voudraient nous renverser, et la seconde se compose de ceux de nos amis, socialistes, qui
voudraient nous remplacer. (*On rit.*)

Et je crois que sur les chances, dans l'immense majorité du parti radical, l'opinion est faite à ce sujet. Mais je
n'admets pas qu'une législation électorale ne soit qu'une
question de chance (*Très bien.*)

D'autant plus que le même mode de scrutin qui a servi
à un parti à une date donnée, peut le desservir à une date
ultérieure (*Très bien*).

Nous devons chercher un moyen de constater l'opinion véritable du pays et j'ajoute que les renseignements
qu'on nous dit de demander seraient, je le crois, impossibles à donner.

Quant à moi, il y a au moins une circonscription en
France que je crois connaitre, c'est la mienne. Vous avez
pu voir dans les journaux que j'y suis depuis 25 ans ! Je
vous déclare que ni moi ni aucun de mes comités ne
pourrait sérieusement affirmer quels seraient les résultats
de la représentation proportionnelle dans mon département. Par conséquent, les résultats que vous recevriez
seraient influencés par le parti pris qu'a chacun, avant
de regarder les conséquences de ses affirmations.

Moi, je suis pour le scrutin de liste ; d'autres sont
pour le scrutin d'arrondissement, et je suis de ceux qui sont
d'avis que ce n'est pas une question à soulever en ce moment ; je reste fidèle à mes vieilles convictions sur le
scrutin de liste. Il y a de mes amis qui me déclarent que
le scrutin de liste serait désastreux ; je leur déclare, moi,
qu'il serait le meilleur. Qui de nous peut se soustraire,
en pareille matière, à son opinion primitive ?

Mais, je le répète, il n'y a pas d'avantage immédiat à
adopter la représentation proportionnelle. Nous avons

intérêt, nous qui avons le bon droit, à ne pas chercher d'expédients pour changer la manifestation de l'opinion pleine et entière du suffrage universel. Eh bien, la motion Bonnet avait pour moi l'inconvénient d'essayer de subordonner les raisons de principe à un calcul de chances absolument incertaines. Vous comprenez bien que dans le cas où l'on dirait : « On va demander aux comités leur opinion sur l'ensemble de la question », cela me serait fort indifférent, si, tout de suite, les partisans de ce mode de scrutin qui sont nos adversaires en grande majorité, ne devaient pas, dès le lendemain, essayer de tirer de là un préjugé en faveur de leur thèse. Je suis d'avis, quant à moi, qu'il faut rejeter ce qu'on appelle la représentation proportionnelle, pour des raisons de principe. Et, tout d'abord, quelle est donc l'origine de ce fameux mode de scrutin ? Où est-il pratiqué ? Sur quels exemples se base la demande qu'on nous fait aujourd'hui ?

Ah ! citoyens, il y a eu une heure où les classes censitaires et cléricales de Belgique ont été obligées d'accorder le suffrage universel. Elles ont été obligées d'en donner le nom, mais elles ont entouré le suffrage universel de toute une savante législation destinée à l'altérer. Tels sont : le nombre des enfants, la situation d'argent, etc., et c'est ainsi que vous voyez à quelques kilomètres d'ici nos amis des partis démocratiques, qui sont la majorité réelle en Belgique, avoir toujours la minorité sur le parti clérical dans les assemblées (*Très bien, très bien*).

Je ne veux pas traiter plus sévèrement la représentation proportionnelle que tel autre mode de scrutin, mais enfin je crois qu'on peut considérer comme un mauvais préjugé ce fait que c'est un des moyens imaginés par les cléricaux pour altérer l'opinion sincère de la volonté nationale dans leur pays (*Très bien*).

Il n'y a là qu'un préjugé ; si j'ai une raison de fond contre la représentation proportionnelle, c'est que ce serait le pouvoir des comités substitué au pouvoir du suffrage universel, et nous, radicaux, nous sommes avant tout les observateurs de la volonté du suffrage universel (*Très bien, très bien*).

Je m'explique en deux mots. Supposez la représentation

proportionnelle pratiquée tel qu'il serait raisonnable de la pratiquer. C'est la décapitation certaine du parlement. Tous les hommes qui font la force des partis seront exclus au premier vote par un procédé que vous allez comprendre ; je l'ai vu pratiquer dans nos communes des Bouches-du-Rhône. Il y avait une liste radicale et une liste réactionnaire ; nous ne connaissons guère la fraction intermédiaire ; et puis, tantôt des ennemis des deux partis, tantôt des farceurs prenaient les queues des deux listes et leur donnaient la majorité, en sorte qu'on ne pouvait pas constituer de municipalité le lendemain (*Parfaitement*).

Eh bien, j'en ai causé souvent avec Jaurès, avec d'autres, qui défendent la représentation proportionnelle, et ils comprennent bien que tel est pour eux l'inconvénient principal. On l'a compris aussi en Belgique. Avec ce système. vous portez par exemple une liste de huit députés dans tel département ; vous savez que vous n'en aurez que quatre élus ; un autre parti présente une liste de huit députés, il sait également qu'il n'en n'obtiendra que 4. Qu'allez-vous faire ? Vous allez vous servir des 4 places vacantes que vous ne pouvez pas remplir, de manière à exclure les chefs, les têtes du parti opposé, et à faire arriver ceux qui ne comptent pas. De la sorte, tous les partis seront décapités dans l'assemblée que vous nommerez ainsi. Et cela est tellement vrai et on comprend tellement que c'est inévitable, que tous ceux qui ont voulu la représentation proportionnelle disent eux-mêmes qu'on comptera les voix du parti, mais que, par un procédé ou par un autre, ce ne seront pas les noms qui auront obtenu le plus de voix qui seront les élus ; ce seront ceux qui auront été mis en tête par le parti qui a l'avantage. C'est l'élection par le comité substituée à l'élection par le suffrage universel. Vous ne trouverez pas un partisan de la représentation proportionnelle qui ne soit obligé d'adopter un expédient de cette sorte, et alors voyez ce que vous feriez des élections ; il y aura dans un département quelqu'un qui se chargera de faire les frais de toute la liste à condition d'être mis en tête. Et puis, les hommes sont des hommes, après tout. Qu'arriverait-il le jour où dans la même liste les candidats seraient intéressés à ce que leurs amis et leurs alliés aient moins de voix qu'eux, ce serait la lutte intestine et vous tomberiez dans un gâchis épouvantable.

Telle est la raison de principe indépendante de toutes les chances que le scrutin pourrait nous donner, qui me paraît, quant à moi, se dresser invinciblement contre l'adoption de la représentation proportionnelle (*très bien! très bien!*).

Mais je déclare que si je considère la raison de chances, il m'est impossible de croire que les réactionnaires et les unifiés demanderaient si ardemment le scrutin proportionnel s'ils n'y voyaient un moyen de nous dévorer...

Une voix. — Voilà la vérité.

Le citoyen Pelletan —... Les uns férocement et les autres amicalement (*très bien, très bien !*)

C'est pour cette raison, citoyens, que je ne voudrais pas qu'il sortît de ce Congrès une parole qui semblerait indiquer à un titre quelconque un préjugé en faveur de ce mode de scrutin. Ne donnons pas d'encouragement pour le moment à tous ceux qui veulent introduire cette machine de guerre contre le parti radical (*Vifs applaudissements.*)

Le citoyen Louis Martin, député. — Citoyens, je suis tout à fait désireux d'épargner le temps de l'assemblée, et si elle estime qu'elle doit se séparer sans aborder la discussion de la représentation proportionnelle et que le rejet de la proposition Bonnet n'implique pas de préjugé contre ce mode de scrutin, je quitte immédiatement la tribune et nous pouvons passer à l'ordre du jour.

Le citoyen Pelletan — Mais nous sommes d'accord, réservons la question pour le prochain Congrès.

Le citoyen Louis Martin. — Par conséquent, citoyens, si l'assemblée estime que, pour l'instant, étant donné que nous sommes très pressés, elle ne peut pas aborder le débat qui est très important et essentiel, je ne demande pas mieux.

Voix diverses. — Nous ne voulons pas de la représentation proportionnelle.

Le citoyen Louis Martin. — Si vous n'en voulez pas, c'est autre chose. Mais nous pouvons, soit étudier cette

question à fond, soit l'effleurer, soit la laisser complètement de côté. Si nous la laissons complètement de côté,
et s'il est entendu que, dans ce cas, chacun de nous garde
sa liberté d'action...

Le citoyen Pelletan. — Bien entendu.

Le citoyen Louis Martin... et que la décision de l'assemblée n'implique rien relativement à la représentation proportionnelle, nous pouvons passer à un autre débat. Mais
si, surtout après les paroles de Pelletan, il ressort de l'a-
bandon de la discussion, que nous sommes tous d'accord
contre la représentation proportionnelle, je vous demanderais la permission de la défendre.

Le citoyen Pelletan. — Voulez-vous me permettre un
mot qui, je crois, va lever toutes les difficultés. J'ai expliqué mon opinion personnelle, mais je ne veux demander
au Congrès aucune décision qui puisse lier nos amis.
Laissons donc la question de côté pour le moment. (*Assentiments*).

Le citoyen Lemaître. — Citoyens, l'an dernier, nous
avons déjà voulu discuter cette question, on nous a
demandé de la mettre à l'ordre du jour du prochain
Congrès pour qu'elle soit examinée ; vous n'avez qu'à
consulter l'ordre du jour du Congrès actuel et vous verrez
que cette question y figure. Nous devrions donc logiquement nous prononcer sur cette question. Tout à l'heure le
citoyen Pelletan en a combattu le principe même. Nous
qui sommes proportionnalistes, nous voudrions pouvoir
lui répondre, si le Congrès est disposé aujourd'hui, non
pas à trancher la question, mais à en commencer l'étude.

Voix diverses. — L'année prochaine.

Le citoyen Lemaître. — Citoyens, une proposition vous
a été faite par le citoyen Bonnet ; elle tend à renvoyer la
question à l'examen des Comités ; je ne vois pas pourquoi
vous repousseriez cette résolution. (*Bruits*).

Le rapporteur. — Vous voyez, d'après les noms des
orateurs qui prennent la parole sur cette question, l'intérêt
qu'elle présente. Dans ces conditions, la Commission vous
propose d'adopter la proposition tendant à en remettre
l'étude à l'année prochaine. (*Assentiments*).

Le Président. — La question d'ajournement qui est proposée par la Commission a la priorité ; par conséquent je mets aux voix le renvoi à l'année prochaine de l'étude de la représentation proportionnelle. (*Très bien ! très bien !*)

(Cette proposition mise aux voix est adoptée.)

Le rapporteur. — Beaucoup de nos amis ont été souvent péniblement frappés en voyant tant de travaux des Commissions parlementaires prêts à tomber en désuétude en fin de législature, faisant perdre un temps précieux au pays républicain.

C'est pour obvier à ces inconvénients trop réels, que certains de nos amis ont été amenés à proposer de porter la durée du mandat de député à six ans, avec le renouvellement par tiers tous les deux ans.

C'est une proposition contraire à la doctrine du Parti. « Plus un mandat est long, a dit M. Pelletan au cours de la discussion, plus la liberté d'un pays diminue. »

Puis, le renouvellement par tiers faciliterait singulièrement, dans un moment de crise, un gouvernement aux abois.

Il est enfin plus normal que tout le pays soit à la même époque consulté sur les questions d'ordre général, afin qu'on ne puisse pas opposer, comme les partis de réaction ont essayé de le faire à plusieurs reprises, les régions les unes aux autres.

Pour toutes ces raisons votre Commission a décidé de maintenir le statu-quo en ce qui concerne la durée du mandat et le mode de renouvellement.

(Ces conclusions mises aux voix sont adoptées à l'unanimité moins 3 voix)

Le rapporteur. — Enfin d'autres propositions d'un ordre plus particulier nous ont été faites. *La ligue radicale de Lille insiste pour l'établissement de la cabine d'isolement.* Nous avons maintenu nos anciennes délibérations favorables à ce projet.

Le groupe radical démocratique du IIIᵉ arrondissement de Paris nous a prié d'adopter une proposition demandant qu'en plus de la coupure du coin de la carte électorale, employée actuellement comme moyen de contrôle du vote, il soit apposé sur la carte un cachet avec mention 1ᵉʳ et 2ᵉ tour.

C'est pour empêcher que certains électeurs trop négligents ne laissent croire à l'occasion qu'ils ont voté, en coupant eux-mêmes leurs cartes électorales, par exemple lorsqu'ils vont voir nos amis pour leur demander quelque chose. (*Exclamations diverses*).

Citoyens, nos amis du troisième arrondissement ont fait cette proposition dans un but excellent : c'est pour essayer d'amener le plus grand nombre possible de citoyens au scrutin. Comme c'est une question de détail, la commission a accepté cette proposition. (*Non ! Non !*)

(La proposition est mise aux voix, mais le résultat est douteux).

Devant ce doute, le *rapporteur* retire la proposition. (*Voix diverses* : Nous protestons et nous demandons la parole).

Le Président. — Nous vous donnons acte de votre protestation qui figurera au procès-verbal

Le rapporteur donne lecture d'un vœu demandant que tous les scrutins auxquels participent au Parlement les élus du peuple, de quelque importance que soient les votes, soient des scrutins publics.

Cette proposition mise aux voix est adoptée à l'unanimité.

Le rapporteur. — Vous remarquerez que cette année votre commission n'a pas pris, dans plusieurs questions, de résolutions ; ceci pour deux raisons : d'abord parce que nous croyons que nos congrès annuels doivent donner à la démocratie l'exemple de la méthode et s'occuper surtout des questions immédiatement réalisables.

Ensuite, il est bon de solliciter sur des points spéciaux des rapports des comités. Cela leur donnera l'occasion d'une activité salutaire pour tout le monde et aidera au parachèvement de l'éducation de la démocratie.

C'est par l'étude directe des problèmes politiques que nous arriverons à faire des électeurs toujours plus éclairés, toujours plus conscients (*Applaudissements*).

La réforme judiciaire

Le Président. — Je donne la parole au rapporteur de la réforme judiciaire.

Le citoyen de Monzie donne lecture d'un rapport relatif au recrutement et à l'avancement des magistrats, ce rapport conclut en demandant au gouvernement le retrait du décret qui réglemente ce recrutement et cet avancement.

Le citoyen Fleuret. — Je demande la permission de dire un mot sur cette question. Le décret qui vient d'être signé par M. Sarrien a été pris à la suite d'un vote de la Chambre des Députés sur une motion présentée par les citoyens Marcel Sembat, Raoul Péret, Paul Meunier et beaucoup d'autres. Par conséquent, le décret Sarrien répond à une nécessité impérieuse signalée par la Chambre des Députés. M. Sarrien a pu se tromper, me dit-on, c'est possible : tous les hommes peuvent se tromper mais enfin ce décret, pris il y a à peine un mois, a été demandé par plusieurs députés, et la Chambre, à l'unanimité, on peut le dire, l'a imposé. Je demande par conséquent qu'on le laisse subsister au moins pendant quelque temps (*protestations*).

Le Président. — Permettez à un ancien Ministre qui a contribué de toutes ses forces à combattre l'autorité indéfinie qu'on avait accordée à des comités irresponsables (*très bien ! très bien !*) de protester avec le rapporteur contre le décret de M. Sarrien.

Le rapporteur. — Citoyens, notre honorable collègue commet une erreur involontaire. Il est bien vrai que la Chambre s'est prononcée pour l'organisation d'un nouveau mode de recrutement et d'avancement dans la magistrature ; elle a demandé qu'on substituât l'organisation au chaos et que désormais le seul mode de recrutement ne fût plus la faveur ou le népotisme. Voilà le sens de l'ordre du jour qui a été voté sur la proposition de Sembat. Or, non seulement le décret, préparé et contresigné par Sarrien, ne répond pas aux vœux des auteurs de cette proposition, mais encore on peut affirmer à l'heure actuelle que le Conseil d'Etat a été surpris de voir sortir de ses propres délibérations un décret si profondément différent du projet élaboré par lui.

Tout à l'heure, le général André vous a dit quel danger il pouvait y avoir aussi bien au Ministère de la Justice qu'à ceux de la guerre ou de l'Instruction publique, à remettre une portion du pouvoir aux mains de commissions irresponsables ; c'est là une faute, un moyen d'entraver l'exercice régulier et normal du parlementarisme. Dans cette délégation du pouvoir à une commission don' la majorité est formée par les conseillers à la cour de cassation, non seulement nous sommes en présence d'une erreur de droit constitutionnel, comme le disait Pelletan, mais les conseillers à la cour sont la plupart du temps des magistrats parvenus aux hautes fonctions judiciaires, grâce à un ou plusieurs appuis politiques, grâce à une intrigue durable. Or, ils ont dans la magistrature, qui un neveu, qui un fils, qui un gendre, et ils ont intérêt à disposer de l'avancement.

Le recrutement de la magistrature doit être contrôlé plus strictement, plus sérieusement encore que le recrutement et l'avancement des officiers, parce que les juges disposent de la liberté et de l'honneur des citoyens. (*Applaudissements*):

Pour toutes ces considérations, et parce qu'il ne devrait pas être possible de régler par voie de décret une matière aussi grave, sur laquelle il serait nécessaire d'avoir non pas seulement l'opinion, mais la décision de la Chambre, nous vous demandons d'émettre un vœu qui aura, il faut l'espérer, quelque valeur dans un prochain débat parlementaire. — Vous savez en effet que la question sera posée demain, elle l'est déjà puisqu'il y a un peu partout des magistrats républicains qui attendent que justice leur soit rendue, à eux qui la rendent à autrui. (*Très bien ! très bien !*)

Le citoyen Ceccaldi. — Citoyens, je ne viens pas ici pour faire des questions personnelles. Avec beaucoup d'énergie et énormément de talent, le citoyen De Monzie a développé la question de la réforme de la magistrature. Je désire la compléter quelque peu. Il est en effet odieux dans une démocratie, de constater qu'un ministre puisse placer au dessus des Chambres responsables un Comité occulte de magistrats irresponsables. Car, à cette heure, citoyens, les magistrats sont inamovibles et sont irresponsables.

Chacun d'entre nous, pour le moindre délit de droit commun, est arrêté et incarcéré, trainé devant la justice et frappé impitoyablement, tandis que lorsque nous voulons dénoncer devant l'opinion publique les crimes de la magistrature, nous nous heurtons chaque fois à l'indifférence à l'inertie et très souvent à la mauvaise volonté des bureaux qui opposent leur volonté à la volonté de tout le monde. (*Applaudissements*).

Il y a là, citoyens, un régime qu'il faut absolument faire cesser, et c'est pour cela que je complèterai la proposition de la Commission, que je complèterai la déclaration du rapporteur, en vous disant qu'il convient que le Congrès se prononce de façon catégorique sur la question de l'inamovibilité. Il ne faut pas, citoyens, qu'il y ait au-dessus des fonctionnaires d'autres fonctionnaires qui constituent une véritable caste. Nous avions d'abord le clergé, ensuite l'armée, nous avons maintenant la magistrature. (*Applaudissements*).

Et nous avons vu, citoyens, nous avons pu constater tout dernièrement qu'un magistrat, rééditant la parole de Ravary, disait non seulement que sa justice n'était pas comme la nôtre, mais que son honneur n'était pas comme le nôtre.

Citoyens, je conclus donc en disant qu'il est nécessaire que le Congrès se prononce catégoriquement sur la motion que je lui présente.

Je désire qu'on invite tous les députés radicaux et radicaux-socialistes à s'unir, à former un bloc à la Chambre et à mettre en demeure le Gouvernement d'avoir, dans un délai très bref, à présenter un projet de suppression de l'inamovibilité des magistrats. Ainsi il nous sera possible de faire l'épuration de la magistrature, car, je puis le dire en face des républicains, les magistrats républicains n'ont jamais été et ne seront jamais malhonnêtes ; d'ailleurs, citoyens, et c'est sur ce mot que je termine, lorsqu'on est malhonnête, on n'est pas républicain. (*Applaudissements*).

Le Président. — La question qui a été posée par le rapporteur de la Commission est une question urgente ; il s'agit d'un décret, dont l'application va être faite immédiatement si nous ne protestons pas de la façon la plus ferme. Par conséquent, je vous prie de maintenir la question, provisoirement du moins, sur le terrain posé par la Commission et d'émettre un vœu relatif au décret de M. Sarrien exclusivement ; puis nous examinerons ensuite la question de l'inamovibilité de la magistrature pour laquelle certains orateurs ont déjà demandé la parole.

Le citoyen Ceccaldi. — M. le Président, je demande que ma motion soit mise aux voix.

Le Président. — Je la mettrai aux voix lorsque les orateurs inscrits sur le même sujet auront parlé. Puisque vous êtes d'accord sur la question du décret Sarrien, il vaut mieux la liquider de suite.

Le citoyen Ceccaldi. — Nous sommes d'accord.

(La proposition mise aux voix est adoptée à l'unanimité).

Le citoyen Chauvin. — Il y a quelques années, au Congrès de Lyon, j'ai eu l'honneur d'être chargé par la Commission compétente, du rapport sur la magistrature. J'ai exposé comme mon ami Ceccaldi vient de le faire, la nécessité de supprimer, en face des scandales réactionnaires dont la magistrature se fait trop souvent la complice ou l'auteur, l'inamovibilité des magistrats ; mais en ce moment, je demande autre chose, c'est la modification complète et profonde du système actuel qui nous donne une magistrature que personne ne nous envie ; je veux vous demander de mettre à l'ordre du jour du prochain Congrès une réforme essentielle et primordiale, le retour au principe révolutionnaire de l'élection des juges.

Cette question mérite des débats plus amples que ceux que nous pouvons lui donner aujourd'hui. Il est certain d'abord qu'en ce moment, la magistrature n'est pas inamovible en réalité : c'est une erreur et une illusion de croire que le magistrat a une liberté quelconque parce que s'il a bien la certitude de ne pas reculer, il a en revanche le vif désir d'avancer et on le voit dans les antichambres ministérielles, garnir les banquettes avec tant de soin, qu'on se demande comment ces gens qui sont là en attente devant la porte du Garde des Sceaux, sollicitant de l'huissier une entrée de faveur, peuvent rendre une justice républicaine et démocratique.

Nous avons dit aussi au Congrès de Lyon, que l'objection consistant à dire que les passions politiques entreraient seules dans le prétoire n'a pas de valeur non plus ; c'est qu'en effet, citoyens, rien ne serait plus facile que de limiter le choix du corps électoral à un certain nombre de personnes ayant subi les examens nécessaires. Il y a aujourd'hui des diplômes et un stage qui constituent les seules garanties de capacité et de moralité de nos magistrats. La situation demeurera la même sous le régime de l'élection. Je ne vous demande aujourd'hui qu'une chose, je désire que le Congrès de 1906 renvoie spécialement au Congrès de 1907 l'étude de la suppression de l'inamovibilité et de l'élection des juges.

Le Président met aux voix la proposition présentée par le citoyen Ceccaldi et tendant à la suppression de l'inamovibilité de la magistrature. Cette proposition est adoptée.

Le Président. — Le citoyen Chauvin propose de renvoyer au prochain Congrès une étude complète du recrutement de la magistrature et de son organisation.

(Cette proposition est adoptée à l'unanimité).

Le Président. — La parole est au rapporteur de la commission de propagande.

RAPPORT de la Commission de propagande

Le citoyen Bonnet rapporteur. — Comme rapporteur de cette commission, j'exprime tout d'abord le vœu que dorénavant, pour les prochains Congrès, il soit introduit un peu plus de méthode. Quelle est la mission principale du Congrès ? C'est de consacrer une partie de son temps à la propagande et à l'organisation du parti ; je dirai même que c'est la question la plus importante qu'on doive examiner dans un Congrès.

Notre discussion sera forcément écourtée aujourd'hui,

car l'heure est déjà tardive et un grand nombre de questions doivent être encore débattues. J'émets donc le vœu que, pour le prochain Congrès, on fixe à l'avance le jour où cette question sera discutée et qu'on choisisse autant que possible la deuxième séance du Congrès, Dans notre commission qui a tenu ici de très longues séances, de nombreux délégués se sont fait entendre ; un grand nombre de revendications ont été exprimées. C'est vous dire qu'un très long temps serait nécessaire pour passer en revue toutes les questions qui ont été soulevées...

(*Cris* : On n'entend rien).

... Citoyens je vous demande précisément de faire un peu de silence, ma voix est faible, je l'ai perdue un peu dans le travail de la commission et je suis obligé de vous prier de bien vouloir accorder le silence.

D'abord, je ne veux pas du tout revenir sur ce qui a été dit dans le rapport qui vous a été distribué ; je me bornerai à vous soumettre les motions que vous avez lues et à vous rendre compte des diverses observations qui ont été présentées par nos collègues. La première est la suivante : Il y a volonté unanime chez tous vos délégués pour constater que la propagande du parti doit s'exercer à tous les instants, qu'on ne doit pas attendre l'ouverture d'une période électorale pour commencer dans une région une campagne de conférences. De là une série de motions qui vous sont présentées. Nos collègues ont été unanimes à déclarer que la propagande doit être étendue à l'ensemble des circonscriptions et qu'elle ne saurait jamais se limiter aux périodes électorales. D'abord, comment organiser ces conférences ? Nous avons dit : Nous manquons de renseignements au Comité exécutif ; nous ne connaissons pas suffisamment la situation des circonscriptions, nos amis viennent de temps à autre nous rendre compte de ce qui se fait dans leurs départements ; quelques-uns d'entre eux nous écrivent pour nous signaler tels ou tels faits particuliers, mais si vous voulez que votre propagande s'exerce avec fruit pendant les 4 ans qui nous séparent des élections de 1910, il faut que vous indiquiez très exactement : Voici dans mon département quelle est la situation actuelle et voilà ce qu'il conviendrait de faire pendant les 4 ans. De là citoyens, la première motion ;

« Le Comité exécutif enverra une circulaire aux séna-
« teurs et députés du parti, aux délégués du Comité exé-
« cutif, aux fédérations et comités adhérents, par laquelle
« il leur demandera de leur présenter un exposé détaillé
« de la situation politique de leur département et de la
« situation particulière de chaque arrondissement, et d'in-
« diquer les mesures à prendre.

« La commission de propagande d'organisation du
« parti présentera un rapport à ce sujet au Congrès de
« 1907. »

Voilà le point de départ : savoir exactement ce que nous avons à faire pour que l'année prochaine, si de certains départements une réponse ne vous est pas arrivée, vous puissiez vous en prendre aux représentants de ces départements.

Quand vous aurez signalé que telle ou telle mesure est à prendre, si elle n'a pas été prise, si aucune démarche n'a été faite, vous pourrez vous trouver au Congrès en face de gens responsables qui auraient dû exécuter vos décisions et ne l'auraient pas fait.

En un mot, il nous faut sortir de la période d'inertie où nous sommes depuis trop longtemps pour passer à une période d'action, d'organisation, dans chaque circonscription ; voilà le but de la première motion. (*Très bien*).

Le président. — Je mets la motion aux voix (La motion est adoptée.)

Le rapporteur. — Parmi les propositions qui ont été soumises à la Commission de propagande, il y en a un certain nombre qui auraient pu être renvoyées à la Commission des vœux.

Certains de nos amis — je traduis le sentiment qui nous a été exprimé — ont déposé à la Commission de propagande le vœu que les députés rendent compte de leur mandat tous les trois mois. Il est à souhaiter en effet que le contact soit permanent entre l'élu et ses mandataires.

Une question fort grave a été présentée par notre ami Dalimier. Nous avons constaté, aux dernières élections comme aux précédentes que si nous sommes le parti radical et radical-socialiste dont se réclament les candidats, on ne sait pas comment les classer à la Chambre ; notre parti n'a pas d'unité parce qu'il n'est pas élu sur un programme commun. Un certain nombre de candidats radicaux et radicaux-socialistes ont été opposés aux socialistes, et aujourd'hui quand il s'agit de déterminer quelle est la majorité réelle à la Chambre sur telle ou telle question, on est très embarrassé de le faire.

Notre ami Dalimier et l'unanimité de la Commission estiment qu'en dehors des déclarations de parti qui sont faites à la fin de chaque Congrès et qui résument de la façon la plus éloquente les desiderata communs du Parti, il conviendrait qu'il y ait un programme bien défini, qui serait affiché et mis à la disposition des candidats au moment de la période électorale. Il y aurait alors une règle commune du Parti radical et radical-socialiste, et nous saurions alors, lorsqu'on discute une question importante comme l'impôt sur le revenu, qu'il y a à la Chambre une majorité pour la faire aboutir. Notre Parti réaliserait son unité et ceux qui ne voudraient pas accepter son règlement ne pourraient plus se réclamer de lui au moment de la période électorale... (*Très bien*).

La commission de propagande propose donc la motion suivante :

« La commission de propagande du parti sera char-
« gée de présenter au Comité exécutif un programme de
« parti et celui-ci sera envoyé dans les trois mois aux Co-
« mités adhérents qui présenteront toutes modifications
« ou propositions qu'ils jugeront utiles. »

« Le Comité exécutif, saisi de toutes les propositions
« des Comités, discutera alors ce programme qui une
« fois adopté sera mis à la disposition des candidats du
« parti. »

Je viens de vous exprimer la pensée qui avait inspiré cette motion à la commission. Si quelques orateurs demandent la parole sur cette question, je leur cède la place.

Le citoyen Michel. — Je prends la parole pour combattre la proposition qui vient de vous être présentée. J'estime en effet que ce n'est pas à la commission de propagande et d'organisation qu'il appartient de définir le programme du parti ; je considère que ce serait là une faute extrêmement grave, le parti n'ayant pas à abdiquer ses pouvoirs entre les mains d'une commission, quelle que soit son autorité. J'estime — et c'est le seul mot que j'emploie, — que c'est au Parti seul, réuni en Congrès, lorsqu'il vote une déclaration dans laquelle il affirme d'ordinaire les grandes lignes de notre programme, qu'il appartient de se prononcer en pleine et entière connaissance de cause. (*Très bien, très bien*).

Un délégué. — Il y a longtemps que cela devrait être fait.

Le citoyen J. B. Morin. — Notre ami Michel vient de commettre une confusion. Comme membre de la commission de propagande, j'ai le devoir, en dehors des explications qui viennent de nous être fournies par le rapporteur qui nous donne une opinion unanime, de déclarer que jamais à la commission de propagande, il n'a été entendu qu'elle se substituerait au Congrès, qui est souverain dans les décisions à prendre. Nous vous proposons purement et simplement d'avoir un programme au moins minimum de nos revendications politiques, économiques et sociales, qui nous liera, et qui empêchera les faux radicaux (*très bien, très bien*) d'usurper — vous m'entendez bien – les suffrages qui ne devraient aller qu'à de sincères radicaux (*Bravo, bravo*).

Nous entendons fermer les portes aux faux frères (*applaudissements*) ; et nos amis du Parlement savent mieux que nous que sur les 400 députés composant la majorité actuelle de la Chambre, il y en a un très grand nombre qui n'ont que l'étiquette de radical ou radical-socialiste (*Applaudissements prolongés*).

En conséquence, nous vous demandons de renvoyer à l'étude des Comités un programme minimum auquel pourront être apportées des modifications, et ensuite le Comité exécutif rédigera un programme qui sera soumis au prochain Congrès qui le ratifiera.

Le citoyen Pelletan. — Je tiens à vous montrer l'inconvénient qui pourrait résulter de semblable résolution. Je sais que vos préoccupations sont les nôtres, mais je crois qu'elles ne répondent pas exactement en pratique au but que vous désirez atteindre. Je n'insiste pas ; bien entendu, je ne veux pas prétendre que ce soit là une question d'une importance capitale, mais je crois cependant qu'elle pourrait avoir des inconvénients sérieux ; tout d'abord, je pense que nos amis n'ont pas vu le mal comme il est. Il est évident que la plaie de notre parti — et c'est ce qui a perdu la politique française, — ce sont les faux radicaux qui traînent notre étiquette et qui ne suivent pas notre politique.'

Plusieurs délégués. — Il y en a cinq dans le ministère. *(Applaudissements)*.

Le citoyen Pelletan. — Si vous croyez tenir ces faux radicaux par la proposition qui nous est faite d'avoir un programme qu'ils devraient approuver avant de se présenter aux suffrages des électeurs, vous vous trompez bien ; ce qui distingue ces faux radicaux, c'est qu'ils signeront tous les programmes que vous leur présenterez, puisqu'ils ont l'intime intention de ne les pas remplir. Voilà où est le mal.

Ce qui perd le parti radical, ce ne sont pas les hommes qui s'affublent du titre de radical et présentent un programme qui ne l'est pas ; ce sont les hommes qui prennent le nom et le programme d'un radical pour voter ensuite contre ce programme. Pour ce faire, ils ont toute espèce de prétextes ; ils vous répètent à satiété qu'ils sont absolument acquis à la réforme qui leur est proposée, mais ils trouvent dans les circonstances du jour une excuse plus ou moins bonne pour s'y soustraire, — et vous leur pardonnez !..

Si vous preniez une décision, stipulant que tout député qui aura failli à son mandat sera exclu du nombre des radicaux-socialistes, je vous comprendrais. *(Très bien, très bien)*.

Un délégué. — Mais le parti socialiste lui-même, qui se dit unifié, a plusieurs programmes.

Le citoyen Pelletan. — Patientez un peu, je vais y arriver.

Au lieu de cela, que nous propose-t-on ? d'avoir un

credo, de proclamer un article de foi et un symbole de Lille semblable à ceux de Rouen ou de Paris, — et on nous cite à cet égard l'exemple des socialistes unifiés.

Je n'hésite pas à dire que ce qui me déplaît le plus dans le parti socialiste unifié, c'est que j'y vois des catholiques d'un autre genre. qui ont des conciles et une orthodoxie ; nous, nous sommes fidèles au vieil esprit de liberté, qui est celui de tous les libres-penseurs conséquents avec eux-mêmes, (*très bien*), et ne confions à personne le soin de nous dresser un credo. Je n'appartiens pas à une église, Jaurès même m'a fait l'honneur de me dire que j'étais un schisme perpétuel, et je lui ai demandé au nom de quelle orthodoxie il me traitait ainsi. Quant à moi, quel que soit le programme que vous établissiez, s'il contenait un article que je considèrerais comme mauvais, je lutterais contre, et j'attendrais que vous m'excluiez du parti radical. (*Applaudissements*).

Ainsi je crois que nous devons laisser à nos amis de conciles collectivistes unifiés les mœurs du catholicisme et les symboles hors lesquels il n'y a point de salut (*très bien*). C'est mon opinion profonde. Je comprends que vous ayez le droit de reprocher à un élu d'avoir déserté son drapeau et trompé le suffrage universel, mais il serait dangereux de procéder par exclusion, car le jour où nous nous érigerons en juges de tous les actes des membres du parlement, on pourra trouver que nous remplissons là un rôle quelque peu excessif.

J'ajoute que nous avons le bonheur d'avoir de nombreux amis qui sont avec nous, qui votent avec nous, et qui initient leurs électeurs à nos idées. Mais quand vous les aurez obligés à signer un programme comme celui qui vous est proposé, vous aurez peut-être rendu leur élection impossible, alors que si vous les aviez laissés se présenter librement à une prochaine élection, ils auraient pu apporter le programme voulu. Il est évident qu'il y a un certain nombre d'idées sur lesquelles nous devons être tous d'accord, et nous pouvons dire à ceux qui ne les partagent pas : Allez professer ailleurs vos opinions ; c'est votre droit, mais nous ne voulons pas délibérer avec vous.

Quant à faire la rédaction qu'on vous demande d'un

Credo orthodoxe du Parti radical-socialiste, au point de vue pratique cela aurait des inconvénients, sans compter que nous abdiquerions le sentiment de la liberté individuelle, qui fait que nous ne voulons pas être socialistes collectivistes ni socialistes unifiés, parce que nous avons encore la tradition du vieil instinct français.

Le citoyen J. B. Morin. —Je regrette de n'être pas d'accord avec le citoyen Pelletan sur une question fondamentale. Sans abuser de la parole, je me contenterai de dire que nous n'entendons pas formuler un dogme impératif ; nous avons parlé simplement d'un programme minimum de nos revendications actuelles, lequel programme pourra être modifié demain, car nous sommes avant tout des évolutionnistes et non des dogmatisants (*très bien*).

Croyez bien, citoyen Pelletan, que nous sommes, nous aussi, des hommes de liberté ; nous n'entendons pas lier nos élus. nous savons qu'à côté des questions de fond, il y a des questions de détail et d'espèces qui réclament la liberté la plus complète de l'individu qui est chargé de les étudier. Nous ne voulons pas faire de nos mandataires des esclaves comme les socialistes unifiés ; nous entendons qu'ils restent des hommes de libre discussion et d'indépendance.

Cependant, citoyen Pelletan, nous sommes un parti radical et radical-socialiste, qui entend différer du parti Républicain qui était hier le Parti opportuniste et aujourd'hui le parti méliniste, que vous avez combattu avec tant d'esprit, d'éloquence et de verve. Je vous demande donc s'il ne nous est pas permis d'indiquer quelles sont les frontières infranchissables qui nous séparent. Et lorsque nous nous trouvons en présence du corps électoral, qui nous demande quel est notre parti et notre programme, si quelques-uns savent très bien ce qu'ils veulent, il en est d'autres qui. le sachant également, ne le disent point, et se contentent de l'étiquette, de la façade, ce qui fausse, je le dis avec conviction, le résultat des élections et la majorité du Parlement.

Pelletan nous dit qu'il nous suffira de faire comprendre à ces hommes qu'ils ne sont plus de la maison, parce qu'ils sont séparés de nous sur des questions fondamen-

tales et sur des questions de discipline. Ah ! si cela pouvait se faire ainsi, je n'hésiterais pas à retirer ma proposition, et j'inviterais mes collègues de la Commission de
propagande à suivre mon exemple, mais vous savez bien
que ce sont ces dissidents qui sont les plus tenaces et qui
restent parmi nous parce qu'ils y ont un intérêt, et surtout parce que nous n'avons pas toujours la majorité pour
les mettre dehors. (*Applaudissements*).

Il ne suffit pas de faire de belles déclarations ; celle
que nous entendrons demain sera superbe au point de vue
des idées et de la forme, mais ce que nous voulons, c'est
préciser un programme comme le fait tout parti qui se
respecte. (*Applaudissements*).

Le citoyen Hemmerschmidt. — Je m'en voudrais de prolonger le débat, mais je dois vous dire que dans la deuxième
circonscription de Corbeil, nous avons souffert — et
quelques amis qui sont dans la salle le savent — du dé-
laissement dans lequel nous avons été laissés en face de
l'ennemi commun. Ils m'ont chargé d'apporter ici leur
protestation. Les promesses qui sont contenues dans le
rapport du citoyen Bonnet nous donnent cependant satisfaction dans une certaine mesure, puisqu'on nous promet
que dorénavant nous ne serons pas oubliés, mais nous
avons besoin — et dans la séance de la Commission de
propagande il a été fortement question de cela — d'organiser d'une façon permanente et dès à présent, des
conférences.

Un délégué. — Cela viendra tout à l'heure, parlez-nous
du programme.

Le citoyen Hemmerschmidt. — Si la question du programme a été agitée devant la Commission de propagande,
c'est parce que nous avons fait sentir la fausse situation
dans laquelle nous nous trouvons vis-à-vis des électeurs à
droite et à gauche. A droite, on dit que les radicaux-socialistes sont des sans patrie, des collectivistes, et de l'autre
côté, c'est-à-dire dans le groupe des socialistes unifiés, on
dit que nous sommes des réactionnaires. Pour que cette
équivoque ne puisse subsister, il faudrait, comme l'a demandé notre ami Bérenger, qu'un programme bien net et

bien précis, présentant un minimum et un maximum, soit établi par le Groupe des Parlementaires.

Le citoyen Pelletan. — Que le Congrès vote !

Le citoyen Sancerme. — Je demande la parole.

Un membre. — C'est assez !

Le citoyen Sancerme. — La question est assez grave pour que ceux qui ont fait 800 kilomètres pour assister à ce Congrès puissent présenter leurs observations. Le citoyen Pelletan disait : « qu'on vote ce programme si l'on veut ». S'il revient sur l'opinion exprimée tout à l'heure et s'il reconnait qu'il y a nécessité d'avoir un programme, je suis tout prêt à descendre de cette tribune Le citoyen qui m'a précédé a mis la question au point. Oui, il est nécessaire que nous ayons des frontières dans notre parti ; il faut que les modérés sachent quel est le minimum de notre programme et il faut que les unifiés sachent quel est notre maximum. Pelletan disait que le suffrage universel saura reconnaitre les siens ; comment pourra-t-il le faire s'il n'est pas fixé par un programme ? Sur quoi jugera-t-il ceux qu'il aura envoyés au Parlement ? Nos adversaires eux, ont des programmes, surtout les unifiés qui sont peut être davantage nos adversaires que les modérés.

Plusieurs délégués. — Non ! Non ! Votre parole dépasse votre pensée ! Pas d'ennemis à gauche !

Le citoyen Sancerme. — Je partage cet avis, mais, permettez-moi de vous citer un exemple : Un Congrès socialiste était dernièrement réuni dans un chef-lieu de canton de la Charente, c'était à Jarnac ; ce Congrès n'a été qu'un long conciliabule contre les radicaux ; la conférence faite par un député unifié au théâtre de la ville n'a été qu'une longue critique des actes du parti radical.

Plusieurs délégués. — Assez ! Assez !

Le citoyen Sancerme. — Il y a d'autres orateurs inscrits, je termine en disant qu'il y a nécessité d'avoir un programme déterminant d'une façon précise quel est le minimum et le maximum de ce que nous voulons faire.

D'autres délégués. — Très bien ! continuez !

Le citoyen Michel. — Le citoyen Morin s'est mépris sur notre pensée ; comme lui, je suis partisan d'un programme dans notre parti.

Le citoyen Berenger. — Mais vous ne l'avez pas fait.

Le citoyen Michel. — Nous sommes partisans d'un programme pour notre parti. Nous sommes d'avis, en effet, qu'il y a lieu de déterminer les frontières qui nous séparent les uns des autres, mais ce n'est pas sur ce point que vont porter mes observations. Je dis que ce n'est pas à la commission de propagande à élaborer un programme, mais que c'est à notre parti tout entier, réuni en Congrès, à en charger son Comité exécutif, s'il le juge convenable.

Le citoyen Berenger. — C'est ce qu'on a dit.

Le citoyen Michel. — Je vous demande pardon, car je n'aurais pas demandé la parole sur ce sujet.

Quelques-uns de nos collègues nous faisaient observer que les candidats les plus piètres n'hésiteraient pas à se couvrir de ce programme. Pour moi, la question de principe n'est pas en jeu, car je pense que nous sommes tous d'avis qu'un programme est absolument nécessaire (*très bien*). Mais où nous différons d'opinion, c'est lorsqu'on vient nous demander que ce soit la Commission de propagande qui soit chargée de son élaboration.

Plusieurs délégués. — Il ne s'agit pas de cela.

Le citoyen Pelletan. — L'opinion que j'ai émise me paraît avoir été mal interprétée ; je demande donc à la compléter par quelques explications. J'ai soutenu assez énergiquement les programmes au cours de ma carrière politique pour qu'on ne me considère pas comme un adversaire de ce principe. Il me revient à l'esprit que tous les ans le parti établit une déclaration au sein du Congrès, c'est-à-dire avec toutes les garanties puisqu'elle est l'émanation d'une grande majorité. Ce que je crains, dans un programme, c'est que chacun veuille y introduire un article de sa convenance ; depuis de longues années, vous vous êtes contentés de la déclaration du Parti comme programme ; que voulez-vous de plus ?

Le rapporteur. — Je vais m'efforcer de dissiper le malentendu qui semble exister actuellement dans ce débat.

Je ferai tout d'abord remarquer à mon ami Michel qu'il
ne s'agit pas de charger la commission de propagande de
se substituer au Congrès ou au Comité exécutif, car il
est bien spécifié que la commission d'organisation et de
propagande sera chargée de présenter au Comité exécutif
un projet de programme du Parti.

Le citoyen Berenger. — Nous n'avons absolument rien
voté de semblable.

Le rapporteur. — Il faut bien qu'une commission quelconque présente ce projet.

Plusieurs délégués. — Le bureau du Comité pourrait
en être chargé.

Le rapporteur. — Cela m'est parfaitement égal, peu
m'importe de charger la Commission de propagande ou
le bureau du Comité Exécutif de rédiger un projet de
de programme. L'essentiel est que ce projet soit dressé,
discuté et approuvé. (*Très bien*).

Un délégué. — Il ne faut pas oublier de dire au Congrès
que le Comité exécutif se subdivise en commissions et
que c'est la commission de propagande qui fera ce travail.

Le rapporteur. — Laissez-moi vous donner à nouveau
lecture de la motion qui est présentée :

« La Commission de propagande du Parti sera chargée
« de présenter au Comité exécutif un projet de pro-
« gramme du parti, lequel sera ensuite envoyé dans les
« trois mois aux Comités adhérents, qui présenteront
« toutes modifications ou propositions qu'ils jugeront
« utiles ».

Le Comité exécutif discutera alors ce programme, en
s'inspirant des modifications qui auront été présentées, et
il le soumettra ensuite au Congrès de 1907.

Le citoyen Bouffandeau. — Permettez-moi de vous donner lecture de l'amendement suivant :

« Le Congrès ayant seul qualité pour élaborer et rédi-
« ger le programme du Parti, le Comité exécutif est
« invité, en suivant les indications de la déclaration du
« parti, à préparer la rédaction du programme qui sera

« envoyé aux Comités et soumis à l'adoption du Congrès
« de 1907. »

(Cet amendement mis aux voix, est adopté).

Le citoyen Perier. — Les candidats devraient être obligés d'afficher dans leur circonscription le programme du
Parti.

Plusieurs délégués. — Laissez continuer le rapporteur.

Le rapporteur. — Un certain nombre de délégués ont
apporté diverses réclamations relativement à l'investiture
à donner aux candidats du Parti. Je ne veux pas entrer
dans le détail de certains faits regrettables qui nous ont
été signalés, et pour en éviter le renouvellement à l'avenir, la Commission, à l'unanimité, a voté la décision suivante :

« Le Comité exécutif est invité à observer strictement
« l'article 5 du règlement intérieur du Comité, ainsi
« conçu :

« Art. 5. Pour toutes les questions se rattachant à l'in-
« tervention du Comité exécutif dans une lutte électorale,
« le bureau devra préalablement à toute décision en réfé-
« rer au Comité exécutif, sans que sous aucun prétexte
« ni à aucune époque il puisse être apporté une déroga-
« tion à cette règle essentielle.

« Il en sera de même de toute décision à prendre en
« matière financière.

« Dans ce dernier cas, le Comité pourra, sur la demande
« qui en sera faite par un tiers au moins des membres pré-
« sents, se constituer en Comité secret ».

Le citoyen A. L. Burot. — Je tiens à faire observer, à
propos du rapport de la Commission de propagande dont
il vous a été donné connaissance, que j'ai déposé avec
quelques amis, dans cette commission, une proposition
dont je regrette que le rapporteur ait oublié de vous entretenir.

Cette proposition a pour but d'exiger certaines conditions des candidats ou des élus sortants qui se présentent
dans les différentes élections où notre parti doit intervenir, avant de leur donner l'investiture du parti, et notamment de demander qu'ils aient adhéré formellement à
notre programme pendant toute la durée de leur mandat.

Il est arrivé, en effet, aux dernières élections que des députés qui n'avaient jamais adhéré à notre Parti, et qui, même, avaient appartenu à d'autres groupements, sont venus se réclamer de lui au dernier moment ; nous demandons donc d'écarter ces candidats par une disposition précise du règlement. En outre, nous demandons qu'ils soient tenus de rendre compte de leur mandat aux comités adhérents au parti, non pas seulement au dernier moment, mais, plusieurs fois dans l'année, et qu'ils se tiennent en rapports constants avec ces Comités, au lieu de ne s'apercevoir de leur existence qu'au moment où ils ont besoin de leur appui.

Je vous donne donc lecture de ma proposition dont je pense que ces considérations vous feront saisir toute l'importance et sur laquelle je vous demande d'émettre un vote formel en raison des inconvénients qui résultent de l'intrusion à la dernière heure, dans notre Parti, de candidats dont il n'a pu juger suffisamment du républicanisme et de la valeur :

« Les parlementaires et autres élus ne pourront obtenir
« l'investiture de candidats du Parti que s'ils ont adhéré
« formellement au programme du Parti, ainsi qu'au Parti,
« pendant toute la durée de leur mandat. »

« Les autres candidats aux différentes élections : con-
« seils généraux, députation, etc., devront faire partie
« depuis un an au moins d'un groupement adhérent
« depuis la même époque au Comité Exécutif. »

Après quelques observations de différents congressistes, le Président met aux voix la proposition du citoyen Burot qui est adoptée à l'unanimité comme article additionnel au réglement.

Le citoyen Pelletan. — Je demande que les décisions du Comité prises contre un candidat soient l'émanation d'une majorité importante, et non d'une vingtième ou trentième partie du Comité. Je dis que si le bureau qui a notre confiance doit se trouver à la merci d'une majorité de hasard, aucun homme politique sérieux ne pourra accepter les responsabilités que vous envisagez.

Nous serions heureux, citoyens, de nous remettre entre les mains du Comité exécutif, mais vous devez sentir

vous-mêmes le danger d'une majorité de huit ou dix personnes, puisque vous avez décidé le vote par correspondance. Vous avez d'ailleurs pu constater à un moment
donné, lorsque nous avons combattu l'état-major de
Doumer, que nous n'étions pas sûrs de la majorité
(*Applaudissements*).

Eh bien, contre ces hasards, je demande deux garanties,
je demande d'abord *qu'on ait toujours le droit d'en appeler
d'une séance du comité à une séance pour laquelle les délégués de province seront convoqués,* comme nous l'avons
fait dans les grandes occasions.

Voilà ma première proposition ; et comme cela est
impossible, entendez-le bien, pour les affaires électorales,
attendu que vous arriveriez trop tard, je vous demande
de dire en qui vous avez confiance, si c'est dans les
hommes à qui vous ferez l'honneur de les introduire dans
le bureau ou si c'est dans le hasard des passants qui se
trouveront rue de Valois ce jour-là (*Mouvements divers.
Applaudissements sur de nombreux bancs*).

Quoi qu'il en soit, admettez-vous que, sur un Comité
de six cents membres, vingt personnes puissent faire la
majorité ? Vous savez bien que non, et alors quand votre
bureau jugera qu'il y a eu surprise dans cette infime
minorité, il faut qu'il puisse au moins en appeler à l'ensemble du Comité exécutif. Or, pour les questions électorales, comme il pourrait n'être plus temps, faites confiance à votre bureau comme vous l'avez fait jusqu'ici
(*Très bien ! très bien !*)

En effet, si on vous demande d'exécuter cet article du
règlement, c'est parce qu'on n'a pas osé l'exécuter jusqu'ici. Je sais que Combes a donné un moment sa démission de président du Comité exécutif, mais cela n'a pas
été long et ce n'était qu'un malentendu ; pourtant, ce
simple malentendu vous montre une fois de plus le
danger de ce qui peut se passer avec le hasard des présences, puisque c'est un rapport du Comité qui avait
amené notre ami Combes à donner sa démission. On l'a
fait revenir là-dessus ; mais dans tous les cas, quelles
raisons avez-vous pour vous méfier du bureau que vous
aller nommer ? Ne vous offre-t-il pas toutes les garanties

désirables (*Si ! Si !*) Je ne veux accuser personne, mais tout le monde sait bien comment cela se pratique et comment on procède, en toute sincérité d'ailleurs, parce qu'on croit qu'on est dans le vrai : on veut faire une majorité absolument factice, on veut « faire le coup » ; on prévient des camarades, on arrive vite, les autres camarades ne sont pas prévenus ; et on emporte le vote d'où peuvent dépendre les destinées du parti.

Je ne demande, pour ma part, aucun pouvoir ; il est déjà si difficile de se diriger soi-même qu'il me paraît très désagréable d'avoir à diriger les autres ; je n'ai aucun goût pour ces sortes de fonctions, mais je vous supplie, moi qui ai voué ma vie à la conduite du parti radical (*Applaudissements*) de ne pas démolir pour lui toutes les règles d'une direction sage et raisonnable, seule capable de lui imprimer un mouvement normal et régulier (*Vifs applaudissements*).

Le citoyen René Weill. — Je propose qu'à l'obligation que vous voulez imposer au Comité exécutif, on joigne l'obligation pour la presse officielle du parti de ne publier les décisions du Comité exécutif que d'après les communications officielles données sous la responsabilité du bureau du Comité.

Le citoyen Pelletan. — Très bien ! Il y a eu de graves abus à cet égard.

Le citoyen René Weill. — Si les observations du citoyen Pelletan pouvaient se rapporter à notre texte, nous n'aurions pas insisté, mais c'est précisément pour éviter qu'à l'avenir certaines fautes soient commises que nous insistons ; nous voulons que le bureau n'ait pas un pouvoir discrétionnaire, entendez-le bien, c'est la garantie des comités, des candidats, que le devoir du bureau soit tracé. Nous demandons que lorsque le bureau accordera une investiture, le Comité exécutif prenne l'avis des comités locaux et de la fédération départementale intéressée et qu'il ne désigne jamais comme candidat du parti qu'un candidat adhérent au parti ou présenté par un comité adhérent. Nous voulons qu'on ne puisse pas donner l'investiture à un candidat quelconque qui ne remplisse pas ces conditions.

Le citoyen Ceccaldi. — Il n'est pas possible d'admettre qu'un candidat puisse se réclamer du parti s'il est candidat d'un seul comité et s'il n'est pas désigné par la fédération départementale (*mouvements divers*). Sinon nous assisterons au spectacle auquel nous avons assisté dans les dernières élections ; nous verrons se fonder quelques mois avant les élections un comité dissident quelconque ; ce comité se mettra en révolte contre la fédération et contre le Comité exécutif lui-même s'il résiste. Que se passera t-il alors, citoyens ? et c'est ici que je combats la motion du rapporteur, j'ai assez d'amitié pour Bonnet pour pouvoir me permettre de critiquer une motion qu'il présente.

Si vous n'admettez pas que le choix doive être fait en séance plénière du comité, vous livrez tous les départements de province à quelques délégués de la Seine. Il importe que tous les délégués de province soient défendus ; or ils ne peuvent être défendus que par les délégués qu'ils auront eux-mêmes désignés, et ces délégués ne peuvent être que les délégués du Bureau. Pourquoi ? Parce que si vous admettez qu'au bureau seront adjoints les délégués qui se trouvent à Paris, on créera, comme vient de le dire notre éminent collègue et ami Camille Pelletan, une majorité factice, et nous assisterons à ce spectacle regrettable d'une minorité asservissant une majorité.

Le Président. — Je vais mettre aux voix la résolution suivante :

« Le bureau du comité exécutif pourra toujours en ap-
« peler d'une résolution qui aurait été prise dans une
« séance comprenant moins de 150 membres présents à
« une autre séance pour laquelle les délégués de province
« seront convoqués ».

Très bien ! très bien !

Le citoyen Gérault-Carion. — Il faut ajouter les mots :

« Ou mandatés » parce qu'ils auront beau être convoqués ils ne seront pas mandatés, ils ne pourront pas venir à Paris et je me demande à quoi pourra servir la convocation (*interruptions et bruit*).

Le Président. — Je mets aux voix la résolution sans modification.

(Le texte mis aux voix est adopté).

Le Président. — Je vais consulter maintenant l'assemblée sur le texte suivant :

« La presse du parti ne pourra rendre compte des dis-
« cussions et des décisions du Comité exécutif que d'après
« des comptes rendus communiqués officiellement par le
« bureau du comité ».

Le rapporteur. — Il faut ajouter que ces communiqués
devront être donnés le soir même des séances et que les
journaux ne doivent pas être informés huit jours après de
ce qui s'est passé au comité.

Le citoyen Tissier. — Je demande la parole comme secrétaire permanent.

Il est impossible de remettre le soir même le compte
rendu aux journaux parce que souvent les séances du
comité finissent vers minuit, quelquefois même plus tardivement encore, et qu'à ce moment les journaux ne
peuvent plus recevoir des ordres du jour qu'il faut ensuite
rédiger et qui ne pourraient être remis avant une heure et
demie du matin.

Le Président. — Je mets aux voix la proposition dans
le texte dont j'ai donné lecture.

(La proposition mise aux voix est adoptée).

Le rapporteur. — Je demande qu'on mette aux voix le
texte de la commission ainsi conçu :

« Quand le bureau du Comité exécutif accordera une
« investiture, le bureau prendra toujours l'avis des comi-
« tés locaux, des délégués du département au Comité
« exécutif, et de la fédération départementale intéressée
« et ne désignera jamais comme candidat du parti qu'un
« candidat adhérent au parti ou présenté par un comité
« adhérent ».

Le citoyen Pelletan. — Nous sommes d'accord.

(La proposition mise aux voix est adoptée).

Le Président. — Je suis saisi en outre des deux amendements suivants :

« 1° Les parlementaires et autres élus ne pourront
« obtenir l'investiture de candidats du parti que s'ils ont

« adhéré formellement au programme du parti et au
« parti pendant toute la durée de leur mandat ».

« 2° Les candidats aux différentes élections, conseillers
« généraux, parlementaires, etc.. devront faire partie
« depuis au moins un an d'un groupement adhérent depuis
« la même époque au Comité exécutif ».

(Ces deux amendements sont adoptés).

Le rapporteur. — Il s'agit maintenant d'organiser
notre action extérieure, notre groupement de conférenciers.

Les comités nous réclament des conférenciers ; nous
en avons difficilement. Les comités, et c'est très naturel,
demandent d'abord des parlementaires, c'est-à-dire les
hommes les plus connus et les plus autorisés. Les parlementaires sont très occupés à la Chambre et dans leurs circonscriptions, et quel que soit leur désir, ils ne peuvent
souvent se rendre à l'invitation qui leur est faite. Quant
aux non-parlementaires, je renouvelle l'hommage public
que je leur ai rendu dans mon rapport ; nous avons à
coté de nous la Ligue de propagande radicale-socialiste
qui, avec un dévouement admirable, met de jeunes conférenciers à la disposition du parti.

Le citoyen Fabius de Champville. — La Société des Conférences radicales nous a rendu également les plus grands
services.

Le rapporteur. — Ces braves amis ont fait quinze cents
conférences, à la Ligue de propagande. Et c'est à leurs
frais qu'ils font tout cela. Notre parti n'est pas un parti
de gens fortunés ; il est riche en talents, en dévouements,
mais non pas en argent (*Applaudissements*).

Les jeunes et éloquents orateurs de la Société des conférences radicales ont également droit à tous nos remercie-
ments.

Citoyens, il faudrait pourtant entrer dans une nouvelle
voie ; le parti socialiste a, par ordre, établi un roulement
de conférenciers, d'orateurs parlementaires. Nous voudrions, non par ordre, car chez nous nous n'imposons
rien par ordre et péremptoirement, qu'un roulement analogue plus souple où le dévouement suffirait à assurer la
régularité du service, fût établi. Et nous invitons les parle-

mentaires à bien vouloir se mettre plusieurs fois par an à la disposition du parti. C'est dans ce sens que nous disons au Comité exécutif :

« Le Congrès charge le comité exécutif d'inviter les « sénateurs et députés du parti à bien vouloir accepter de « présider chaque année plusieurs réunions et de faire plu- « sieurs conférences. Un rapport sera fait au Congrès de « 1907 sur les résultats de ces démarches ».

Ainsi nous connaîtrons ceux qui ont bien voulu consi- dérer qu'ils appartenaient à un parti constitué, qui auront bien voulu consacrer au parti radical et radical-socialiste une part de leur talent, de leur énergie et de leur au- torité (*Applaudissements*).

Un membre. — Les noms des députés qui auront prêté leur concours seront-ils connus ?

Le rapporteur. — Un rapport sera fait.
(La motion est adoptée.)

Le rapporteur. — Autre motion. « Le Congrès de Lille « proclame la nécessité de continuer systématiquement la « formation des Comités communaux et cantonaux, des « Fédérations d'arrondissement et de département et in- « vite le Comité exécutif à activer cette organisation ».

Ce n'est qu'un rappel, mais il est nécessaire de le faire, parce que dans certains départements où nos amis com- posent la majorité de la représentation, il n'y a pas de fédération départementale. Nous voudrions voir nos amis un peu plus actifs.
(La motion est adoptée).

Le rapporteur. — Autre motion. « Dans les départe- « ments où existe une fédération d'arrondissement ou « une fédération départementale, le Comité exécutif n'ac- « ceptera l'adhésion d'un Comité que si ce Comité fait « partie de la Fédération d'arrondissement ou de la fédé- « ration départementale ».

En cas de conflit, le Comité exécutif remplira son rôle d'arbitre et amènera tout le monde à s'entendre pour concerter l'organisation dans le département.

Un membre. — Il faudrait que la loi fût la même pour tous. On a accepté la scission du Comité de Rueil. Il me

semble que par voie de conséquence on doit accepter la
scission des autres comités ; c'est le cas qui se produit en
ce moment à Givors.

Le rapporteur. — En pareil cas il n'y a qu'à inviter le
Comité exécutif à remplir son rôle de juge de paix du
parti. C'est ce que nous faisons dans nos fédérations,
nous avons à cet égard un article spécial dans notre règlement.

Le citoyen Chabannes. — Vous êtes-vous préoccupé de
la question des Congrès régionaux ?

Le rapporteur. — Le parti est unanime à engager les
fédérations départementales ou les comités, puisque malheureusement nous n'avons qu'une vingtaine de fédérations, à organiser des congrès régionaux. La région Lyonnaise comme les régions Marseillaise, Toulousaine, ou
Bordelaise, pourraient organiser des congrès annuels et
apporteraient au congrès national des résolutions discutées
au préalable, donnant ainsi l'impression d'un parti soli-
daire dans sa région. Nous prions les Comités de mettre la
question à l'ordre du jour. (*Très bien*).

Nous avons reçu toute une série de vœux relatifs à la
propagande et à l'organisation du parti, ils se lient aux
différentes questions qui ont été débattues ici. D'une façon
générale, surtout dans les départements malheureux.
dans les départements de l'Ouest, votre propagande est
constamment entravée, non pas seulement par les adversaires de la république, mais par un certain nombre de ses
fonctionnaires, et la Commission m'a chargé d'insister à
nouveau pour que cette épuration que nous avons réclamée depuis tant d'années soit continuée sérieusement et
systématiquement (*Applaudissements*).

Le citoyen Gérault-Curion. — Il a été convenu ce matin qu'on statuerait dans la séance de ce soir sur le choix
de la ville où se tiendrait le prochain Congrès.

Le rapporteur. — J'y arrive.

Voix diverses. — Nancy, Nantes.

Le rapporteur. — La première proposition par sa date
est celle qui nous est venue de la ville de Troyes. Nos amis
de Troyes se réclament de la position de leur ville qui est

un grand centre de voies ferrées, du dévoûment remarquable dont ils ont fait preuve en toute circonstance.

Dans la même région la grande et belle ville de Nancy nous dit : Nous sommes à la bataille, nous venons de remporter une belle victoire, nous luttons dans les conditions les plus difficiles, nous vous ferions un accueil particulièrement aimable et hospitalier.

Nous avons ensuite la grande et belle ville de Nantes qui ouvre une large fenêtre sur la chouannerie. C'est une ville de 120.000 habitants où se trouvent des militants admirables qui paient de leur personne.

Un membre. — Je proteste, nous n'avons jamais proposé Nantes,

Le rapporteur. — J'expose la question comme c'est mon devoir. Nos amis de Nantes nous ont dit : en venant chez nous, vous donnerez un grand essor à la propagande républicaine.

La belle ville de' Tours se rappelle aussi à notre souvenir, elle fait remarquer qu'elle est le centre du réseau de chemins de fer dans cette vaste région si hospitalière et dont la députation est entièrement radicale et radicale-socialiste.

Nous avons enfin la belle ville de Dijon où le général André nous offre un excellent accueil dans ce pays où les radicaux sont si nombreux.

Nos amis de Normandie nous disent que la perle de la Normandie, c'est Rouen, et qu'ils sont de vaillants républicains.

Le citoyen Pelletan. — Ils ont remporté une belle victoire.

Le rapporteur. — La ville de Rouen a entrepris énergiquement la lutte depuis plusieurs années et nos amis y ont remporté un brillant succès aux élections.

Vous avez donc à choisir entre Nantes, Rouen et Tours dans l'Ouest, et Dijon, Troyes et Nancy dans l'Est.

Le citoyen Georges Bodereau. — Permettez-moi, citoyens, d'attirer votre attention sur une considération. Parmi les villes qui vous sont proposées, il en est une qui est absolument centrale, qui est située au milieu de départements représentés par des radicaux. En choisissant cette ville, vous témoignerez votre sympathie à l'un des hommes qui a été injustement traîné dans la boue. J'ai nommé le Général André, je vous demande de venir à Dijon et je réclame la priorité pour ma motion (*Applaudissements*).

Le citoyen Bernardin — Depuis huit ans nous luttons en désespérés sur cette terre de Lorraine qui marque encore une tache noire sur la carte de la République. On ne nous a pas beaucoup aidés, nous ne nous sommes pas découragés. La lutte est terrible, c'est une guerre au couteau. On insulte nos femmes dans la rue parce qu'elles sont les femmes des républicains. La noblesse s'est ruée à l'assaut de la Loge, elle l'a pillée, saccagée, tenté de l'incendier ; les pillards ont été condamnés en correctionnelle, ils ont été amnistiés. Deux vicaires ont assassiné lâchement un ouvrier, ils sont passés en Cour d'Assises, ils ont été acquittés et portés en triomphe. Nous n'avons jamais été encouragés, je demande au Congrès de nous donner une marque de sympathie et un réconfort (*Vifs applaudissements*).

Voix nombreuses. — Aux voix ! aux voix !

Le Président. — Je vais mettre successivement aux voix les noms des villes qu'on a proposées en commençant par Nancy.

(De nombreux délégués votent pour la réunion du Congrès à Nancy).

Le Président met ensuite aux voix la question de savoir si le Congrès siégera à Rouen, Troyes, Dijon, Nantes, Tours.

(La ville de Nancy est choisie par acclamations).

La séance est levée à 6 heures 1/2.

CINQUIEME SÉANCE

Dimanche 21 octobre. — Matin

La séance est ouverte à 9 h. 1/2 du matin par le Général André.

Le citoyen Camille Pelletan est acclamé président.

Bureau

Président : Camille Pelletan, député des Bouches-du-Rhône.

Vice-présidents : MM. Bernardin, délégué de Meurthe-et-Moselle.

Georges Bodereau, délégué du Doubs.

Charpentier, délégué de la Seine.

Deladrière, délégué de la Dordogne.

Dreydt, député des Htes-Pyrénées.

Baudry, délégué de la Gironde.

Girod, député du Doubs.

Gén. Godard, délégué de Meurthe-et-Moselle.

Le Foyer, délégué de la Seine.

Cels, délégué du Lot-et-Garonne.

Jules Sioly, délégué des Alpes-Maritimes.

Trouin, député d'Oran.

Verglas, délégué de la Seine.

Secrétaires : MM. Aubertin, délégué du Finistère.

Baube, délégué de la Seine.

Bouillard, délégué d'Oran.

Lefranc, délégué du Pas-de-Calais.

Lemaître, délégué du Pas-de-Calais.

Myard, délégué de Saône-et-Loire.

Monnier-Ducastel, délégué de Seine-et-Oise.

Barrit, délégué du Nord.

René Weill, délégué de Seine-et-Oise.

Victor Dalbiez, délégué des Pyrénées-Orientales.

L'ordre du jour appelle le rapport de la Commission des réformes militaires.

La parole est au Général Godard, rapporteur de la Commission.

RAPPORT de la commission des réformes militaires

Le Général Godard, rapporteur. — Citoyens, chargé par votre Commission des réformes militaires de vous rapporter certains vœux émis par diverses sociétés, ligues ou associations républicaines radicales et radicales-socialistes, et de rappeler en outre les vœux déjà émis les années précédentes, j'ai l'honneur de vous présenter ces vœux sous forme de propositions résumées très succinctement et de vous prier de vouloir bien les adopter.

La fédération autonome de Lyon et du Rhône a émis le vœu suivant, en vue d'appeler l'attention du ministre de la guerre sur la façon dont ont été faites les dernières nominations dans le haut commandement (*Applaudissements*).

« Le Congrès proteste contre les récentes nominations « faites par l'actuel ministre de la guerre dans le haut com- « mandement et qui semblent un défi porté à l'esprit dé- « mocratique, comme une protestation aux sentiments ex- « primés par le pays aux dernières élections.

« Souhaite que le ministre de la guerre ou ses successeurs « reprennent les traditions instaurées par le général André « pour républicaniser l'armée.

Considérant que les incidents pénibles et scandaleux qui se sont produits dans certaines régions de notre beau pays au sujet de refus d'obéissance à nos règlements militaires — auxquels dans beaucoup de cas nos soldats sont obligés d'obéir sous peine de mort.

Considérant qu'avant tout un officier doit être un modèle d'esprit civique pour ses inférieurs, immuablement fidèle aux lois de sa patrie et au gouvernement républicain qu'elle s'est donné dans toute la plénitude de sa liberté issue de la grande révolution de 1789.

Votre Commission a décidé, dans la séance du 29 octobre, à l'unanimité de ses membres et après examen de la question des nominations militaires, d'appeler respectueusement l'attention ministérielle sur le danger d'attribuer de hautes fonctions militaires à des personnalités qui ne pourraient que créer dans l'avenir des élèves modelés à leur image, élargissant par tradition l'abîme qui existe en maintes garnisons entre l'élément militaire et l'élément civil.

En conséquence, la Commission conclut, à l'unanimité de ses membres, que l'officier de l'armée républicaine appelé à défendre son pays doit être avant tout officier français et non un officier romain.

Le Président. — Je mets aux voix la proposition de la Commission que vous acclamerez certainement.

La proposition est adoptée par acclamation.

Le rapporteur. — La ligue radicale de Lille nous a adressé un vœu déjà présenté au Parlement depuis bien des années et qui a été renvoyé à des Commissions parlementaires sans jamais aboutir ; il s'agit de la réduction des périodes d'instruction des réservistes et des territoriaux.

« Le Congrès, considérant que les périodes dites d'ins-« truction militaire de vingt-huit et de treize jours telles » quelles sont organisées actuellement, constituent une « lourde charge pour l'Etat en même temps qu'une perte « de temps et d'argent pour les commerçants, employés « et ouvriers, sans qu'il en résulte aucune compensation « pour l'instruction des hommes et l'intérêt de la défense « nationale, émet le vœu que les périodes de vingt-huit « et de treize jours soient considérablement restreintes et « que le temps de présence des hommes soit employé « d'une manière beaucoup plus utile. »

Voici les conclusions de votre Commission :

Considérant que l'éducation et l'instruction de la jeunesse masculine préparent aujourd'hui à l'armée un recrutement qu'elle n'avait pas il y a dix, quinze ou vingt ans, soit à cause de l'extension des écoles et des sociétés de gymnastique et de tir, soit à cause de l'instruction plus vigoureuse reçue au foyer même de la famille et à l'école et qui est enveloppée d'idées républicaines, de sorte que le soldat arrive au régiment déjà façonné et prêt à recevoir l'instruction militaire ;

Considérant que, dans certains corps, l'instruction des réservistes est donnée suivant un programme suranné, abâtardi, basé en général sur quinze à dix-huit jours d'exercice, le reste étant consacré à l'aller et au retour à des permissions, à des travaux intérieurs de caserne que je m'abstiendrai d'indiquer ici ;

Considérant en outre que le but du rappel des réservistes est de les faire rentrer dans le rang et de leur apprendre seulement les nouveautés et modifications survenues, car il faut songer que ces braves gens, au signal télégraphique de la mobilisation, rejoindront sans retard leur corps d'affectation ;

Considérant encore que le but du rappel des territoriaux est de leur montrer le lieu de leur rassemblement et de leur remémorer les obligations militaires envers le pays ;

Considérant enfin qu'une réduction de la durée de périodes constituera une économie considérable au budget de la guerre, sans diminuer en quoi que ce soit l'instruction, la cohésion et la puissance de l'armée en favorisant au contraire le commerce, les professions libérales, l'industrie, l'apiculture, l'agriculture qui s'étiolent aujourd'hui faute de bras.

Emet par voie de déduction à l'unanimité de ses membres le vœu ci-dessous :

« A dater de 1907, la période des réservistes est « réduite de 28 jours a 21 jours ; la période des territo- « riaux de 13 jours à huit jours ».

Je dois ajouter, après avoir pris l'avis d'autres membres de la Commission, que ces deux fixations de 21 jours et de 8 jours sont inscrites contre mon appréciation et ma volonté. Pour les réservistes, je crois qu'il est possible de réduire la période à quinze jours ; mon expérience est une garantie.

Pour les territoriaux, il suffirait de réduire la période à un simple passage, pour leur permettre d'endosser l'habit, de saluer le drapeau, et de voir l'endroit où ils doivent se concentrer.

Le citoyen Ceccaldi. — Je considère avec toutes nos

organisations qu'il est nécessaire de supprimer complètement les treize jours En l'espèce aujourd'hui les nombreux ouvriers, les nombreux pères de famille qui sont
appelés à la caserne, qui sont arrachés aux travaux des
champs et de l'usine, réclament impérieusement le vote
de cette réforme, qui ne peut en rien porter atteinte à la
défense nationale. Nous avons tous le souci de laisser
l'armée très forte ; mais nous ne voulons pas que l'on
fasse peser sur le peuple annuellement une charge aussi
lourde. Je demande au Congrès de voter purement et
simplement la suppression de la période de treize jours et
de réduire la période de 28 jours à 12 jours seulement.
Etant entendu que ces douze jours seront employés effectivement à l'exercice et aux manœuvres et non pas,
comme on le fait aujourd'hui, au nettoyage des casernes
et à un travail plus qu'inutile.

Le Président. — La parole est au général André. (*Vifs
applaudissements*).

Le général André. — Citoyens, je viens défendre devant
vous avec toute mon énergie les propositions de votre
Commission. J'estime d'abord qu'il importe essentiellement au parti radical et radical-socialiste de faire comprendre aux électeurs et à tous nos compatriotes que le
parti radical et radical-socialiste entend par tous ses
efforts maintenir la force de notre armée et ne pas risquer
de la compromettre. Or, que nous dit-on dans les milieux
militaires ? Je sais bien qu'il ne faut pas prêter une oreille
trop attentive à ce qui pourrait être dans certains cas de
l'exagération ; mais cependant, quand des républicains
comme le général Godard viennent vous dire que dans
leur conscience militaire ils estiment qu'il est absolument
nécessaire de maintenir pour les réservistes une période
de 21 jours et pour les territoriaux une période de sept
jours, je crois qu'il faut s'incliner. Nous vous proposons,
nous, militaires, une mesure absolument juste à tous les
points de vue ; nous tenons compte aussi largement que
possible de l'intérêt de nos agriculteurs, de nos ouvriers ;
mais nous ne pouvons pas perdre de vue les intérêts de
l'armée. Nous désirons que si un jour le malheur — je
dis bien le malheur — appelait le pays à prendre les

armes pour défendre son honneur ou l'intégrité de son territoire, on ne mène pas au feu des hommes qui ne soient que de la chair à canons ; nous voulons que les citoyens soient en état, le cas échéant, de résister à l'ennemi et de remporter la victoire (*Applaudissements*).

Nous nous sommes associés, nous militaires, aux travaux du Congrès de tout notre cœur ; mais, de tout notre cœur aussi, nous tenons à défendre ce que l'expérience personnelle nous a permis de constater. Nous disons tous que des progrès sont à réaliser dans l'instruction et dans l'emploi du temps de ces jeunes gens. Certes il a pu se produire et il se produit des abus. Ceux qui ont été autrefois appelés à faire 'une période, ont pu constater qu'on employait les 28 jours à des travaux qui n'ont rien à faire avec le métier de soldat ; mais il faut constater que dans cet ordre d'idées, des progrès considérables ont été réalisés, les colonels, les chefs de corps, quelle que soit leur opinion politique — les opinions politiques ne sont pas en jeu — s'efforcent de tirer le meilleur parti des hommes qui leur sont confiés. Dire que nous sommes arrivés à la perfection, je suis loin de le prétendre ; des progrès sont encore à réaliser. Le vœu de la Commission comporte deux choses : d'une part le maintien de ces périodes et d'autre part l'indication formelle que nous désirons que le temps pendant lequel les hommes sont arrachés à leurs travaux ordinaires soit employé le mieux possible dans l'intérêt de leur instruction, dans leur intérêt même, car, je le répète, nous ne voulons pas mener sur les champs de bataille des hommes qui seraient là simplement pour recevoir des coups et non pour en donner (*Applaudissements. Aux voix !*)

Le citoyen Ceccaldi : — La Commission manifeste, par le commentaire même de sa proposition, le désir qu'on pousse plus avant la réforme où elle propose au Gouvernement de s'engager afin d'arriver ainsi à réaliser le vœu que j'ai formulé. Sous le bénéfice de cette explication, je me rallie à la motion de la Commission et je vous propose de la voter.

Le Président. — Je mets aux voix les conclusions de la Commission.

(Les conclusions mises aux voix sont adoptées).

Le rapporteur. — La fédération républicaine de Meur-the-et-Moselle a adressé les vœux suivants à votre commission militaire :

« Réorganisation du haut commandement militaire et
« suppression des sinécures militaires. »

La commission des réformes militaires estime qu'en présence des appréciations sévères formulées chaque année par la presse étrangère et française sur l'initiative et l'activité déployées par le haut commandement dans les manœuvres d'automne ; qu'en raison des désirs manifestés par plusieurs de nos généraux distingués entre tous par leurs brillants services de guerre, leur connaissance approfondie du haut commandement, sur la nécessité impérieuse de laisser les grandes fonctions en contact constant avec les troupes ; qu'en raison d'autre part de ce que l'école du haut commandement n'existe pas dans l'armée française, peu ou point de généraux ayant eu le rare privilège de commander l'unité de guerre afférente à leur grade.

Personnellement, citoyens, j'en suis un exemple : à l'exception de mon grade de capitaine et de mon grade de commandant, jamais de ma vie militaire je n'ai commandé l'unité de guerre que j'aurais été appelé à conduire au feu. C'est l'origine de toutes les confusions auxquelles nous assistons dans les grandes manœuvres fran-çaises depuis une trentaine d'années.

Constatant en outre qu'il y a de nombreuses inutiles fonctions dans le haut commandement, fonctions qui permettent à de belles natures de rester pendant dix, quinze et vingt ans dans les délices de la capitale ou d'autres grandes villes, où leur solde et leur train de maison coûtent cher aux caisses de l'Etat ;

Enfin, considérant qu'après étude comparative, une puissante armée voisine supérieure numériquement à l'armée française compte moins d'unités qu'elle à l'effectif de son état-major général, il y a lieu de formuler cette proposition :

« Introduction de réformes considérables dans l'organi-
« sation et le mécanisme de l'Etat-Major Général avec

« diminution progressive de son effectif, de façon à forti-
« fier la puissance défensive et offensive de notre armée,
« chargée de protéger le sol sacré de la nation, tout en
« rajeunissant nos cadres et en atténuant les charges
« écrasantes du budget de la guerre. » (*Applaudisse-*
ments).

La Commission estime donc qu'il y a lieu de formuler
cette proposition : introduction de réformes considérables
dans l'organisation et le mécanisme de l'Etat-Major général avec diminution progressive de son effectif, de façon,
si l'Assemblée veut me permettre une comparaison, à introduire dans l'état-major ce que vous voyez tous les jours
chez les commerçants qui, souvent, dans des opérations
nombreuses de 7, 8, 10, 15 millions, n'ont qu'un seul
comptable pour inscrire les entrées et les sorties.

Moins on a d'ouvriers, mieux l'ouvrage se fait.

Il faut organiser cet état-major, et atténuer les charges
écrasantes du budget de la guerre.

(Cette proposition mise aux voix est adoptée).

Le rapporteur. — Votre Commission, après examen
d'une communication faite par la délégation de Toulouse,
vous propose d'adopter ce qui suit :

« Le Congrès, Considérant que la loi sur le recrutement
« de l'armée en réservant dès le 1er janvier 1906, au seul
« profit des rengagés de deux ans le bénéfice de certains
« emplois, facteurs des postes, cantonniers, etc., crée une
« situation des plus précaires et des plus injustes à nombre
« de citoyens qui, pour la plupart, sous le régime des
« lois antérieures de recrutement, ont accompli plusieurs
« années de service militaire et ont des états de services
« qui ont été rétribués au moyen de salaires infimes dans
« l'espoir d'une titularisation ultérieure :

« Emet le vœu qu'il soit apporté, par des dispositions
« transitoires et durant quelque temps, des tempéraments
« à la loi actuelle sur le recrutement de l'armée au sujet
« des affectations d'emplois civils aux seuls rengagés de,
« façon à respecter les droits acquis par une situation de
« fait de ceux qui avaient un emploi rétribué dans les di-
« verses administrations ».

(Cette proposition mise aux voix est adoptée).

Le rapporteur. — Votre Commission, renouvelant un vœu exprimé dans tous les précédents Congrès, et prenant en considération des vœux présentés par la Fédération des Comités républicains radicaux et radicaux-socialistes du canton de Sceaux et le Comité radical-socialiste du canton de Charleville et considérant, en fait, que ce qu'on appelle la justice militaire, s'est, dans ces dernières années, signalée par une sévérité toujours excessive envers les humbles et par une clémence systématique envers les gradés, surtout à l'égard de ceux qui ont manifesté leur hostilité aux lois de la République,

Vous propose d'adopter le vœu suivant :

« Révision du code de justice militaire pour en faire,
« suivant l'expression du général André, un code militaire
« de justice ; suppression des conseils de guerre en temps
« de paix, étant entendu que les délits et les crimes de
« droit commun seront renvoyés aux tribunaux ordinaires,
« en conservant une juridiction spéciale pour les délits
« commis contre les devoirs militaires ».

Quant au vœu de la suppression de la peine de mort même en temps de guerre, votre commission, n'a pas osé en emettre le vœu, tout au moins pour le temps de guerre, attendant que le parlement ait voté la loi de la suppression de la peine de mort.

(Cette proposition mise aux voix est adoptée).

Le rapporteur. — Voilà, citoyens, les 5 vœux qui ont été examinés et adoptés par votre Commission. Nous préférerions qu'il ne soit pas nécessaire d'émettre de semblables propositions, et nous espérons que, dans l'avenir, le drapeau de la paix aux couleurs merveilleuses, couvrira les peuples de l'Europe et même de l'univers entier. (*Applaudissements*).

Le Président. — Je crois être votre interprète à tous en félicitant le soldat républicain que nous venons d'entendre, pour le langage patriotique et républicain qu'il a tenu. (*Applaudissements*).

Un membre — Je demande qu'on complète la délégation d'Oran qui est incomplète par suite de la renonciation du citoyen Falot.

Le Président. — Il est évident que puisque vous avez annulé une élection, il faut pourvoir à son remplacement, notre ami Trouin maintient la même délégation.

Un délégué. — Le candidat a déclaré hier qu'il se retirait, toutefois le vote étant acquis, il n'y a plus à y revenir.

Le Président. — Nous sommes déjà revenus sur certaines décisions, mais il appartient à l'assemblée de dire si elle veut rouvrir le débat.

Nombreuses voix. — Non ! Non !

Le Président. — Nous vous proposerons le citoyen Salières comme destiné à compléter la délégation d'Oran. *(Adopté).*

Le Président. — Je vous demanderai la permission de laisser un instant la présidence à notre ami Trouin, vice-président, car j'ai à lire aux membres de la Commission de la déclaration le texte que j'ai préparé. J'invite les membre de cette Commission à se réunir au foyer du théâtre. Dans quelques instants nous reviendrons prendre part à vos travaux.

Le citoyen Trouin, Président. — La parole est au citoyen Ceccaldi, rapporteur de la commission des réformes administratives.

Rapport de la commission des réformes administratives

Le citoyen Ceccaldi, rapporteur. — J'ai à vous soumettre de nombreux vœux.

Je commencerai d'abord par ceux qui n'ont pas fait l'objet de longues observations et qui peuvent être acceptés sans grandes contestations. Le premier est relatif à la saisie-arrêt et est présenté par la ligue radicale et radicale-socialiste du Nord. Voici les conclusions : « Il faut que la « saisie-arrêt ne soit pas une œuvre de spoliation pour une « classe de fonctionnaires au profit d'une autre classe ».

Je demanderai de compléter ainsi ce vœu : « Que la « saisie-arrêt ne devrait être une œuvre de spoliation pour

« personne et que si les droits de fonctionnaires doivent
« être sauvegardés, à plus forte raison ceux du public,
« parce que les saisies-arrêt sont généralement pratiquées
« sur des malheureux qui, quelquefois, manquent du né-
« cessaire pour vivre. » (applaudissements).

La Commission des réformes administratives a ensuite
été saisie d'un vœu présenté par le citoyen Rocca, de la
fédération marseillaise.

Le Congrès émet le vœu :

« Qu'il soit créé dans l'Administration des contributions
« indirectes six classes de commis aux traitements sui-
« vants :

1500 fr , 1800 fr., 2100 fr , 2400 fr., 2700 et 3000 fr. ;

« Que le grade de Commis principal et celui de Rece-
« veur ne soient donnés qu'aux agents en possession d'un
« traitement annuel de 3300 fr. ;

« Que le privilège des licenciés, établi en vertu d'un
« décret de 1877, soit aboli ;

« Que l'avancement repose désormais, dans toutes les
« Administrations, sur des règles immuables, et qu'il ne
« soit établi à l'avenir, entre les agents des services divers
« d'Etat, d'autres différences que celles qui résultent de
« leur inscription au tableau d'avancement,

« Invite les représentants du parti à s'inspirer, au cours
« de la discussion du budget, des idées contenues dans
« le présent rapport, et à en soutenir les conclusions à la
« tribune du Parlement. »

Je me bornerai simplement à dire que votre Commission
est d'avis de l'adopter, parce qu'il tend à améliorer la condition des employés des contributions indirectes, parmi
lesquels nous ne comptons que des républicains. J'ai eu
occasion, comme militant, d'être en contact constant
avec eux et j'ai constaté qu'il était nécessaire de faire
quelque chose en leur faveur.

(Ce vœu mis aux voix est adopté).

Un délégué. — On a dit que certains salariés étaient
plus intéressants que certains autres.

Le rapporteur. — Ou vous vous êtes mépris sur mes
intentions, ou je me suis mal exprimé. J'ai voulu dire que
s'il fallait éviter la spoliation d'une classe au profit d'une

autre, il était plus encore nécessaire de garantir le public que de veiller à ce qu'il n'y ait pas de spoliation.

Une voix. — Nous sommes d'accord.

Le rapporteur. — Avant d'aborder la grosse question des réformes administratives dont je suis le rapporteur, je me permets de vous demander d'apporter une modification à un article du règlement.

L'article onze est ainsi conçu :

« Le Comité choisit en dehors de ses membres un secrétaire permanent ».

Je vous demanderai de rédiger cet article comme suit :

Le Comité choisit un secrétaire permanent qui peut être membre du Comité exécutif.

Il est en effet arrivé, au cours de la dernière campagne électorale, que des candidats qui s'étaient adressés au secrétaire permanent pour obtenir son concours dans certains cas, n'ont pas pu obtenir satisfaction parce que le secrétaire permanent leur répondait qu'il n'avait aucune autorité pour intervenir, soit auprès des pouvoirs publics, soit encore d'une façon directe auprès des élus.

Je serais d'avis, non pas de nommer de suite le secrétaire permanent membre du Comité exécutif, mais d'ajouter cette modification au règlement : « Le secrétaire *peut être* nommé membre du Comité exécutif. ».

Un délégué. — Cela ne lui donnera pas plus d'autorité qu'il n'en a déjà. Lorsque les membres du bureau ne seront pas là, le secrétaire permanent ne pourra prendre sur lui une décision. Je ne vois donc pas pourquoi on lui accorderait un titre auquel il n'a pas droit. Je demande donc de laisser les choses en l'état.

Le citoyen Oudin. — Jusqu'ici il a été compris dans le règlement, que le citoyen choisi comme secrétaire permanent était pris dans le Comité exécutif ; lorsque le citoyen Tissier est entré en fonctions, il était membre du Comité exécutif.

Le citoyen Tissier. — Le secrétaire permanent n'a pas le droit d'appartenir au Comité exécutif et il lui est imposé de démissionner, s'il en fait partie.

Un délégué. — Cette proposition a-t-elle été soumise préalablement à la Commission?

Le Président. — Le Congrès est toujours maître de son ordre du jour

Le citoyen Ceccaldi. — Si nous n'avons pas soumis cette modification de règlement à la Commission, c'est parce que le citoyen qui avait été chargé de déposer la motion au sein de cette Commission a oublié de le faire. Vos travaux sont sur le point d'être terminés. Si vous pensez que cette motion doive être renvoyée à la Commission, vous pouvez en décider ainsi, mais j'estime qu'il suffirait d'ajouter au règlement la disposition suivante :

« Qui peut être membre du Comité exécutif ».

Le citoyen Georges Bodereau. — Nous ne demandons pas de bouleverser le règlement, mais si nous désignons un secrétaire permanent, nous désirons qu'il appartienne au Comité exécutif et qu'il ne soit pas au contraire obligé de donner sa démission, ce qui constitue une suspicion.

Le citoyen Oudin. — On ne peut pas être juge et parti. Le secrétaire est un employé rémunéré qui est là pour enregistrer les décisions du Comité; si vous décidez aujourd'hui qu'il peut appartenir à ce Comité, il prendra part aux discussions ; or, ce n'est pas le rôle d'un secrétaire appointé.

Le citoyen Elie Mantout. — Je ne partage pas l'avis du citoyen Ceccaldi, mais j'estime que le secrétaire permanent peut avoir voix consultative, étant donné qu'il peut éclairer la discussion sur une question qu'il a particulièrement étudiée.

Le citoyen Tissier. — Puisque la question du secrétariat permanent a été posée, permettez au secrétaire de vous indiquer sa façon de penser. Si vous voulez que votre secrétaire permanent reste confiné dans les fonctions définies par le règlement du parti (art. 11), c'est-à-dire qu'il soit simplement chargé de l'expédition de la correspondance, d'après les indications fournies par le bureau, de l'expédition du bulletin, des journaux et brochures, ainsi que de la conservation des archives, il faut le dire nettement et le décharger de toutes les responsabilités qui ne sont pas les siennes.

Dans ce cas, changez son titre actuel qui prête à confusion, en celui de chef du secrétariat et ne vous adressez
jamais à lui pour des besognes autres que celles définies
par le règlement du parti. Si, au contraire, vous entendez
lui imposer une tâche différente ; si vous voulez qu'il réponde aux nombreuses lettres qui lui parviennent de tous
côtés, pour lui demander d'intervenir auprès des pouvoirs
publics en cas de questions urgentes ; si le bureau veut
continuer à s'en servir parfois comme d'intermédiaire auprès de l'administration, il faut le déclarer et lui donner
l'autorité nécessaire, car ce n'est pas là le rôle d'un simple
employé.

D'autre part, on vient souvent demander à votre secrétaire permanent des renseignements sur la politique à
suivre dans telle ou telle commune ; des délégations
viennent le prier d'intervenir immédiatement, en vue
d'apaiser ou d'éviter des querelles intestines et lui demandent, en somme, de leur servir d'arbitre. Il ne peut
le faire s'il n'est qu'un simple employé n'ayant aucune autorité morale. Je crois que c'est là ce qu'on n'a pas bien
compris. Pour moi, il n'y a aucune question d'amour-
propre, puisque, si je ne peux être membre du Comité
exécutif en raison de l'incompatibilité de ce titre avec la
fonction que j'occupe, je n'en ai pas moins été passagère-
ment investi comme délégué de la Vendée. Mais je crois
nécessaire, puisque la question a été posée, qu'on en profite pour définir clairement les responsabilités.

Ou bien vous aurez un secrétaire permanent à qui vous
donnerez l'autorité morale nécessaire en l'acceptant
comme membre du Comité exécutif, ou vous entendez ne
lui confier que les fonctions de chef de bureau, et je vous
prierais alors de ne pas le nommer secrétaire permanent,
mais chef du Secrétariat.

Le citoyen Chabannes. — Il y a une confusion, mon
cher Tissier ; vous savez parfaitement bien comment nous
estimons votre caractère et votre personne. Mais le secrétariat permanent ne peut, sous aucun prétexte et sous aucun titre, sauf le cas où le bureau n'est pas présent, faire,
sans en référer au bureau, des démarches auprès des pouvoirs publics. Le Bureau seul a qualité pour déléguer le

secrétaire permanent ; je comprends bien que dans des cas urgents le secrétaire permanent puisse faire une démarche pressante, sous sa propre responsabilité, sauf à en référer ensuite au Bureau ; mais le Bureau doit toujours en connaître. Tissier qui est un ami avec qui j'ai travaillé pendant six mois comme vice-président, sait très bien dans quel esprit de bonne camaraderie je m'exprime en ce moment ; mais j'estime que même lorsque des personnes de province viennent pour une délégation, pour un motif quelconque, ce n'est pas seulement le secrétaire permanent qui doit les voir ; c'est autant que possible une permanence qui doit s'établir dans le Bureau, et le Bureau est suffisamment nombreux aujourd'hui pour cela. Voilà, mon cher Tissier, d'accord avec vous et le Bureau tout entier, le moyen de faire une administration parfaite.

Le citoyen Tissier. — Je crois, mon cher Chabannes, que vous n'avez pas compris. Par exemple, je reçois par jour 5 ou 6 lettres qui s'adressent à moi nominativement et qui me prient, moi, personnellement, de faire telle ou telle démarche urgente. Je n'ai nullement l'intention d'usurper sur les pouvoirs du Bureau, mais enfin, voilà des personnes qui ne me connaissent qu'en qualité de secrétaire permanent et qui m'écrivent à ce titre ; les membres du bureau eux-mêmes me renvoient souvent des lettres de ce genre. Vous ne voulez pourtant pas exposer un beau jour votre secrétaire permanent à se voir fermer la porte d'un ministère lorsqu'il se présentera en votre nom, par quelqu'un qui lui dira : Vous n'avez aucune qualité pour vous présenter au nom du comité ; on ne peut pas accepter de mission qui ne soit parfaitement définie ; en pratique le secrétaire permanent fait toute autre chose que ses fonctions ; ce que je vous demande, c'est de délimiter exactement son rôle ou laissez-lui l'autorité dont il peut avoir à user dans certains cas, ou retirez-lui des responsabilités qu'il ne peut endosser.

Le citoyen Oudin. — Nous sommes très peu nombreux pour discuter une chose aussi importante, puisqu'il s'agit de toute l'administration de notre Comité exécutif. Nous aurions pu soulever cet incident devant la Commission qui aurait étudié sérieusement la question. Ce que nous pouvons faire maintenant, c'est de la renvoyer pour étude au Comité exécutif, lequel par les mesures intérieures qu'il jugera nécessaires, règlera son administration.

Vous savez qu'en fait, le secrétaire permanent remplit de toutes autres fonctions que celles qu'il devrait remplir ; mais à qui la faute, citoyens ? Est-ce la faute aux membres du Congrès ? Est-ce la faute au règlement ? Non ! La faute s'étend à ceux qui acceptent des fonctions dans le bureau du Comité exécutif et qui ne les remplissent jamais (*applaudissements*). Voilà, citoyens, la vérité ; ainsi, hier on a nommé le bureau du Comité exécutif, on a nommé 13 ou 15 vice-présidents. Citoyens, voulez-vous me dire ce que vont faire ces 15 vice-présidents ? Quand on accepte une fonction de vice-président, on a la charge de l'exécuter et alors il n'y a qu'une chose à faire, c'est d'émettre le vœu que le Comité exécutif s'arrange pour introduire dans son règlement intérieur la manière de faire fonctionner les vice-présidents à tour de rôle (*Applaudissements*) et de cette façon, ce sont eux qui tiendront la permanence au Comité ; s'ils ne veulent pas la tenir, ils céderont leurs fonctions à un autre ou à d'autres (*Applaudissements*).

Le citoyen Tissier. — Je dépose la proposition suivante : « l'article est modifié en ce sens que le titre de « secré- « taire permanent » sera remplacé par celui de « chef du « secrétariat » (*Cris : Non ! Non !*

Le citoyen Fabius de Champville. — Je crois que le Congrès pourrait donner satisfaction à tout le monde en déclarant que le secrétaire permanent a voix consultative et non pas délibérative, de façon que si l'un des membres du Comité, dans une discussion, sortait des limites du parlementarisme, il ne puisse pas imposer silence à notre secrétaire qui nous donne son avis. Il est nécessaire que vous donniez voix consultative à l'homme qui a les archives, qui a les papiers, qui connaît les affaires, qui doit nous renseigner (*Cris : très bien ! très bien !*)

Le Président. — Le citoyen Chabanes se range à l'avis du citoyen Fabius de Champville, ainsi que le citoyen Oudin.

L'article 11 serait rédigé en conséquence de la façon suivante : « Le Secrétaire permanent ne peut à aucun « titre être membre du Comité exécutif, mais il a voix con- « sultative dans les réunions du bureau et au Comité « exécutif, »

(L'article mis aux voix est adopté à l'unanimité.)

Le citoyen Ceccaldi donne ensuite connaissance de son rapport sur les réformes administratives.

Citoyens,

La dernière communication du gouvernement, à la commission du budget sur les sous-préfets et les haut-le-pied, a créé dans toute la France une agitation politique et économique dont il serait difficile de nier l'importance.

Saisi par les fédérations adhérentes au parti de cette question de la décentralisation, le bureau de notre Comité exécutif a paru partager cet avis. Il a donc chargé anté-rieurement au Congrès le citoyen Bodereau de vous pré-senter le rapport qui devait vous permettre de vous pro-noncer en toute connaissance sur la nécessité et l'urgence de la mise à l'étude de la réforme administrative.

Votre 6ᵐᵉ bureau, après un long et sérieux examen, n'a pas cru devoir accepter les conclusions qui lui ont été apportées. Il m'a donc confié la tâche de vous exposer sans prendre aucun parti les divers systèmes qui ont complété ou détruit ce rapport et de vous demander le vote de la motion qui résume et précise théoriquement l'opinion de chacun de ses membres.

Pour le citoyen Bodereau, la réforme administrative n'est pas seulement « la réforme de l'administration pré-fectorale et sous-préfectorale ». Il serait difficile de con-tester absolument cette affirmation. La réforme adminis-trative comprend, en effet, toutes les administrations de l'Etat puisqu'elle porte sur la loi de pluviose an VII, « re-lative à la division du territoire de la République et à l'organisation des administrations locales. » Cependant, comme il n'est pas question de remaniements territoriaux, elle a trait plus spécialement à la réorganisation des pré-fectures et sous-préfectures qui sont les centres territo-riaux de notre vie politique et fiscale.

Je m'attacherai à discuter, comme l'a fait votre 6ᵐᵉ Bureau, les systèmes de réforme qui nous ont été présentés, afin de montrer qu'il faut mettre fin à notre centralisation qui coûte excessivement cher au budget de l'Etat et fatigue l'organisme social de tous les départements.

*
**

Vous me permettrez avant d'aborder ce problème, de parler des vœux qui ont été communiqués au Congrès.

La ligue radicale de Lille désire réduire à 24.000 fr. le traitement des hauts fonctionnaires. Ce chiffre est arbitrairement établi et l'on ne saurait utilement l'accepter. Dans aucune des délibérations relatives au traitement des fonctionnaires, personne ne pourra jamais oublier l'énorme différence qui aujourd'hui réellement existe dans la même ville entre deux mêmes fonctionnaires des administrations de l'Etat.

L'on se demanderait vainement pourquoi un directeur au Ministère de l'Intérieur reçoit un traitement de 20.000 fr. par an, alors que ses collègues de l'Instruction publique fournissent les mêmes heures de travail pour 15.000 fr. seulement ; et l'on ne comprendrait plus si on comparait ces traitements à ceux des directeurs aux finances qui s'élèvent à 25.000 fr. Les exigences de la vie ne sont-elles pas en effet les mêmes ; les besoins absolument identiques et les charges normalement correspondantes ?

Il faut donc simplement exprimer le vœu qu'un peu plus de justice préside à la distribution du produit des impôts. Ceux qui seront appelés à établir des règles précises, auront ainsi toute facilité pour pouvoir légiférer utilement et déclarer s'il y a lieu d'attribuer plus de 18.000 fr. à ceux qui sont appelés à occuper des charges moins importantes que celles des conseillers d'Etat qui ne reçoivent pas davantage.

Les observations que comporte le vœu de la Fédération du parti radical et radical-socialiste de la Gironde sont encore d'ordre plus général. Ce groupement demande seulement « la simplification des rouages administratifs ». Tous les auteurs de projets étant guidés par les mêmes idées, on trouvera dans les propositions qui sont développées

dans ce rapport, les éléments de la réforme qu'ils ont ré--
clamée.

*
* *

Le rapporteur du Comité exécutif ne s'est pas préoccupé de la transformation de la loi territoriale. Il est resté
dans le cadre de la loi de pluviôse an VIII et a procédé
simplement au jumellage des arrondissements et des départements pour réaliser d'insignifiantes économies. Le
docteur Cara a accepté aussi, au nom de sa Fédération, les
dispositions de cette législation. Mais au lieu de conserver
les rouages existants, il a remplacé tous les sous-préfets
par des conseillers généraux, délégués à la signature sous-
préfectorale. Son système de réforme, il est vrai, se com-
plique d'un remaniement des « classes » préfectorales
qu'il porte à cinq, sans trop nous dire financièrement
pourquoi.

Si l'on pouvait arriver immédiatement à abroger sans
perturbation la loi de pluviôse an VIII, l'accord serait vite
établi. Nous aurions alors des nouvelles divisions administratives et l'on pourrait choisir des fonctionnaires nouveaux qui répondraient exactement aux besoins et aux aspirations de toutes nos populations. Pour bien faire, il
faudrait donc aborder la discussion de cette transformation
territoriale.

Songera-t-on immédiatement à entreprendre une réforme aussi importante ? Rien ne le fait présager. Les
charges des départements sont en effet différentes. Les
unes sont plus fortes que les autres, ceux-ci sont d'ailleurs
plus riches et mieux partagés que ceux-là, ils ont leurs
voies de communications presque complètes, ils vivent
d'une vie sociale meilleure et ne peuvent, sans de graves
inconvénients, effectuer d'échange de territoire avec des
départements voisins.

Dans ces conditions et sans de plus amples explications,
il apparaît que le législateur doit maintenant se mouvoir
dans le cadre de la loi de pluviôse, s'il veut réaliser immédiatement de sérieuses économies et procurer aux populations des campagnes le concours utile de l'Adminis--
tration.

Quel est le but à atteindre ?

Il a été déterminé par tous nos Congrès. Décentraliser entièrement notre Administration pour qu'elle soit, comme disait Thouret à la Constituante, « vive, active, vigilante et efficace ». Cette idée a dominé jusqu'ici toutes les discussions ; car il a été péremptoirement établi que la bureaucratie a toujours gêné l'Administration.

On demande donc la suppression des nombreux bureaux, on réclame la disparition de toute la paperasserie, qui fait crier nos municipalités, et on essaie de faire comprendre qu'il convient de rapprocher sans cesse l'administrateur de l'administré, « parce qu'on n'administre bien que de près ».

On ne s'explique pas pourquoi tous les auteurs de projets décentralisateurs ont dépensé leurs efforts à augmenter la centralisation. La suppression des sous-préfets, le maintien d'un seul rouage de département est et restera l'acte de centralisation par excellence, puisqu'il éloigne irrémédiablement le préfet de ses administrés, et empêche ces derniers d'entrer en contact avec celui que le législateur entend leur donner administrativement pour guide et tuteur.

On ne saurait trop le répéter, cette pratique est nuisible aux affaires ; elle est même dangereuse parce qu'elle crée des organes tellement puissants, que les ordres du pouvoir central sont trop souvent volontairement annulés, et la puissance politique de l'individu complètement annihilée.

C'est ce qu'a établi jadis la Convention Nationale, qui décréta « que désormais la surveillance des mesures dans « les districts, était attribuée à un nombre égal d'agents « nationaux chargés de parcourir leur arrondissement et « d'entretenir une correspondance décadaire avec ses « deux Comités de salut public et de sûreté géné- « rale. »

Ce principe m'a semblé le plus facilement applicable aujourd'hui. D'autant qu'il procure les économies les plus importantes et les plus sérieuses qui aient été jamais proposées, et qu'il ne heurte aucun sentiment populaire et répond aux décisions de nos Comités et de nos fédérations qui réclament la suppression de l'armée des bureau-

crates vivant sur le budget de l'Etat et des départements.

J'admets d'abord, puisque les sous-préfets sont condamnés par chacun, leur suppression, mais je supprime en
même temps les préfets, pour donner les attributions de
ces derniers à des administrateurs d'arrondissement chargés de veiller à l'exécution des lois et d'exercer le droit de
tutelle qui doit être libéralement maintenu sur les communes. De ce fait sont supprimés tous les bureaucrates
du département et est réalisée une économie d'une dou-
zaine de milions.

Le rôle que joue financièrement et administrativement
le préfet au sein du Conseil général pouvait paraître un
empêchement à l'application de cette mesure, si nous
n'avions prévu comme la Convention elle-même, que le
Conseil de ces agents d'arrondissements remplacerait le
fonctionnaire disparu sans qu'il en coûte davantage au trésor.

Quelques membres de la Commission ont formulé des
critiques.

Pour eux, ni les préfets, ni les sous préfets ne sauraient
être supprimés. C'est aux secrétaires généraux et aux Conseils de préfecture qu'il faudrait essentiellement s'atta-
quer.

Il est évident qu'il y a sur ce point des remaniements
et des suppressions à opérer. Car, que l'on supprime purement et simplement les secrétaires généraux comme en
exprime le désir M. de Monzie, ou qu'on fasse disparaître,
comme le demande M. Morlot, député de l'Aisne, les conseils de préfecture, on est sur le terrain de réforme qu'il
faut courageusement labourer.

Cependant il apparaît très nettement que la suppression
partielle ou totale des secrétaires généraux et même des
Conseils de préfecture ne solutionne nullement la question de la réforme administrative qui s'attache principalement aux préfets et aux sous-préfets.

Il y a donc là un à côté de la question qu'il faudra
immédiatement examiner. Supprimera-t-on les sous-préfets comme le parti l'a toujours promis, ou bien fera-t on
disparaître les préfets et les sous-préfets avec leur armée

de bureaucrates, pour instaurer le régime pratique et peu dispendieux des administrateurs d'arrondissement pour discuter au sein du Conseil général les questions d'ordre financier et administratif qui intéressent le département ?

Votre Commission n'a pas voulu le dire, afin de respecter l'opinion de chacun de ceux qui défendent ces systèmes.

Elle est presque unanime cependant à déclarer qu'on ne saurait supprimer les sous-préfets sans arrêter la vie économique dans le plus grand nombre de nos chefs-lieux d'arrondissements. Et cette considération n'exclut pas toutes celles qui ont été mises en évidence par les membres qui ont pris part à la discussion. D'abord le mécontement des citoyens du chef-lieu d'arrondissement, ensuite les charges indirectes qu'on ferait peser sur les maires obligés de dépenser parfois des sommes importantes pour pouvoir s'entretenir avec l'administrateur, en troisième lieu l'impossibilité pour le préfet d'administrer sans l'aide de fonctionnaires destinés à le renseigner.

La suppression des administrateurs d'arrondissements tend à augmenter, sans bénéfice aucun pour nos communes, le nombre des bureaucrates, elle crée un malaise considérable dans tous les cantons qui ne font pas partie de l'arrondissement chef-lieu, et ne corrige même pas ces quelques inconvénients par une économie importante.

Les divers projets déposés à la Chambre portent en effet sur une économie théorique qui varie entre un million et trois millions. En fait, la réduction de dépenses opérée ne saurait être aussi importante.

Tandis que le maintien exclusif des administrateurs d'arrondissement libère d'abord les municipalités de... la paperasserie tracassière qui leur est imposée présentement, établit une décentralisation absolue conforme à nos principes et à nos idées de progrès, et en faisant disparaître totalement l'armée des bureaucrates qui vit sans avantages réels au détriment de l'Etat, du département et des communes, nous procure une économie d'environ onze millions.

Il faut dire pour rassurer ceux qui combattent la réforme « qu'on n'aura point ainsi une administration incohérente », Dormay l'a établi jadis à la Convention après avoir affirmé : « que ce système donne au contraire plus d'unité dans l'action au gouvernement. »

Les explications que je me suis permis de présenter fourniront l'occasion au Congrès d'envisager la question de façon complète et absolue.

Mais la Commission a estimé que son rapporteur devait vous présenter une motion d'ordre général. Je la soumets à vos délibérations en exprimant le désir que la République continue à reprendre au moins, pour les appliquer très sérieusement, les idées décentralisatrices que l'empire avait énoncées dans le décret de 1861.

L'administration y gagnerait en prestige ; les municipalités auraient à s'en féliciter pour leurs finances, et les élus n'auraient plus à se plaindre des fonctionnaires préfectoraux et sous-préfectoraux dont le rôle deviendrait exclusivement administratif.

Pour assurer le triomphe de nos candidats, et le vote de nos lois de progrès et de justice, il importe que la décentralisation se fasse promptement. La motion de notre sixième bureau répond à ces préoccupations. En l'adoptant vous servirez les intérêts du trésor, vous assurerez la défense du peuple, et vous ferez aimer plus encore le régime démocratique.

Un membre. — Le citoyen rapporteur a dit que la Commission des réformes administratives était d'avis, à l'unanimité ou à la majorité de maintenir les sous-préfets.

Le citoyen Ceccaldi. — Je n'ai pas dit les sous-préfets, j'ai dit les administrateurs d'arrondissement (*exclamations*). Il y a une différence (*protestations sur divers bancs*).

Le citoyen Carat. — Moi, je pense que la majorité du Congrès est d'avis de les supprimer et je désire que ma motion soit mise aux voix pour que le Congrès fasse connaître son opinion.

Le Président. — On a déjà voté sur les conclusions de la Commission.

Le citoyen Fabius de Champville demande la parole pour présenter une motion.

Le citoyen Fabius de Champville. — Je voudrais faire

appel d'une façon effective au dévouement des élus du parti et j'apporte, au nom de plusieurs organisations, le vœu suivant :

« Le Congrès décide, afin que ce soit dorénavant une
« règle suivie, que les élus parlementaires du parti seront
« invités à s'engager par avance, à fournir annuellement
« au parti un certain nombre de conférences réparties
« entre tous les comités et groupements qui les demande-
« ront sur toute la surface de la France continentale. »

Plusieurs voix. — Nous avons déjà voté cette motion hier.

Le citoyen Fabius de Champville. — Oui, mais pas avec la même netteté.

On a décidé, sur le rapport d'une Commission, de faire appel au dévouement des élus. Je demande au Congrès de se prononcer de telle façon que nous ayons vraiment le droit de nous adresser à ce dévouement dont, au surplus, nous ne doutons pas.

(La motion est adoptée).

Voix diverses. — Et la question des sous-préfets ?

Un membre. — On ne peut pas étouffer une question de cette importance, je demande la suppression des sous-préfets et je réclame la mise aux voix de cet amendement.

Le citoyen Ceccaldi. — Je demande, en tant qu'ancien sous-préfet, la permission de présenter quelques courtes observations. Si vous entendez que le titre de sous-préfet doit être supprimé, nous sommes absolument d'accord.

Sur plusieurs bancs. — Et la fonction ?

Le citoyen Ceccaldi. — Je prie ceux qui demandent la suppression pure et simple de présenter une motion ; je rappelle simplement que le docteur Carat qui tantôt soulevait, au nom de sa fédération, au sein de la Commission, une question de pareille importance, a déclaré que, quant à lui, il était partisan de la suppression même immédiate des sous-préfets, mais il ajoutait qu'on ne peut pas supprimer l'organisme d'arrondissement et en même temps il proposait à la Commission qui ne pouvait accepter une telle motion parce qu'elle est inacceptable, de décider que les fonctions de sous-préfet seraient à l'avenir occupées par des conseillers généraux qui auraient ainsi la signature sous-préfectorale. On ne nous a pas fait connaître les conséquences financières de ce système qui se résume en ce que au lieu d'avoir 3 classes de préfets nous en aurions 5.

M'en tenant à l'avis de la Constituante et de la Convention, je demande qu'on ne fasse pas peser sur nos populations un nouvel impôt indirect en obligeant les maires de nos communes à perdre de l'argent et du temps pour aller trouver un préfet qui ne les recevra jamais ou presque jamais. Je demande que les municipalités de nos communes soient en contact permanent avec les administrateurs qu'on nommera humoristiquement, comme le disait Clemenceau, des haut-le-pied, ou bien des délégués, ou bien des administrateurs d'arrondissement, le titre importe peu. Je demande à l'assemblée de partager cet avis parce qu'il est dicté par l'expérience, et de laisser les maires de nos campagnes en contact constant avec un administrateur ; si on supprimait en effet les administrateurs d'arrondissement, on ferait cesser la vie organique économique et politique de nos chef-lieux d'arrondissement. Que ceux qui veulent prendre cette responsabilité la prennent ; quant à moi je m'y refuserai toujours.

Le citoyen Morlot, Président de la Commission des réformes administratives. — Je désire préciser la proposition de la Commission.

Nous nous sommes trouvés en face de tant de systèmes différents qui tous valaient par certaines qualités et donnaient lieu à certaines objections, que nous avons reculé devant la tâche longue et compliquée d'exposer successivement tous ces systèmes devant le Congrès afin de le mettre à même de statuer. D'autre part, nous avons pensé que ce n'était guère le rôle d'une telle assemblée d'arrêter un système précis dans tous ses détails avec le fonctionnement, la hiérarchie, les traitements d'un nouveau régime administratif. Nous avons conclu qu'il fallait donner une direction générale et laisser à la Commission spéciale de la Chambre des députés que j'ai l'honneur de présider le soin d'organiser un régime qui réponde à certaines idées générales.

Fidèles à la doctrine même du parti radical, nous demandons que l'organisation administrative s'inspire de deux principes : Simplification des opérations administratives qui sont trop compliquées afin de diminuer le nombre des fonctionnaires et de réaliser une économie ; en outre, étant donné les progrès de l'éducation publique, liberté laissée aux citoyens de s'administrer eux-mêmes le plus possible, les affranchir de plus en plus de la tutelle administrative qui pèse sur eux et dans laquelle le pouvoir central les tient encore dans bien des matières. Nous avons voulu qu'on fit sortir les administrations du sein de la démocratie. Ces deux idées générales doivent dominer la réforme administrative. Nous avons pensé qu'il suffisait que le Congrès indique aux représentants de la Nation la solution qu'il désire voir triompher C'est le sens des conclusions de notre ami Ceccaldi, et je crois avoir traduit aussi fidèlement que possible les décisions adoptées par la Commission dans la longue séance qu'elle a tenue. (*Applaudissements.*)

Un membre. — Nous demandons purement et simplement la suppression des sous-préfets. Le gouvernement verra comment il entend la réaliser.

Le citoyen Cara. — Je demande à m'expliquer brièvement. J'ai proposé la suppression des sous-préfets, mais comme beaucoup de sous-préfectures sont intéressées pour des raisons commerciales, au maintien des bureaux, je voudrais que pour les affaires courantes la signature fût laissée, comme elle l'est souvent dès aujourd'hui, à un conseiller général non rétribué (*exclamations*). Cela se fait.

Le citoyen Ceccaldi. — Mais non, cela ne se fait pas !

Le citoyen Cara — Je demande également que les secrétaires généraux soient supprimés (*interruptions*) ainsi que les conseillers de préfecture : la juridiction administrative ferait place à la juridiction civile.

Le Président. — Je vais mettre aux voix les conclusions de la Commission.

Un membre.. — Nous avons demandé la suppression des sous-préfets, notre amendement a la priorité.

Le citoyen Morlot. — Les conclusions de la Commission constituent une œuvre d'ensemble ; elle a examiné dans quelles conditions on pourrait supprimer les sous-préfets, elle s'est trouvée en face de tant de modalités qu'elle a reculé.....

Un membre. — Nous reculons aussi.

..... N'abusez pas des mots. Nous avons reculé devant la solution immédiate d'un problème aussi compliqué. Dire purement et simplement : il faut supprimer les sous-préfets, c'est ne rien faire, c'est une déclaration qui n'avance à rien. Si vous ne dites pas dans quelles conditions, c'est comme si vous ne disiez rien du tout, c'est un geste absolument indigne d'une assemblée sérieuse. *(Applaudissements).*

Le Président. — Je mets aux voix les conclusions de la Commission.

(Les conclusions de la Commission sont adoptées.)

Le citoyen Tissier. — J'ai été chargé, en l'absence de la Commission de vérification des mandats des délégués au Comité exécutif, de donner lecture d'une liste qui n'a pu être communiquée hier parce qu'elle est arrivée trop tard. C'est la liste de la délégation du Puy-de-Dôme, qui est régulièrement signée, mais qui n'a pu être déposée en temps utile, en raison de l'absence des délégués de ce département.

(La liste est acclamée).

Le citoyen Tissier. — Il est d'usage dans tous nos Congrès de voter une petite rétribution aux agents des postes qui font le service dans les locaux du Congrès, je vous demande de vouloir bien vous conformer à cet usage. *(Assentiment).*

Plusieurs voix. — C'est l'affaire du Bureau.

Le citoyen Tissier. — C'est le Congrès qui vote le principe de la rémunération, le Bureau exécute ensuite sa décision.

(La proposition est adoptée.)

Un membre. — Hier, pendant l'absence de la délégation de Saône-et-Loire, une personne qui n'avait aucun mandat, s'est permis de présenter une liste, je ne veux pas faire de personnalité, je me contente de dire qu'il y a là une question de moralité élémentaire et je désire savoir si la rectification a été faite et si l'on a rétabli la liste présentée par les membres présents de la délégation départementale, liste qui comprenait toute l'ancienne délégation.

Le Président. — On m'assure que cette liste a été rétablie, notre collègue a satisfaction.

Rapport du Bureau du Comité Exécutif

Le citoyen Chautard, rapporteur du Bureau du Comité exécutif. — Nous avons déposé sur le bureau le rapport du Comité exécutif dont les pouvoirs expirent aujourd'hui, c'est plutôt un exposé sommaire qu'un rapport, puisqu'il ne prête pas à discussion, et que c'est l'analyse rapide des opérations principales auxquelles il a été procédé par le bureau du Comité exécutif pendant l'année.

Je tiens à signaler seulement que le nombre des organisations du parti est en constant accroissement et que si l'année dernière le Congrès de Paris a enregistré 1083 adhésions de groupements locaux et de fédérations, nous sommes cette année à douze cents. Le mouvement radical et radical-socialiste s'est donc accru considérablement dans le pays, non seulement par le nombre des groupements, mais par leur importance, leur cohésion et leur activité. C'est une constatation satisfaisante que le bureau m'a chargé de faire. (*Applaudissements*).

Le Président. — La parole est au *citoyen Camille Pelletan*, our la lecture de la déclaration du parti.

DÉCLARATION DU PARTI

Citoyens,

Nous allons clore le premier Congrès qui nous ait réunis depuis la récente manifestation des volontés du suffrage universel. Vous savez si elle a été éclatante. Nos adversaires confondus une fois de plus, ont dû reconnaître eux-mêmes que la nation avait donné sa sanction souveraine à votre politique, celle du Bloc républicain, et que dans le Bloc il avait accordé la part la plus importante au Parti radical et radical-socialiste. Jamais, depuis que le peuple français a en main le bulletin de vote, les idées auxquelles nous avons voué notre existence n'avaient remporté une victoire si complète. (*Applaudissements*).

Cette victoire assure à notre Parti une force considérable ; elle fait peser sur lui des responsabilités égales, car elle nous charge d'une dette impérieuse de réformes envers la démocratie. Autant nous pouvons envisager l'avenir avec confiance si nous restons fidèles au suffrage universel et à nous-mêmes, autant son magnifique succès deviendrait désastreux pour notre parti si, acceptant le nom et la responsabilité du pouvoir sans en avoir la réalité ou pris de funestes défaillances dans l'accomplissement de ses engagements, il trompait l'attente du pays et abandonnait à d'autres le prestige des idées qui sont notre foi et notre force. Trop longtemps les gouvernants de notre République ont semblé avoir peur du programme républicain ; c'est en abordant enfin ce programme, sans faiblesse et sans crainte, qu'on a préparé notre récent triomphe ; ce n'est qu'en poursuivant sa réalisation sans crainte et sans faiblesse, que nous préparerons de nouvelles victoires (*Applaudissements*).

La République avait couronné son œuvre de laïcisation par la Séparation des Eglises et de l'Etat. Vous savez dans quel esprit généreux jusqu'à l'excès avait été réglée la situation matérielle de l'Eglise catholique. La réponse du Vatican a été une tentative évangélique de doter notre pays d'une guerre de religion (*Vifs applaudissements*). Devant cette agression inqualifiable, la règle de conduite de la

République doit se résumer en deux mots : ni fai-blesse, ni représailles.

Les représentants élus de la Nation ont inscrit dans notre législation les conditions qu'ils ont jugées équi-tables aux besoins religieux du pays. Il serait égale-ment indigne de la France de les modifier, par sou-mission aux exigences d'un prêtre italien ou par irrita-tion du défi qu'il a porté à la société moderne (*Très bien, très bien*) Dans la grande masse des populations encore attachées aux pratiques du culte catholique, on n'a pu se tromper, on ne se trompe pas sur la signification de la lutte que la Cour de Rome essaie d'engager. Mieux que jamais le pays voit apparaître derrière les manifestations de l'Eglise française, livrée sans réserve à l'autorité absolue d'un pouvoir per-sonnel, le caractère anti-national d'ingérence et d'inimitiés étrangères. (*Applaudissements*). Il n'y aura ni guerre religieuse, ni persécution ; il faut que la loi soit exécutée sans défaillance comme sans colère. L'Eglise perdra la plus grande partie des avantages matériels que nous lui avons spontanément concé-dés : elle l'aura voulu, et personne ne l'en plaindra.

La rupture du Concordat ne suffit pas : sans parler des mesures de détails nécessaires pour achever, notamment dans les hôpitaux, notre œuvre de laïci-sation, la séparation des Eglises et de l'Etat a pour complément nécessaire la séparation des influences cléricales et de nos services publics (*Applaudisse-ments*).

La faiblesse des gouvernements républicains a laissé retranchés dans leurs traditions, dans leurs habitudes, dans leur esprit de corps et de coterie comme dans de solides forteresses, les Etats majors de nos vieilles organisations officielles, longtemps atta-chés aux régimes déchus, et restés inféodées aux inspirations de l'Eglise (*Applaudissements*). Depuis longtemps, le robuste bon sens de nos populations avait essayé en vain de comprendre le spectacle absurde d'un régime combattu ou trahi par un grand nombre de ses subordonnés. Le suffrage universel n'a jamais cessé de demander qu'on y mît un terme ; ce spectacle devient tout à fait intolérable à l'heure où l'Eglise, sur les ordres de la Cour de Rome, semble entrer dans une période de révolte ouverte.

L'opinion publique ne se résigne à voir, ni une bonne partie de notre diplomatie étonner les peuples étrangers par l'hostilité impertinente qu'elle affiche pour le régime qu'elle représente ; ni trop de magistrats ennemis déclarés des lois républicaines dont ils sont chargés d'assurer le respect, faire de la Justice une arme de combat contre la démocratie. Dans le personnel militaire, n'a-t-on pas pu croire trop souvent que c'était pour un officier un titre à la disgrâce que d'être loyalement attaché à nos institutions et à l'esprit moderne, comme si le mouvement de réaction qui avait repris toute sa force à la suite d'une campagne fameuse, avait survécu à la condamnation dont le suffrage universel l'a frappé ? (*Applaudissements*). De récents exemples d'indiscipline ont montré combien il est indispensable de faire comprendre au militarisme bigot que l'armée française est l'armée de la République et non l'armée du Gésu. (*Applaudissements. Vive André !*)

Mais les questions de cet ordre qui ont rempli la dernière législature ne forment point la partie la plus importante de la tâche assignée à la Chambre nouvelle. Ce sont les réformes économiques et sociales que le pays attend principalement. Quelques-uns ont paru craindre que la résurrection de la question cléricale n'eût pour effet de détourner les esprits de leur élaboration et d'en retarder l'accomplissement. Elle les rend au contraire plus nécessaires et plus urgentes encore. Ce serait la faute la plus lourde que de tromper la légitime attente des déshérités et de leur laisser oublier que leur cause est celle de nos idées, au moment où l'Eglise espère conduire contre la République les populations qu'elle croit plus ignorantes et moins clairvoyantes qu'elles ne sont.

Nous n'avons pas à reproduire ici notre programme économique et social. On a dit qu'on ne le connaissait pas : c'est qu'on ne voulait pas le connaître, car nous l'avons exposé dans chacun de nos Congrès. Nous l'avons répété maintes fois : égaliser les charges fiscales si injustement réparties aujourd'hui ; substituer la solidarité humaine à la charité chrétienne qui humilie celui qu'elle secourt ; assurer à chacun, après une vie de labeur, le pain de ses vieux jours ; empêcher la constitution de pouvoirs d'argent qui écraseraient les libertés publiques sous le poids d'une féodalité plus oppressive que l'ancienne ; reprendre pour l'Etat les productions qui donnent aujourd'hui à des intérêts privés la puissance de véritables gouvernements industriels ou commerciaux ; réglementer le contrat de travail, de telle sorte qu'il ne puisse pas conduire à l'exploitation du plus pauvre par le plus riche ; permettre à l'ouvrier, par l'organisation démocratique du crédit, de devenir propriétaire de son outil, et préparer ainsi l'abolition du salariat : voilà, dans ses données les plus importantes, le programme que nous poursuivons, sans sacrifier le principe de la propriété individuelle, mais en restant aussi ardemment convaincus que nos amis collectivistes, que l'idéal de justice que nous a légué la Révolution serait dérisoirement incomplet et inutile s'il ne s'appliquait pas à l'ordre des faits économiques comme à l'ordre des faits politiques (*applaudissements*) ; et nous voulons aussi, par un système d'instruction renouvelé dans le sens

démocratique, substituer l'égalité sociale au privilège
de classe dans le domaine de l'intelligence comme
dans le domaine des intérêts matériels (*applaudissements*).

Ce n'est pas là l'œuvre d'un jour et il serait aven-
tureux de prétendre préciser la mesure dans laquelle
nous pourrons, jusqu'en 1910, avancer la réalisation
'e ce programme. Mais trois des réformes qu'il contient s'imposent à cette législature et ce serait une
véritable faillite politique pour les élus du mois de
mai, que de revenir devant leurs électeurs sans les
avoir accomplies : je parle de l'impôt sur le revenu,
des retraites pour la vieillesse et du commencement
de la reprise des grands monopoles par le rachat de
deux réseaux de chemins de fer.

Le pays a manifesté sa volonté avec assez de netteté pour qu'il n'y ait pas à redouter d'opposition
ouverte assez forte pour faire échouer aucune de ces
revendications. Mais les timidités qu'elles inquié-
taient ne se sont pas rassurées ; et les intérêts
qu'elles lèsent n'ont pas désarmé : les uns et les
autres sont seulement réduits à essayer discrètement
de faire avorter ou de restreindre une œuvre qu'elles
ne peuvent plus heurter de front. Nous aurons à
combattre des solutions bâtardes ou des demi-me-
sures désisoires. Si on essayait de démarquer l'état
de choses existant pour en maintenir le plus possible
sous un nom nouveau et couvrir de l'étiquette des
réformes les abus qu'elles doivent supprimer, le
Parti radical ne se laisserait pas tromper par ces expédients.

Quand nous demandons, par exemple l'impôt sur
le revenu, nous le voulons progressif, parce qu'en
bonne équité, plus le contribuable a de superflu,
plus est grande la part de ces ressources qu'il peut
donner aux besoins de l'État ; nous le voulons glo-

bal, parce qu'il n'y a pas de progression possible sans une taxation d'ensemble du revenu tout entier ; et comme il faut connaître la fortune de chacun pour lui imposer une charge équitable, l'impôt que nous avons à établir implique chez nous, comme dans tous les pays où il est pratiqué, cette recherche de toutes les sortes de revenus, qui est qualifiée ridiculement d'inquisition : comme si c'était violer le sanctuaire de la vie intime que d'empêcher le plus riche de faire retomber sur d'autres sa juste part de contribution. Enfin, l'impôt que nous réclamons devra remplacer les quatre contributions directes. On ne pourrait laisser à côté de lui subsister l'impôt foncier qu'en ôtant à la mesure son caractère essentiel de grand dégrèvement des campagnes ; on ne pourrait maintenir les patentes qu'en rejetant les petites communes, si intéressantes, en dehors du régime d'équité fiscale que nous devons inaugurer, et en faisant pour lui, de l'impôt nouveau, un surcroît de charges au lieu d'une réforme.

Les retraites ouvrières exigeront un gros chiffre de millions. Nous n'accomplirons pas l'œuvre que nous avons promis d'accomplir sans ajouter à notre budget déjà si lourd un important budget de solidarité sociale. C'est dire que si l'on veut tenir ses promesses, il ne faut pas laisser dévorer par des embarras passagers, par des augmentations excessives des dépenses ordinaires, les ressources sans lesquelles on ne pourra rien faire de sérieux. Le pays a eu la surprise, à laquelle on ne l'avait nullement préparé, de sentir soudain tomber sur ses épaules un budget de 4 milliards où sur 400 millions d'accroissement de dépenses, il n'y avait rien pour l'amélioration du sort des déshérités. (*Très bien, très bien !*)

Ce n'est point avec une situation financière compromise à la fois par des dépenses croissantes, des

emprunts, des impôts nouveaux, qu'on pourrait faire
face aux charges prochaines d'une politique démocratique. Ce sont surtout les budgets de guerre qui me-
nacent d'accaparer les ressources dont on aura besoin
pour pourvoir à ces charges. Assurément nous ne
voulons pas qu'on refuse rien de ce qui est nécessaire
à la préservation de l'honneur de la France et à l'intégrité de son territoire. Mais nous nous rappelons
qu'on a souvent abusé du nom de la défense nationale pour couvrir des exigences budgétaires exagérées;
qu'en dehors des alarmes exceptionnelles il n'est pas
de pays bien administré qui ne proportionne les
dépenses de ses armées à ses ressources normales ;
que dans toute la durée de la dernière législature les
bons Français qui avaient accepté la responsabilité de
nos organisations militaires n'ont jamais laissé entendre qu'il leur parût nécessaire de réclamer ce
surcroît de sacrifice ; et si nous voulons mener à bien
la grande œuvre que la démocratie attend, nous
saurons sauvegarder le trésor des réformes sociales.
(*Longs applaudissements*).

Pour que le Parti radical remplisse sa tâche, il
faut qu'il reste fidèle à cette politique du Bloc de
gauche à laquelle nous devons les réformes de la
dernière législature et notre victoire des élections
récentes. Comment accepterions nous que le Bloc
fût brisé ? C'est l'accord de tous les bons républicains
radicaux et socialistes qui a envoyé à la Chambre les
élus du mois de mai. Aucun d'eux ne pourrait le
rompre sans trahir une partie de ses électeurs (*Très
bien ! Très bien !*).

Est-ce que ce peut être une politique passagère ou
restreinte à des circonstances exceptionnelles que
celle qui nous a fait obtenir de si grands résultats ?
Le nom est nouveau, la chose a existé à toutes les
époques de luttes fécondes contre la réaction. L'union

de tous les partis de progrès, quelle que soit leur doctrine, c'est la condition même de la conquête des libertés. Les doctrines passent souvent au bout d'un siècle avec les progrès de la science et la transformation des idées ; elles n'ont plus de sens pour les générations nouvelles. Ce qui reste, ce sont les services rendus en commun à la cause de l'humanité. Quand nos pères de 89 marchaient à l'assaut de la vieille forteresse de l'ancien régime, est-ce qu'ils cherchaient à savoir s'ils professaient les mêmes théories ? C'est le Bloc qui a pris la Bastille ; et quand il s'est rompu, il a préparé le triomphe de la réaction. C'est le Bloc qui a fait les journées de Juillet et les journées de Février ; c'est le Bloc qui a réduit à l'impuissance les attentats de l'ordre moral du 16 Mai et du Boulangisme. Vouloir le briser, c'est condamner la démocratie à des querelles stériles et à des défaites prochaines. (*Applaudissements*).

Conservons-le donc précieusement ; si par malheur il devait être rompu, laissons à d'autres la lourde responsabilité de la rupture ; montrons au pays que le Parti radical ne néglige rien pour maintenir l'union que le suffrage universel a sanctionnée. Et s'il arrive que nos alliés collectivistes dirigent contre nous, comme cela se produit, des attaques que nous trouvons injustes, défendons nos idées et nos doctrines ; nous ne les défendrons jamais mieux que par des actes. Il ne peut pas y avoir de réponse plus décisive à leurs reproches que les réformes que nous nous devons d'accomplir (*Applaudissements*).

Pas de compromissions à droite, pas de divisions à gauche ; c'est à cette double condition que le Parti radical et radical-socialiste remplira sa tâche après la victoire, comme il l'a remplie dans la bataille. (*Triple salve d'applaudissements et bravos répétés et prolongés. Cris: Vive la République ! Vive Pelletan !*)

M. Pelletan. — Je déclare clos le 6ᵉ Congrès du Parti républicain radical er radical-socialiste. Vive la République démocratique et sociale !

La séance est levée à onze heures, aux cris répétés de Vive la République démocratique et sociale !

COMITÉ EXÉCUTIF

Exercice 1906-1907

Membres du Comité Exécutif nommés par acclamations par le Congrès

MM. HENRI BRISSON, député, ancien Président de la Chambre des députés, ancien Président du Conseil des Ministres.

LÉON BOURGEOIS, sénateur, ancien Président de la Chambre des députés, ancien Président du Conseil des Ministres.

CAMILLE PELLETAN, député, ancien Ministre de la Marine.

EMILE COMBES, sénateur, ancien Président du Conseil des Ministres.

Général ANDRÉ, ancien Ministre de la Guerre.

VALLÉ, sénateur, ancien Ministre de la Justice.

DÉLÉGUÉS DÉPARTEMENTAUX

Ain

MM. AUTHIER, député (Bourg).
BIZOT, député (Gex).
CHANAL, député (Nantua).
POCHON, sénateur.

Aisne

MM. CECCALDI, député (Vervins).
MAGNIAUDÉ, député (Soissons).

MM. MORLOT, député (Château-Thierry).
BUGNICOURT, publiciste (Chauny).
LEDUC, brasseur (Saint-Quentin).
POUILLARD (Bruyères-sous-Laon).

Allier

MM. MINIER, député (Moulins).
PÉRONNEAU, député (Moulins).
PÉRONNET, député (Gannat).
RÉGNIER, député (La Palisse).
BARDET, receveur municipal (Montluçon).
PERRIER, entrepreneur (Montluçon).

Basses-Alpes

MM. DEFARGE, sénateur.
J. B. MALON, conseiller général (Gréoux).

Hautes-Alpes

MM. EUZIÈRE. député (Gap).
VALADIER, publiciste (Briançon).
JACQUES COHEN, avocat.

Alpes-Maritimes

MM. XAVIER DUFRÊNE, publiciste (Nice).
SIOLY, conseiller municipal (Nice).
MONNIER-DUCASTEL, ingénieur.

Ardèche

MM. BOISSY-D'ANGLAS, sénateur.
BOURELY, député (Privas).
CUMINAL, conseiller général (Sainte-Agrève).

Ardennes

MM. LUCIEN HUBERT, député (Vouziers).
CORNEAU-CHABERT, publiciste (Charleville).

MM. LASSAUX, adjoint au maire de Sedan.
MÉRIEUX, conseiller général (Asfeld).
VAULET, Henri, industriel (Revin).

Ariège

MM. DELPECH, sénateur.
TOURNIER, député (Pamiers).
MERLE, avocat (Paris).
FORGEOIS, à La Garenne-Colombes (Seine).

Aube

MM. ARBOUIN, publiciste (Troyes).
Paul CAILLOT, avocat (Bar-s-Aube).
DENIZOT, conseiller général (St-Parre)
DOLLAT, avocat (Paris).

Aude

MM. Albert SARRAUT, député (Narbonne)
Jules SAUZÈDE, député (Carcassonne).
CASTEL, maire de Lézignan.
Maurice SARRAUT, publiciste.

Aveyron

MM. BALITRAND, député (Millau).
BOS, conseiller général (Decazeville).
CABANAC, conseiller général (Rodez).
DROUHIN, avocat (Paris).

Bouches-du-Rhône

MM. Victor LEYDET, sénateur.
Henri MICHEL, député (Arles)
Auguste BILLES, négociant (Marseille).
Nicolas ESTIER, président du Conseil général (Marseille).
Victor JEAN, conseiller général (Marseille).

MM. PASQUET, sous-chef de bureau aux Postes et
    Télégraphes (Paris).
PAUL RESCH, avocat (Marseille).
G. ROCCA, publiciste (Marseille).

Calvados

MM. FERNET (Lisieux).
FKANKLIN-BOUILLON, publiciste (Paris).
LE HOC, maire de Deauville.
LEVAVASSEUR, président de l'Association ré-
    publicaine de Falaise.
G. STRAUSS, publiciste (Paris).
LÉON TISSIER, (Courseulles).

Cantal

MM. HUGON, député (Saint-Flour).
LINTILHAC, sénateur.
RIGAL, député (Aurillac).
FLEYS, avocat (Paris).

Charente

MM. BRISSON, sénateur.
BIZARDEL, maire de Barbezieux.
BUROT, ingénieur, à Nogent-sur-Marne (Seine).
GALINOU, (Angoulême).

Charente-Inférieure

MM. BRAUD, député (Rochefort),
ROUVIER, sénateur
TORCHUT. député (Marennes).
BORDES (Paris)
MARIANELLI. maire de Rochefort.
EMMANUEL GIRON, adjoint au maire de Roche-
    fort.

Cher

MM. DEBAUNE, député (Bourges).
PAJOT, député (St-Amand).
FORT, publiciste (Paris).
GÉRARD-DUCREUX (Paris).

Corrèze

MM. BUSSIÈRE, député (Brives).
DELMAS, député (Ussel).
TAVÉ, député (Tulle).
DE SAL fils, avocat (Paris).

Corse

MM. AJACCIO, avocat (Bastia).
AUGUSTIN, publiciste (Paris).
FABIANI, avocat (Paris).
VERGLAS, industriel, (Paris).

Côte-d'Or

MM. GÉRAULT-CARION, avocat, (Paris).
GUÉNEAU, ancien député (Paris).
FERNAND MICHAUT, vice-président de la fédéra-
tion départementale (Châtillon-sur-Seine).
JULES SENNE, président du comité radical (Précy-
sous-Thil).

Côtes-du-Nord

MM. le Docteur BAUDET, député (Dinan).
de KERGUEZEC, député (Guingamp).
LE TROADEC, député (Lannion).
CHESSERON (Paris).
LE PROVOST DE LAUNAY, avocat (Paris).
VARINOT à Nogent-sur-Marne (Seine).

Creuse

MM. DEFUMADE, député (Guéret).
JUDET, député (Boussac).
ALÉONARD, conseiller général (Saint-Martial-le-
Mont).
Dr CARA, conseiller général (Bourganeuf).

Dordogne

MM. SARRAZIN, député (Sarlat).
SIREYJOL, député (Nontron).
DALBAVIE, conseiller général (Saint-Léon-s-Vé-
zère).
CAPETTE-LAPLÈNE, conseiller général.
DELADRIÈRE, président du Comité républicain
(Belvès).
JOUANAUD. président du Conseil d'arrondisse-
ment (Sarlat).

Doubs

MM. BEAUQUIER, député (Besançon).
LÉON JANET. député (Besançon).
GEORGES BODEREAU, directeur politique du
Petit Comtois, à Besançon.
MAGNIEN, maire de Pontarlier.

Drôme

MM. LOUIS BLANC, sénateur.
LOUIS DUMONT, député (Valence).
MAURICE FAURE, sénateur.
PUISSANT, avocat (Montélimart).

Eure

MM. ABEL LEFÈVRE, député (Evreux).
GROS-FILLAY, conseiller général (Nonancourt).
TAFFONNEAU, négociant (Paris)
CONSTANT VERLOT, professeur (Paris).

Eure-et-Loir

MM. JOUANNEAU, avocat (Paris).
GACON, à Sceaux (Seine).
HUET-LEBIS (Dreux).
OULIF (Dreux).

Finistère

MM. LE BAIL, député (Quimper).
AUBERTIN, avocat (Paris).
BERRÉHAR (Brest).
Dr BOUILLET (Paris).
FAUCON, président de la fédération des gauches, (Brest).
LOUEL, publiciste (Brest).
HENRY MAITRE, avocat (Paris).
MONTEUX, avocat (Paris).

Gard

MM. BONNEFOY-SIBOUR, sénateur.
DESMONS, sénateur,
POISSON, député (Uzès).
BERTHEZENNE, avocat (Alais).
BERTRAND, président du tribunal de Commerce (Nimes).
Dr CROUZET, maire de Nîmes.

Haute-Garonne

MM. BEPMALE, député (Saint-Gaudens).
HONORÉ LEYGUE, député (Muret).
RAYMOND LEYGUES, sénateur.
CIBIEL, conseiller général.
GEORGES FAURÉ, adjoint au maire d'Avignonnet.
FEUGA, ancien adjoint au maire de Toulouse.

Gers

MM. DESTIEUX JUNCA, sénateur.
BAFFOS, avocat (Paris).
CAMPISTRON, à Montrouge (Seine
SAINT-MARTIN, à Issy (Seine).

Gironde

MM. BAUDRY, négociant (Bordeaux).
BOURGOING, négociant (Bordeaux).
Dr DUPEUX, (Bordeaux).
DUPUY (Bordeaux).
DUVERGÉ (Bordeaux).
PALENGAT. négociant (Bordeaux).
GEORGES PÉRIÉ, avocat (Bordeaux).
ROUSSIE, négociant (Bordeaux).
SARRAUTE, propriétaire (Bordeaux).
TOURON, négociant (Talence).

Hérault

MM. AUGÉ, député (Béziers).
LAFFERRE, député (Béziers).
PÉLISSE, député (Lodève).
CHAZOT, avocat (Paris).
GARIEL, directeur du *Petit Méridional* (Mont-
pellier).
POGGIOLLI, publiciste (Montpellier).

Ille-et-Vilaine

MM. ABADIE, professeur (Rennes).
HENRY BÉRENGER, directeur de l'*Action* (Paris).
COURRIAUX. à Choisy-le-Roi (Seine).
PERNOT, receveur des finances honoraire
(Rennes),
PEUCH, professeur (Paris).
QUÉROY, publiciste (Paris).
RÉVILLET (Paris).
RORET, publiciste à Saint Maur (Seine).

Indre

MM. BELLIER, député (Châteauroux).
COSNIER, député (Châteauroux).
BOUSSAC, conseiller municipal à Chateauroux.
FOUCHER, conseiller d'arrondissement à Châteauroux.
Paul L. TISSIER, propriétaire, à Chabris.

Indre-et-Loire

MM. René BESNARD, député (Tours).
ANGELLIAUME, voyageur de commerce (Saint-Symphorien-les-Tours).
ARRAULT, directeur de la *Dépêche du Centre* (Tours).
Joseph GARIN, négociant (Tours).

Isère

MM. BUYAT, député (Vienne).
CHANOZ, député (La-Tour-du-Pin).
CHENAVAZ, député (Saint-Marcellin).
RAJON, député (La-Tour-du-Pin),
Dr DUFOUR, ancien député (Grenoble).
DUMOLARD, conseiller général (Grenoble).

Jura

MM. Ch. DUMONT, député (Poligny).
MOLLARD, sénateur.
TROUILLOT, sénateur.
GUÉNIFFEY, ancien officier (Paris).

Landes

MM. Léo BOUYSSOU, député (Mont-de-Marsan).
BOURCERET, publiciste (Paris).
CASTAGNÉ FERRÉOL, propriétaire (Sore).
Edmond STRAUSS, publiciste (Paris).

Loire

MM. VIDON, député (Saint-Etienne).
Marcel BERNARD, avocat (Paris).
DELASSALLE (Saint-Etienne).
DRIVET, sculpteur (Fleurs).
FOUILLAND, pharmacien (Chambon-Fougerolles).
MONOD, conseiller général (La Pacaudière).
RIOCREUX, Ex-conseiller municipal (Firminy).
ROBERT, avocat (Paris).

Haute-Loire

MM. Edouard JOUBERT (Paris).
PAGES RIBEYRE (Le Puy).
Camille MARGUIER, directeur de l'*Action répu-
blicaine* (Le Puy).
Dr VIDAL, président du Conseil général (Paulha-
guet).

Loire-Inférieure

MM. AMIEUX père, négociant (Nantes).
Léon DAVID (Nantes).
FOUCAULT, négociant (Nantes).
GRIVEAUD, maire de Chantenay.
LE BRUN, ingénieur (Nantes).
Alfred RIOM, négociant (Nantes).
SALIÈRES, directeur du *Populaire* (Nantes).
Louis VIEL, inspecteur primaire honoraire (Nantes).

Loiret

MM. Fernand RABIER, député (Orléans).
H. ROY, député (Orléans).
BERTHELOT (Orléans).
BRUANT (Orléans).
FOURNIER, conseiller d'arrondissement (Orléans)

Loir-et-Cher

MM. GAUVIN, sénateur.
RAGOT, député (Blois).
HUBERT FILLAY, avocat (Blois).
JOSEPH SALLES, à Joinville (Seine).

Lot

MM. COCULA, sénateur.
LOUIS-JEAN MALVY, député (Gourdon).
DE MONZIE, conseiller général (Castelnau).
TALOU, conseiller général (Saint-Géry).

Lot-et-Garonne

MM. LAGASSE, député (Nérac).
BRÉCY, publiciste (Paris).
JULES CELS, docteur ès-sciences (Paris).
GEORGES DELPECH, conseiller général, maire
d'Agen.

Lozère

MM. LOUIS DREYFUS, député (Florac).
PH. DELMAS, avocat (Paris).

Maine-et-Loire

MM. JULES GIOUX, député (Baugé).
DESÊTRES, conseiller général (Angers).
HENRI GUY, avocat (Paris).
STÉPHANE MILON, conseiller général (Saumur).
Dr PETON (Saumur).
ROLAND, publiciste (Saumur).

Manche

MM. Dr BOURGOGNE, conseiller général (Cherbourg).
DUMONCEL, maire d'Octeville.

MM. HAMEL, industriel (Cherbourg).
JEHENNE, conseiller général (St-Malo de la Lande).
LETREGUILLY, publiciste (Avranches).
RINGARD, négociant (Cherbourg).

Marne

MM. POZZI, député (Reims).
Ch. BERNARD, industriel (Chalons).
DAILLY, publiciste (Reims).
FERRARY à Versailles (S. et O.)
GAILLEMAIN (Epense).
HAUDOS, avocat (Paris).

Haute-Marne

MM. BIZOT DE FONTENY, sénateur.
DESSOYE, député (Chaumont).
MOISSON (Chaumont).
Th. VIARD, président de la fédération républi-
caine départementale (Langres).

Mayenne

MM. ALEXANDRE, (Laval).
J.-L. BONNET, publiciste (Paris).
LINTIER, maire de Mayenne.
PAILLOUX, commerçant (Paris).

Meurthe-et-Moselle

MM. CHAPUIS, député (Toul).
J. GRILLON, député (Nancy).
Charles BERNARDIN, juge de paix (Pont-à-Mous-
son).
Général GODARD, ancien commandant du 8e
corps (Lenoncourt).
Emile HINZELIN, publiciste à Villemonble (Seine).
DE LANGENHAGEN, conseiller général (Luné-
ville).

Meuse

MM. CHATENET, avocat (Paris).
Pol CHEVALLIER, maire de Longeville.
Dr DANOUX (Paris).
POTERLOT, maire de Stenay.

Morbihan

MM. Paul GUIEYSSE, député (Lorient).
J. BLOT, industriel à Levallois (Seine).
BOUTHELIER (Lorient).
CHARRIER, industriel (Port-Louis).
GUINARD (Paris).
MACREZ, receveur de l'enregistrement (Pont-Scorff).

Nièvre

MM. Claude GOUJAT, député (Cosne).
MASSÉ, député (Nevers).
RENARD, député (Clamecy).
Georges COULON, publiciste (Paris).

Nord

MM. BERSEZ, sénateur.
Dr DEFONTAINE, député (Avesnes).
DEHOVE, député (Avesnes).
DELCROIX, député (Lille).
DRON, député (Lille).
Maxime LECOMTE, sénateur.
POTIÉ, sénateur.
E. BARIT, industriel (Lille).
BRIZZOLARA, président du Comité radical de (Somain).
CLIQUENNOIS-PAQUES, président du Denier des écoles laïques (Lille).
Dr DEBIERRE, président de la fédération radicale-socialiste du Nord.

MM. René DUFLOT, conseiller d'arrondissement (Somain).

HAYEM, négociant (Lille).

HERLEMONT, principal du collège (Le Quesnoy).

MOURMANT, conseiller municipal (Lille).

G. PETIT, industriel (Lille).

PIOLAINE, administrateur des hospices (Lille).

DE PRAT, percepteur (Hazebrouck).

SPRIET, avocat (Lille).

VILLARD, conseiller municipal (Armentières).

Oise

MM. BAUDON, député (Beauvais).

BOUFFANDEAU, député (Beauvais).

CHOPINET, député (Senlis).

DELPIERRE, député (Clermont).

DE BATZ, secrétaire général de la Fédération de
l'Oise.

FAURÉ-HÉROUART, conseiller d'arrondissement
(Montataire).

Orne

MM. ANDRÉ, directeur de l'*Avenir de l'Orne* (Alençon.)

Lucien BESNARD, homme de lettres (Alençon).

G. FABIUS DE CHAMPVILLE, publiciste (Paris).

René HUET (Alençon).

Pas-de-Calais

MM. BERQUET, président de la *Ligue radicale* (Calais).

BUTEL (Boulogne-sur-Mer)

Dr CAMUS (Avesnes-le-Comte).

GALLEY, président de la *Ligue radicale* (Noyel-
les-sous-Lens).

LECOUFFE, rédacteur en chef de la *Défense de
Lillers* (Lillers)

LEFRANC, rédacteur en chef du *Petit Béthunois*
(Béthune).

MM. Emile LEMAITRE, conseiller général (Boulogne-
sur-Mer).

MARANGÉ (Béthune).

PIERON (Avion).

Georges ROBERT, rédacteur en chef du *Progrès
du Nord et du Pas-de-Calais* (Lille).

ROUSSEL, rédacteur en chef du *Journal de Lens*
(Lens).

SEVIN, rédacteur en chef de l'*Avenir* (Arras).

Puy-de-Dôme

MM. BONY-CISTERNES, député (Issoire).

GUYOT-DESSAIGNE, député (Clermont-Ferrand).

SABATERIE, député (Ambert).

CHÉRADAM (Paris).

Basses-Pyrénées

MM. D'IRIART D'ETCHEPARE, député (Pau).

Ad. BORDENAVE (Pau).

BOURDEU, président du Comité radical et radical-socialiste (Gan).

HARRUGUET, président du Comité d'action républicaine (Saint-Jean-Pied-de-Port).

MALAN, président du Comité radical démocratique (Pau).

MONSIS, président du Comité radical et radical-
socialiste (Pau).

Hautes-Pyrénées

MM. Gaston DREYT, député (Tarbes).

FITTE, député (Tarbes).

PÉDEBIDOU, sénateur.

FRILET, conseiller général (Luz-Saint-Sauveur).

Pyrénées-Orientales

MM. Jean BOURRAT, député (Perpignan).

Paul PUJADE, député (Céret).

MM. Victor DALBIEZ, publiciste (Perpignan).
Joachim VIOLET, avocat (Perpignan).

Haut-Rhin

MM. Ch. SCHNEIDER, député.
THIÉRY Laurent, conseiller général (Belfort).

Rhône

MM. BRUNARD, député (Lyon).
CAZENEUVE, député (Lyon).
GODART, député (Lyon).
Laurent CHAT, conseiller municipal (Lyon).
HERRIOT, maire de Lyon.
Dr LÉPINE (Lyon).
C. MICHAUD, chimiste (Villefranche).
PONTEILLE, maire de Châtillon d'Azergues.
RENARD, conseiller municipal (Lyon).
Pierre ROBIN, conseiller général (Lyon).

Haute-Saône

MM. René RENOULT, député (Lure.
BLUMENFELD à Nogent-s-Marne (Seine).
PÉROZ, conseiller général (Champagney).
SCHWOB, conseiller général (Héricourt).

Saône-et-Loire

MM. DUBIEF, député (Mâcon).
MAGNIEN, sénateur.
PETITJEAN, député (Louhans).
SIMYAN, député (Mâcon).
MYARD, conseiller général (Buxy).
POIRSON, imprimeur (Autun).
PROTAT, conseiller général.
RICHARD, conseiller général, maire de Chalon.

Sarthe

MM. AJAM, député (Saint-Calais).
Ch. LIGNEUL, avocat (Paris).
Paul LIGNEUL, ancien maire (Le Mans).
Paul PELTIER, avocat (Paris).
POSTEL, publiciste (Paris).
André TESSIER, publiciste (Paris).

Savoie

MM. CHAMBON, député (Chambéry).
BAILLY, publiciste (Chambéry).
DOLIN, (Chambéry)
GAIDE, professeur (Chambéry).

Haute-Savoie

MM. Fernand DAVID, député (Saint-Julien).
BOSSONNEY, entrepreneur (Chamonix).
CHARRIÈRE, avoué (Saint-Julien-en-Genevois).
FERRERO, maire d'Annecy.

Seine

MM. Ferdinand BUISSON, député (Paris, XIIIᵉ arr.).
CHAUTARD, député (Paris, XVᵉ arr.).
Hector DEPASSE, député (Saint-Denis, 5ᵉ circ.).
DESPLAS, député (Paris, Vᵉ arr.).
FERON, député (Saint-Denis, 6ᵉ circ.).
GERVAIS, député (Sceaux, 4ᵉ circ.).
MASCURAUD, sénateur de la Seine, président du Comité républicain, du Commerce, de l'Industrie et de l'Agriculture.
MAUJAN, député (Sceaux, 2ᵉ circ.).
MESSIMY, député (Paris, XIVᵉ arr.).
PUECH, député (Paris, IIIᵉ arr.).
STEEG, député (Paris, XIVᵉ arr.).
AMOUROUX (Asnières).
BALANS (Saint-Maur-les-Fossés).

MM. BAUBE (Paris).

BELLANGER, représentant de commerce (Paris).

BLANCHON, conseiller général (Sceaux).

BRENOT, conseiller municipal (Paris).

BRULPORT (Paris).

FERDINAND CAHEN, membre du Conseil de direction du Comité républicain du Commerce, de l'Industrie et de l'Agriculture (Paris).

CHABANNE, vice-président du Conseil de direction du Comité républicain du Commerce, de l'Industrie et de l'Agriculture (Paris).

CHARLES JEUNE, vice-président du Conseil de direction du Comité républicain du Commerce, de l'Industrie et de l'Agriculture (Paris).

ARMAND CHARPENTIER, publiciste (Paris).

CHÉRIOUX, conseiller municipal (Paris).

COINTE, avocat (Paris).

GARNIER, membre du Conseil de direction du Comité républicain du Commerce, de l'Industrie et de l'Agriculture (Paris).

GÉLY (Paris).

GUILLET (Courbevoie).

JAUNET, conseiller d'arrondissement de Sceaux.

LUCIEN LE FOYER, avocat (Paris).

J. B. MORIN, professeur (Paris).

MURAT, secrétaire général du Comité républicain du Commerce, de l'Industrie et de l'Agriculture (Paris).

PATENNE, conseiller municipal (Paris).

RANSON, conseiller municipal (Paris).

RENEUX, dessinateur (Paris).

HENRI ROUSSELLE, conseiller municipal (Paris).

HENRI SALLES, publiciste (Paris).

CH. THIÉBAUD (Montrouge).

VIROT Paul (Paris).

Seine-Inférieure

MM. ALLARD, président de la fédération républicaine de l'arrondissement de Dieppe.

MM. BLED, (Rouen)
BOURDELOT, (Le Tréport).
CHARLES DELIOT, président du Comité radical-
socialiste (Le Hâvre).
EMILE DESVAUX, publiciste (Paris).
GAUDEL, conseiller d'arrondissement
DENIS GUILLOT, conseiller général (Le Hâvre).
LORILLON, (Rouen).
LOYER, propriétaire (Neuville-les-Dieppe).
EDMOND MEYER, (Le Hâvre).

Seine-et-Marne

MM. EMILE CHAUVIN, député (Meaux).
BLANCHART, conseiller d'arrondissement
(Meaux).
RÉMY FRERE, propriétaire (Nanteuil-les-Meaux).
MÉNARD, négociant (Coulommiers).

Seine-et-Oise

MM. AIMOND, député (Pontoise).
BERTEAUX, député (Versailles).
DALIMIER, député (Corbeil).
EMILE LAURENT, professeur (Paris).
G. LEFÈVRE, avocat (Paris).
PERILLIER, avocat (Paris).
THALAMAS, professeur (Versailles).
RENÉ WEILL, avocat (Saint-Cloud).

Deux-Sèvres

MM. GENTIL, député (Niort).
GOIRAND, sénateur.
EMILE BRISSON, directeur honoraire d'écoles su-
périeures à Nogent-sur-Marne (Seine).
CLÉMENT MÉNARD, conseiller général, maire de
Thouars.

Somme

MM. FIQUET, député (Abbeville).
KLOTZ, député (Montdidier).
ROUSÉ, député (Doullens).
JOUANCOUX, président de l'Union démocratique
de la Somme (Cachy).
PIAT, (Amiens).
TERNOY, conseiller général (Abbeville).

Tarn

MM. EDOUARD ANDRIEU, député (Albi).
PAUL GOUZY, député (Gaillac).
LOUIS VIEU, sénateur.
Dr GUÉRAUD, maire de Lavaur.

Tarn-et-Garonne

MM. CAPÉRAN, député (Montauban).
SÉNAC, député (Castelsarrazin).

Var

MM. LOUIS MARTIN, député (Toulon).
Dr AUBIN, conseiller général (Cuers).
ARMAND BETTE, publiciste (Paris).
EMILE GRUÉ, propriétaire (Soillès-Pont).

Vaucluse

MM. COULONDRE, député (Avignon).
MAUREAU, sénateur.
PASQUET, négociant à Nogent-s-Marne (Seine).
VIALIS, ancien député.

Vendée

MM. GUILLEMET, député (Fontenay-le-Comte).
BATIOT, maire de Talmont.

MM. Dr GODET., conseiller général (Les Sables d'Olonne).

EMILE MOLINA, délégué cantonal à Talence (Gironde).

MOURRA père, négociant (Les Sables d'Olonne).

Vienne

MM. GODET. député (Châtellerault).

G POULLE, sénateur.

RIDOUARD. député (Loudun).

LACROIX, conseiller municipal de Béruges.

Haute-Vienne

MM. TOURGNOL, député (Limoges).

NOILLER, rédacteur en chef du *Réveil du Centre*.

ROUX, conseiller général (Saint-Yrieix).

TARRADE, conseiller général (Châteauneuf).

Vosges

MM. FLEURENT, député (Saint-Dié).

MARC MATHIS, député (Mirecourt).

SCHMIDT, député (Saint-Dié).

CAMILLE DUCEUX, industriel (Saint-Dié).

CAMILLE PICARD, publiciste (Paris).

GILBERT RENAUD, président de la fédération républicaine (Epinal).

Yonne

MM. BIENVENU-MARTIN, sénateur.

VILLEJEAN, député (Tonnerre).

SILVY. conseiller général.

VINOT, distillateur (Auxerre).

ALGÉRIE

Alger

MM. BEGEY, député.
GÉRENTE, sénateur.
Elie MANTOUT (Neuilly-sur-Seine).
LATTES, propriétaire (Paris).

Constantine

MM. CUTTOLI, député.
GERVAIS, avocat (Paris).
Dr PURREY, inspecteur des Enfants Assistés (Constantine).
MYRTIL STIRN, avocat (Paris).

Oran

MM. César TROUIN, député.
BOUILLARD (Neuilly-sur-Seine).
Charles BOURRAT, avocat.
SALLIÈRES, président de la fédération oranaise.

COLONIES

Cochinchine Française

MM. François DELONCLE, député.
G. PIERMÉ, administrateur colonial.

Guadeloupe

MM. ARNOULT (Paris).
BORICAUD (Paris).
FLEURET (Paris).
HÉRISSON (Paris).

La Guyane

MM. MALESSET, négociant.
URSLEUR, ancien député.

Inde Française

MM. MARINI, publiciste (Paris).
NICOL, publiciste (Paris).

La Martinique

MM. KNIGHT, sénateur.
ALCINDOR, avocat (Paris).
BLUMENTHAL (Paris).
LEMERY (Paris)
De PRESSAC (Paris).

La Réunion

MM. G. DELMAS, docteur en médecine (Paris).
ENRIQUEZ, avocat (Paris).

Le Sénégal

MM. CARPOT, député.
SCELLIER, publiciste à Montmorency (S.-et-O.).

Errata

~~~~~~~

Page 100 et suivantes. — Dans le rapport de M. J. BOURRAT. Lire :
24ᵐᵉ ligne « des traités non approuvés par l'Etat » ; 25ᵐᵉ ligne
« ses lignes de Bretagne et de Tours à Nantes » ; 28ᵐᵉ ligne « au
moins 8 millions » au lieu de « 20 millions » ; 29ᵐᵉ ligne « c'est-
à-dire 400 millions au moins en capital » au lieu de « c'est-à-dire un
milliard » ; 31ᵐᵉ ligne « Angers » au lieu de « Le Mans » ; 32ᵐᵉ
ligne « de l'Ouest-Etat » au lieu de « de l'Etat » ; 32ᵐᵉ ligne « 400
millions » au lieu de « un milliard » ; Page 101.   2ᵐᵉ ligne « rachat du Nord » au lieu de « rachat de l'Orléans » ; 17ᵐᵉ ligne « 250
millions » au lieu de « 200 millions » ; 18ᵐᵉ ligne « 150 millions »
au lieu de « une centaine de millions » ; 27ᵐᵉ ligne « un crédit »
au lieu de « de l'argent » ; 34ᵐᵉ ligne « à guichets ouverts, le
Parlement dans la loi de finances devant fixer annuellement la
somme à émettre » ; Page 103 ; ligne 24 : « les conclusions du rapport sont mise aux voix et adoptées à l'unanimité moins deux voix.

Page 114 et suivantes. — Dans le rapport de M. HERRIOT. Lire : 6ᵐᵉ
ligne « également » au lieu de « en ce moment » ; 8ᵐᵉ ligne
« doivent absorber » au lieu de « absorbent ». Page 117,dernière
ligne « cette disposition est dans » au lieu « c'est dans » Page
118, ligne 23 « morale » au lieu de « normale ». Page 119,7ᵐᵉ ligne
lire : « à recevoir tout d'abord la consécration » ; ligne 29 « l'u-
sage exclusif du peuple » ; ligne 34 « mais permettant » au lieu
de « et qui permet ». Page 120, 36ᵐᵉ ligne « rangs » au lieu de
« bancs » ; dernière ligne « où ils doivent être pour recevoir une
autre utilisation ». Page 121,1ʳᵉ ligne « Je ne veux pas, en insis-
tant, m'exposer... »

Page 152. — Dans le discours de M. THALAMAS, lire « une majorité favorable à la motion SARRAUT, majorité qui a pu...».
Page 153. — 11ᵐᵉ ligne, lire : « à poser des questions, et à nous demander...».

Pages 160. — 4ᵐᵉ et 5ᵐᵉ lignes. Il faut lire : « Je désire soulever non
une question de personne, mais bien et avant tout..., ».

TABLE DES MATIÈRES

Pages

Bureau du Comité Exécutif.......................   A.
Règlement du Parti...........................   C.

6ᵐᵉ Congrès du Parti
Républicain radical et radical-socialiste

Séance d'Ouverture

Bureau..................................   1

Discours de M. F. Buisson, président.......   2

Discours de M. Ch. Debierre..............   11

Rapport de la Commission de vérification des pouvoirs — délégations non contestées — *Rapport de M. Couderchet*................   15

Nomination de la Commission de la Déclaration du parti...........................   17

Deuxième Séance

Bureau..................................   23

Rapport de la Commission de vérification des pouvoirs — délégations contestées — *Rapport de M. Couderchet*................   27

Délégation de l'Avenir de la Charente......   28

	Pages
Délégation du Comité Radical du Hâvre......	28
Délégation du Comité de Concentration républicaine de Rueil	28
Délégation du Journal le Rappel de l'Aisne ..	32
Délégation de M. Bousquet.......	33
Délégation de M. Grosvaugel........	34
Délégation de M. Jean-Bernard-Passerieu.....	34
Rapport de la Commission de la Séparation des Eglises et de l'Etat. *Rapport de M. F. Buisson*.	36
Rapport de la Commission du règlement et de la discipline — *Rapport de M. F. Lefranc*.......	83
Affaire Charles Bos....	84
Vœux relatifs à des modifications au règlement du Parti sur l'élection du Bureau du Comité Exécutif	85

Troisième Séance

Bureau	92
Allocution de M. J. Bourrat, président...... ..	93
Rapport de la Commission de l'Agriculture, de l'Industrie, du Commerce et des Etudes Economiques — *Rapport de M. Falot*............	95
Agriculture ....:..	95
Crédit à l'Agriculture, au Commerce et à l'Industrie	96
Dépeuplement des Campagnes	96
Emploi Industriel de l'Alcool.............	96
Recherche des Gisements Houillers, métallifères, de Phosphate, et des Forces Hydrauliques en France et dans nos possessions...........	98
Recrutement des Fonctionnaires	98
Constitution du corps des Ponts-et-Chaussées et des mines................	98
Rachat des Chemins de Fer..............	99
Canaux, voies navigables, outillage des ports..	103
Raccordement des Chemins de Fer et des voies navigables.........	104
Pêches maritimes.......................	104
Hygiène des mines......................	105
Privilège du propriétaire.	105
Justice et Enregistrement..................	105

. Pages

Timbre proportionnel sur les récépissés, connais-
sements, lettres de voitures concernant les
transports.. 105
Services téléphoniques............................ 106
Production d'intérêts pour les cautionnements. 106
Outillage des colonies........................... 106
Réforme des consulats........................... 107
Vœu relatif à l'électorat des Chambres de
Commerce..................................... 108
Vœu relatif à la juridiction des prudhommes. 109
Adresse de sympathie aux ouvriers de l'Indus-
trie des soiries pures de la région lyonnaise. 109
Vœux divers................................... 112

Rapport de la commission de l'enseignement et
de la défense laïque — Rapport de M. Herriot.. 114
Rapports de la commission des Vœux 122
Rapport de M. Laurent Chat 123
Rapport de M. Léon Perrier.............. 128
Rapport de M. Laurent Chat sur les vœux
de la Commission des vœux du Comité
Exécutif 136
Rapport de la Commission des affaires extérieures
et coloniales — Rapport de M. Lucien
Le Foyer. 139
Rapport de la Commission d'Assistance sociale
et des retraites ouvrières et paysannes —
Rapport de M. René Weill.... 144
Rapport de la Commission de vérification des
finances — Rapport de M. Emile Blond...... 150
Nomination des membres du Comité Exécutif
pour l'exercice 1906-1907... 152

Quatrième Séance

Bureau.. 156
Discours de M. le Général André, président 156
Adresses de sympathie à MM. Emile Combes et
Henri Brisson. 159
Protestation contre la nomination de M. Astier
comme membre du Comité Exécutif........... 160

  Pages

Nomination des membres du Comité Exécutif
    (Suite)   162
Rapport de la Commission des réformes fiscales
    — *Rapport de M. Jean Malvy*   176
Rapport de la Commission des réformes électo-
    rales et judiciaires..   178
        La réfo.me électorale — *Rapport de M.
        Edmond Strauss...*   178
        La réforme judiciaire — *Rapport de M. de
        Monzie*   189
Rapport de la commission de propagande et
    d'organisation du Parti — *Rapport de M. J.
    L. Bonnet.*   193
        Motion relative aux conférences   195
        Motion relative au programme du Parti...   196
        Motion relative aux conditions d'adhésion
            requises de la part des candidats qui
            sollicitent l'investiture du Comité
            Exécutif   206
        Motion relative aux décisions du Comité
            Exécutif   209
        Motion relative à la communication à la
            presse des discussions et des décisions
            du Comité Exécutif   210
        Motions relatives aux conditions dans
            lesquelles le Bureau du Comité Exécutif
            pourra accorder l'investiture aux can-
            didats   210
        Motion relative aux conférences   212
        Motion relative à la constitution des fédé-
            rations départementales et d'arrondis-
            sement et des comités cantonaux et
            communaux...........................   212
        Motion relative aux adhésions des comités.   212
        Désignation de la ville où se tiendra le
            congrès du Parti en 1907   213

                    Cinquième Séance

Bureau........   216

Pages

Rapport de la commission des réformes militaires
— *Rapport de M. le Général Godard* 217

Rapport de la commission des réformes administratives — *Rapport de M. Ceccaldi* 225

Proposition de modification au règlement au sujet
des attributions du secrétaire permanent......... 227

Rapport de M. Ceccaldi (Suite)............... 232

Rapport du Bureau du Comité Exécutif — *Rapport
de M. Chautard* 243

Déclaration du Parti 243

Tableau des membres du Comité Exécutif pour
l'exercice 1906-1907.. 253

Errata.................... 276

www.ingramcontent.com/pod-product-compliance
Lightning Source LLC
Chambersburg PA
CBHW070748270326
41927CB00010B/2106